JN272049

ラテン語図解辞典
LEXICON LATINO-JAPONICUM IMAGINIBUS ILLUSTRATUM

―古代ローマの文化と風俗―

水谷智洋 ［編著］

研究社

まえがき

　私は約 40 年，古典語教師としてギリシア語，ラテン語を教えてきたが，できる限り，図や写真入りの教科書を使うように心がけてきた．図版があれば，事物や事件の説明がはるかに容易だからである．しかしながら，そうそうお誂え向きの教科書がある訳ではない．むしろ，古典語の場合は，徹頭徹尾活字だけという教科書のほうが珍しくないのである．そんなとき，いくらかでも私の手助けとなったのは，Th. Hope, *Costumes of the Greeks and Romans*, New York, Dover Publications, 1962, H. Koller, *Orbis Pictus Latinus*, Zürich & München, Artemis, 1989[5] の 2 冊であった．前者は，Dover Pictorial Archives Series の 1 冊の由で，図版は 300 の多きを誇るが，遺憾ながら，説明が極度に乏しい．後者は，書名から察せられるように，ほとんどがローマ関係の事項で占められるのは当然としても，各項目に言わずもがなのラテン語による短い説明が付くのみで，典拠への言及がまったく無い．どの図も――中世の木版画を除いて――古代人が描き残したものではあるらしいのだが，それがフレスコ画，陶画，落書き，コインの意匠などなど，どこに由来するかがさっぱり分からないのである．教室では，その点にはあまり触れないままでやり過ごしたが，典拠を明示した図鑑の必要性を痛感せずにはいられなかった．

　そうした思いを，あるとき，御縁ができた出版社の編集者に打ち明けてみた．そして，もし余裕があれば，小冊子でもいいから図鑑をつくってみたい，と古典語教師の夢を披瀝した．すると編集者氏は，ぜひ，おやりなさい，『ギリシア・ローマ古典文物事典』はいかがでしょう，と早々に書名まで提案して下さったのであった．しかし，夢は実現に向かって一歩も進まなかった．所詮，当時の私に未だ充分な熱意と覚悟が育っていなかったということなのであろう．

　私はその後，思いがけず，研究社の『羅和辞典』の改訂という大仕事にたずさわることとなり，当初の予定を大幅に越えて出版社

に多大の迷惑をおかけしつつ，11年半の歳月をこれに費やした．実を言えば私は，当初，この辞典に挿絵を入れられないものか，と夢想していた．挿絵入りの羅仏辞典 (F. Gaffiot, *Dictionnaire illustré latin-français*) が念頭にあったからである．しかしそれは，到底，口に出せる話ではなかった．ただでさえ難渋している改訂作業に混乱を持ち込むだけでなく，その完了の時期をはるかかなたに追いやるのは必至の，非現実的な願望に過ぎなかったからである．

さて，『羅和辞典(改訂版)』が世に送り出されたあと，ほぼ無職状態の私に「余裕」が訪れた．すると頭をもたげたのがかつての夢想である．「ギリシア・ローマ古典文物事典」は荷が重すぎるが，対象をローマだけに絞り，『羅和辞典(改訂版)』を補完する形での「絵で見る羅和辞典」のような書物はどんなものであろうか．もしその可能性があるとすれば，図版を借用する候補として心に決めていたのが，A. Rich, *A Dictionary of Roman and Greek Antiquities*, New York, D. Appleton & Company, 1874³, Ch. Daremberg et E. Saglio, *Dictionnaire des Antiquités grecques et romaines*, Paris, Hachette, 1877–1911 の2著である．そこで試みに両著より，適宜，項目と図版を選んで10頁程の見本をつくり，研究社編集部へ持ち込んだ．以後，何回か編集部と，資料の収集，項目の選定とその数，1冊の本としての構想等について協議を重ねたあと，幸いにも，この企画にしかるべき会議でゴーサインを出していただけたのが2010年9月のことであった．

それから3年近くが経ち，ここに見出し語約500，図版約700点の『ラテン語図解辞典』が出来上がった．ギリシアの文物には必要最小限しか言及できなかった心残りはあるものの，課題とした図版の典拠は，可能な限り明示しておいた．また，図版を借用した2著はいずれも1世紀以上も前の著作ではあるが，解説文には最新の情報を盛るように努めた．更に，これは本書の特色の1つに数えてもよいかもしれないが，巻中，85枚のコインとメダルを紹介しておいた．それらについては，意匠の説明にとどまらず，銘があればそのすべてを——略記は補完して——転写し，訳語を添えた．『ラテン語図解辞典』ならではの試みと自負している．これらの企てが，

もし読者の古代ローマへの関心を深めることに多少でも寄与するところがあるとすれば，編著者の大きな喜びとなろう．

　本書はご覧のような小辞典ではあるが，完成までに多くの方々の御協力を仰ぎ，お知恵を拝借している．なかでも学習院大学講師・久保寺紀江氏（イタリア・ルネサンス美術）には，資料収集時のお力添えに始まり，美術用語，図版の見方，イタリア各地の美術館・博物館・地理等について専門的見地からの御教示をいただいた．諸賢ならびに久保寺氏に厚く御礼を申し上げる．最後に，研究社編集部の中川京子氏には，本書の企画の段階から完成に至るまで，一方ならぬお世話をいただいた．もし幸いにして本辞典に誤記や前後撞着が少ないとすれば，それはひとえに，氏の編集者としての明敏な洞察力と卓越した混乱収拾能力のたまものである．ここに特記して深甚の謝意を表明しておく．

2013 年 5 月

水谷　智洋

カバー裏のコイン

トラヤヌス帝のセステルティウス真鍮貨(104年頃)の裏面．高官椅子(sella curulis)に座り，足台(SCABELLUM)に両足を載せた帝は，天辺に鷲(aquila)の付いた王笏(SCEPTRUM)を左手に持ち，相手に歓迎の右手を差しのべている．向かい合って立つ女神イタリアと思われる女性は，左腕で子どもを抱きかかえ，右手は脇に立つもう1人の子どもの頭上に置いている．銘は，左から右に S(ENATVS) P(OPVLVS)Q(VE) R(OMANVS) OPTIMO PRINCIPI「ローマの元老院と国民が最善の元首に」，左と右に S(ENATVS) C(ONSVLTO)「元老院の決議により」，下に ALIM(ENTA) ITAL(IAE)「(女神)イタリアによる(貧しい子どもたちの)養育」．

目　　　次

まえがき ……………………………………………………………… iii
この辞典について …………………………………………………… viii

ラテン語図解辞典 ……………………………………… 1–334

索引

ラテン語索引 ……………………………………………………… 335
和羅索引 …………………………………………………………… 341
注釈付き索引 ……………………………………………………… 349

この辞典について

1. 見出し語と語形変化

本辞典は，『研究社羅和辞典(改訂版)』(水谷智洋編，2009年)の中から古代ローマ人の風俗・習慣に関わるラテン語句(名詞)を適宜選び，採録している．収録見出しは約500語である．

1.1 見出し語と語形変化の表記法は，上記『羅和辞典』に概ね準拠しており，以下のとおりである．主格単数形を見出し語とし，そのあとに属格形の語尾を挙げ，さらに性を略記で示した(m＝男性名詞，f＝女性名詞，n＝中性名詞)．なお，複数で用いられる用例が多い語句については，複数主格形を見出し語とした場合もある．その場合は性を表す略記の直後に pl と記した．

1.2 母音の上に付された ¯ は，その母音の長いことを示す長音記号である．本辞典では，古典期の詩の韻律によって，その単語のその母音が確実に長いと判定される場合に限って長音記号を付けた．ただし，本辞典での神名・人名・地名などのカナ表記は，わが国で一般に行われている表記に従った．例：Jūnō → ユノ，Cicerō → キケロ，Pompē(i)ī → ポンペイ．

2. イラスト

本辞典では，訳語だけでは分かりにくい事物も一目見てイメージできるように，各見出し語にイラストを付けた．採録したイラストは約700点で，これらのイラストは以下の資料から転載したものである．なお，必要に応じて複数の資料を基に作画したものもある．

Anthony Rich, *A Dictionary of Roman and Greek Antiquities*, New York, D. Appleton, 1874[3].

Charles Daremberg & Edmond Saglio, *Dictionnaire des Antiquités grecques et romaines* (5 tomes), Paris, Hachette, 1877–1911.

3. 解　説

見出し語について，イラストと対照させて解説を付した．イラストは遺跡からの出土品・レリーフ・壁画・コインなどをスケッチしたものであるが，本辞典では，イラストの出所に関する情報も可能な限り解説の中で記した．

4. 発　音

本辞典では個々の見出し語に発音を表示していないが，紀元前50年頃の教養あるローマ市民の発音に範を取ると，ラテン語の文字と発音の正確な対応は下表のとおりとなる．いわゆる「ローマ字発音」にほぼ等しいといってよい．

ただし，ラテン語には時代・地域・分野によって下表とは若干異なる慣用的な発音があることもご了解いただきたい．

文字	発音	文字	発音
A a	[a, aː]	N n	[n]
B b	[b]	O o	[ɔ, ɔː]
C c	[k]	P p	[p]
D d	[d]	Q q	[k]
E e	[ɛ, eː]	R r	[r]
F f	[f]	S s	[s]
G g	[g]	T t	[t]
H h	[h]	(U) (u)	[u, uː]
I i	[i, iː]	V v	[w]
(J) (j)	[j]	X x	[ks]
K k	[k]	Y y	[y, yː]
L l	[l]	Z z	[z]
M m	[m]		

＊なお，元来，ラテン語では，文字Iを用いて母音[i]と半母音[j]の両方を表し，また文字Vを用いて母音[u]と半母音[w]の両方を表していたが，中世になってこれらの母音・半母音の区別をするためにJとUが考案された．本辞典でも母音・半母音を文字によって区別することとし，JとUを採用している．また，[g]音には古くは文字Cが使われ，前3世紀頃に文字Gが登場してからもしばらく併用されたが，本辞典の記述にはGを採用している．ただし，碑文やコインの銘などを解説する際には，基本的に図版のとおりに記述することとした．

5. 巻末索引
本辞典では，見出し語以外の語句・事項も検索しやすくするため，巻末に以下3種の索引を付した．

ラテン語索引：辞典本文中に見られるラテン語句を適宜拾い，日本語訳とともに本文中での出現箇所(見出し語)を示した．

和羅索引：辞典本文中の語義(訳語)から見出し語を検索できるようにした．

注釈付き索引：主に辞典本文中に登場する人物・建造物などを適宜拾い，簡単な注釈とともに本文中での出現箇所(見出し語)を示した．

6. 諸記号の説明

(　) 括弧内の部分が省略可能であることを示す．また，ある語句の補足説明にも(　)を用いた場合がある(碑文や銘などでの省略部分の補いにも用いた)．

[　] 括弧内の部分が先行の語(句)と置き換え可能であることを示す．また，碑文や銘などでの欠損部分の補いにも用いた．

⇒ 参照項目を示す．空見出しの場合は，矢印で示した項目のイラストおよび解説を参照のこと．

7. 主要参考文献

L. Adkins & R. A. Adkins, *Handbook to Life in Ancient Rome*, Oxford Univ. Pr., 1998.

M. Beard, *The Roman Triumph*, Belknap Press of Harvard Univ. Pr., 2007.

W. Beare, *The Roman Stage: A Short History of Latin Drama in the Time of the Republic*, London, Methuen, 1964^3.

S. F. Bonner, *Education in Ancient Rome: From the Elder Cato to the Younger Pliny*, Univ. of California Pr., 1977.

R. Duncan-Jones, *Money and Government in the Roman Empire*, Cambridge Univ. Pr., 1994.

E. Ghey & I. Leins (eds.), Roman Republican Coins in the British Museum. (Online research catalogue)

A. Goldsworthy, *The Complete Roman Army*, London, Thames & Hudson, 2003.

M. Grant, *Cities of Vesuvius: Pompeii and Herculaneum*, Harmondsworth, Penguin, 1976.

H. A. Grueber, *Coins of the Roman Republic in the British Museum*, 3 vols, London, British Museum, 1910.

S. Hornblower & A. Spawforth (eds.), *The Oxford Classical Dictionary*, Oxford Univ. Pr., 2003^3.

L. Keppie, *Understanding Roman Inscriptions*, Johns Hopkins Univ. Pr., 1991. (ローレンス・ケッピー著／小林雅夫・梶田知志訳『碑文から見た古代ローマ生活誌』原書房，2006)

Z. A. Klawans, *Handbook of Ancient Greek and Roman Coins*, Atlanta, Whitman, 1995.

H. Mattingly et al., *Coins of the Roman Empire in the British Museum*, 6 vols, London, British Museum, 1923–62.

L. C. Nevett, *Domestic Space in Classical Antiquity*, Cambridge Univ. Pr., 2010.

H. T. Peck (ed.), *Harper's Dictionary of Classical Literature and Antiquities*,

New York, Harper, 1898.

L. Richardson, Jr, *A New Topographical Dictionary of Ancient Rome*, Johns Hopkins Univ. Pr., 1992.

L. Rossi, *Trajan's Column and the Dacian Wars*, translated and revised by J. M. C. Toynbee, London, Thames & Hudson, 1971.

J. E. Sandys, *Latin Epigraphy: An Introduction to the Study of Latin Inscriptions*, Cambridge Univ. Pr., 1927².

J. L. Sebesta & L. Bonfante (eds.), *The World of Roman Costume*, Univ. of Wisconsin Pr., 2001.

K.-W. Weeber, *Alltag im Alten Rom: Das Leben in der Stadt,* Manheim, Albatros, 2011⁴.

D. H. Wright, *The Roman Vergil and the Origins of Medieval Book Design*, London, British Library, 2001.

青柳正規『皇帝たちの都ローマ』中央公論社，1992.

青柳正規『トリマルキオの饗宴』中央公論社，1997.

青柳正規監修『世界遺産ポンペイ展』朝日新聞社，2001.

青柳正規監修『ポンペイの遺産――2000年前のローマ人の暮らし』小学館，1999.

青柳正規他編『ポンペイの壁画』岩波書店，1991.

青柳正規・芳賀京子監修『古代ローマ帝国の遺産』国立西洋美術館・東京新聞，2009.

越 宏一『挿絵の芸術――古代末期写本画の世界へ』朝日新聞社，1989.

小森谷慶子・小森谷賢二『ローマ古代散歩』新潮社，2009.

日本テレビ放送網・福岡市博物館・横浜美術館編『ポンペイ展 世界遺産 古代ローマ文明の奇跡』日本テレビ放送網，2010.

長谷川岳男・樋脇博敏『古代ローマを知る事典』東京堂出版，2004.

本村凌二編著『ラテン語碑文で楽しむ古代ローマ』研究社，2011.

吉村忠典『古代ローマ散歩』社会思想研究会出版部，1961.

ジョン・ブライアン・ウォード・パーキンズ著／桐敷真次郎訳『図説世界建築史4 ローマ建築』本の友社，1996.

ピエール・グリマル著／北野 徹訳『古代ローマの日常生活』白水社，2005.

フェデリコ・ゼーリ著／大橋喜之訳『ローマの遺産―コンスタンティヌス凱旋門を読む』八坂書房，2009.

ラヌッツィオ・ビアンキ・バンディネルリ著／吉村忠典訳『人類の美術19 ローマ美術』新潮社，1974.

エウジェニア・リコッティ著／武谷なおみ訳『古代ローマの饗宴』講談社，2011.

A

abacus -ī, m（原義は，石・大理石・土器などの矩形の厚板）

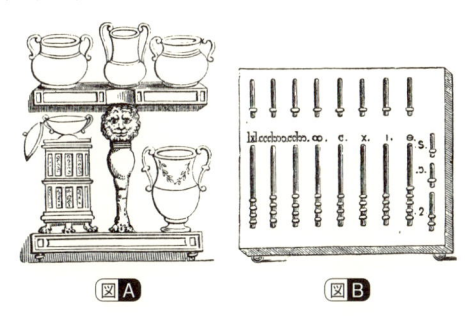

図A　　　　　　図B

1) 食器棚. 図A 大理石または青銅製の2段式の棚．台板にはいくつか凹みがあって，丸底の容器でも安全に置くことができた．図は陶製ランプの意匠を写したもの．

2) そろばん. 図B 日本のそれと同様，10進法で計算した．右2桁は分数，左7桁は整数を入力する．左端の X が1,000,000の単位．図は古代の遺物．なお，東京理科大学近代科学資料館に，3世紀頃の青銅製のそろばんのレプリカが展示されている．

3) 建築 アバクス．円柱の柱頭上部の平板．⇒ CAPITULUM.

acanthus -ī, m

アカンサス. ハアザミ属の草本. その葉形は陶器・彫刻・刺繍などの他, コリント式柱頭の装飾モチーフとして好んで用いられた（アカンサス葉飾り）. 図は, アントニヌスとファウスティナの神殿の柱頭に刻まれた acanthus.

accubitiō -ōnis, f

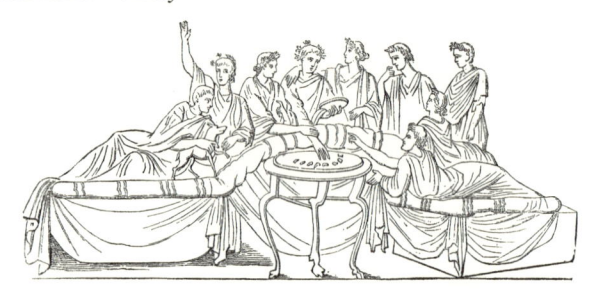

食事用臥台に身を横たえること. 上体は左ひじを支えに少し起こした状態に保ち, 自由に動かせる右手で飲食物を取った. 図はポンペイの絵画より. ⇒ TRICLINIUM

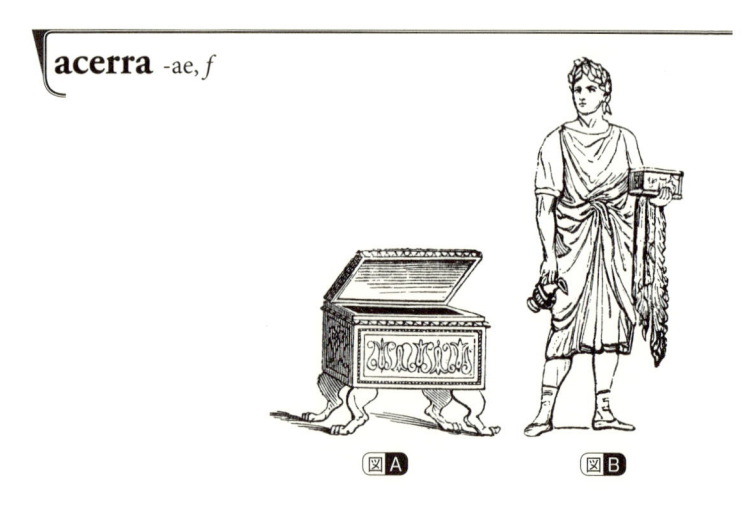

acerra -ae, f

図A　　　図B

香箱.

図Ⓐ この香箱は神官の従者が犠牲式を行う祭壇まで持ち運んだ. 香は火のついた祭壇に振りかけられた. 図はローマ市のカピトリーニ美術館蔵のレリーフより.

図Ⓑ この従者は右手に献酒用の水差しを持ち, 左手に犠牲獣の毛皮を掛けている. この図も古代のレリーフを写したもの.

acrātophorum -ī, n

生酒を入れておく甕(かめ). 食卓に置かれた acratophorum の生のぶどう酒は, 水と混ぜるための甕(CRATER)に移された. 図の大理石製品の胴には, ブドウの枝葉の装飾が施されている.

acrōtēria -ōrum, n pl

建築 **アクロテリオン**. ペディメント(FASTIGIUM)の両端や頂上にある彫像用台座. 図は, アントニヌス・ピウス帝の后で死後神格化された大ファウスティナ(140年没)の神殿を描いた青銅貨の裏面. 両端の台座に立つのは勝利の女神ウィクトリア(VICTORIA). 神殿内には王笏(おうしゃく)(SCEPTRUM)を持つ神の像が見える. 銘: S(ENATVS) C(ONSVLTO)「元老院の決議により」.

acus -ūs, f

図A　　　　　図B

1) 針. 図A ポンペイ出土の針入れと約 4cm の縫い針.
2) ヘヤーピン. 図B

adytum -ī, n

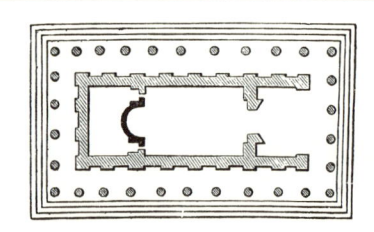

至聖所，聖域．神官以外は出入りが許されない神殿の内奥部．この，かつてローマ市のマルケルス劇場近くにあった小さなドリス式神殿の平面図では，黒塗りの半円の左側の部分．その右側の，神像が安置される cella と呼ばれる部分へは，半円両端にある扉で行き来する．

aedicula -ae, f

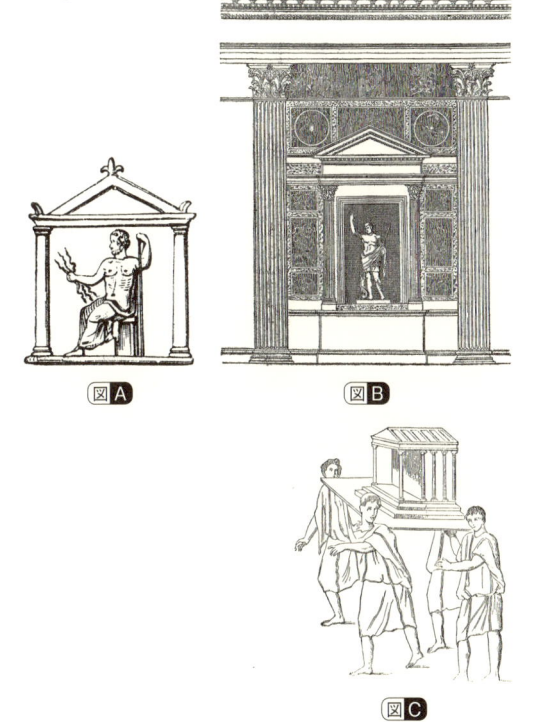

図A 図B

図C

小神殿.

図A 神殿の神像安置所 (cella) の内部に設けられた小神殿．小なりといえども，円柱とその上のペディメントが備わっている．図は，ウィテリウス帝のデナリウス銀貨 (69年) の裏面の図像で，カピトリヌス丘のユピテル神殿内の aedicula とその中に坐すユピテルが描かれている．彼は右手に3本の雷電を持っている．

図B ローマ市のパンテオン内部通路の壁面に彫り刻まれた aedicula.

図C aedicula は荷車に乗せたり，人々の肩に担いで巡行するこ

ともあった．図はポンペイの絵画より．なお，ペトロニウス『サテュリコン』29の「大きな戸棚(ARMARIUM)にaediculaが置かれ，その中に銀製の家の守護神(LARES)と大理石のウェヌス像が安置されていた」という一文中のaediculaも，移動可能なほどの大きさであっただろう．

aegis -idis, f

図A　図B

[神話] アエギス，アイギス．

図A メドゥーサ(Medusa)の首が付いたミネルウァ(Minerva)女神の防身具．メドゥーサは，その姿をまともに見た者を石に化すという女怪．女神が左腕を伸ばすと，aegis はあたかも盾の働きをするかのようである．図はヘルクラネウム出土の女神像(ナポリ国立考古学博物館蔵)．

図B ギリシアの画家・彫刻家はこのように aegis を胸当てとして表現した．図は陶製ランプの意匠を写したもの．

aequitās -ātis, *f*

公平, 公正. 図は, アントニヌス・ピウス帝のデナリウス銀貨上の神格化された Aequitas. 女神は右手に天秤, 左手に長いさお尺 (pertica) を持つ. 銘は AEQVITAS AVG(VSTA)「畏き公正(女神)」.

agger -eris, *m*

堡塁, 塁壁. 多くの場合, 陣営の周りに掘った壕 (fossa) の土砂を, 壕の内側に積み上げて固めた土塁. しかし, 土砂の利用がかなわぬ場合は, 図の, トラヤヌス帝の記念柱のレリーフに見られるように, 木材と柴などで築かれた. agger の上に一列に並べて立てられた杭は防柵 (VALLUM), その奥は兵士を守るための板張りの回廊.

alabaster -trī, *m*
alabastrum -ī, *n*

洋ナシ形の香油入れ．プリニウス『博物誌』36.60 には「縞大理石 (onyx) 製の alabaster が香油の保存に最適とされている」とある．図は古代の遺物．

album -ī, *n*

図A　図B

白色掲示板，（特に）**法務官**の告示板．白い漆喰を塗った壁面の一部などに，公的な告示や私的な広告その他を書き付けた．
図A ポンペイの「エウマキアの建物」の外壁．ここに記されていた広告文は，発掘後，消滅した．

図B ポンペイのフレスコ画を写したもの．3体の騎士像の台座に取り付けた掲示板には，官報 (acta) が記されていたのであろうか．

allocūtiō -ōnis, *f* (**adlocūtiō** ともつづる)

将兵への演説．図はガルバ帝のセステルティウス真鍮貨 (68年) の裏面．金属製の鷲がとまった軍団旗 (AQUILA) やその左の中隊旗が翻る中，武装した将兵を前に皇帝が壇 (suggestum, suggestus, tribunal) の上から，一同の士気を鼓舞する演説を行っている．銘：ADLOCVTIO, S(ENATVS) C(ONSVLTO)「元老院の決議により」．

alveāre -is, *n*

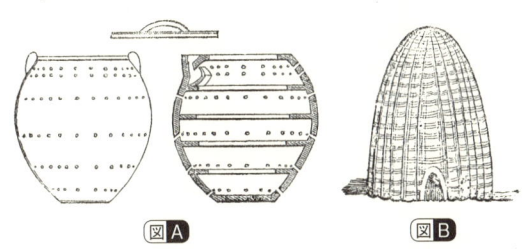

ミツバチの巣箱．

図A ポンペイ出土の青銅製の巣箱．内側は5層から成り，多数の小穴が開いている．しかし，熱のこもりやすい金属や土器の製

品よりも，コルク・籐・麦藁などの植物の加工品のほうが望ましいとされた．
図B レリーフに表されたかご細工の巣箱．

āmentum -ī, *n*

とうてき
投擲用の紐．投げ槍の柄の重心あたりに結びつけ，投擲にはずみをつけて槍をより遠くに投げられるようにした．図は陶画を写したもの．

amphitheātrum -ī, *n*

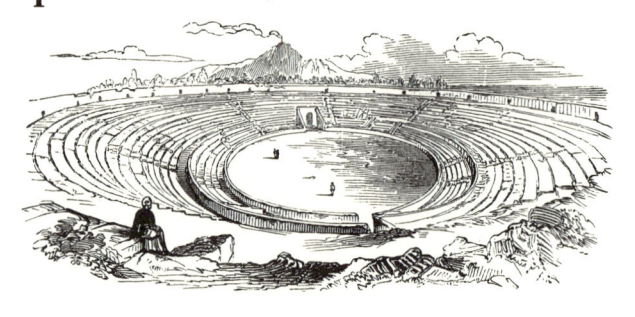

円形競技場，**円形劇場**．長円形の闘技場 (arena；原義は「砂，砂地」) の周りをぐるりと取り囲むひな壇式観客席 (cavea) を設けた長円形もしくは円形の大建造物．もともと剣闘士の闘技を見せるための施設であったが，見世物としての野獣狩りや，ときには模

擬海戦もここで行われた．図は前 80 年頃に建造されたポンペイの大演技場で，石造りの観客席と周辺の壁をもつ最古のもの．

amphora -ae, f

アンフォラ．両取っ手 (ANSA) 付きの大型の土製の壺．ぶどう酒やオリーブ油などの貯蔵・運搬に用いられた．その多くは，軟らかい地面などに立てられるように底が尖っていた．現在でも，地中海に沈んだ古代船からしばしば中味の入ったままのアンフォラが引き揚げられる．図はポンペイで発掘されたアンフォラ．左は地面に突き立てられ，右は壁にもたせかけられていた．

ampulla -ae, f

アンプラ．オリーブ油・香油・ぶどう酒などを入れる瓶．ガラス製・陶製など材質は一定せず，形状もさまざまであるが，多くは細首で口が小さく，胴はふくらんでいる．図はいずれもローマ市内で発掘されたアンプラ．

ancīle -is, *n*

聖なる盾. ローマ第2代の王ヌマの時代に天から降下したという8字型の盾. その護持にローマの繁栄がかかっているとされたため, ヌマは11の模造品を作らせ, 万一の本物の紛失に備えた. これらの12の盾は, 普段はマルス神殿に秘蔵されていたが, 毎年3月, マルスの神官団 (Salii) に捧持されてローマ市内を一巡した. 図は, エトルリア文字の銘がある紅しまめのうの印章の意匠(フィレンツェ国立考古学博物館蔵). これが直ちにローマのマルスの神官団の風習につながるかはさておき, 盾の形状を知るうえでは貴重な手がかりを提供している. 銘は, 上に(右から左に)ATTIVS(持ち主の名), 下に(右から左に)ALCE(意味不詳).

ancora -ae, *f*

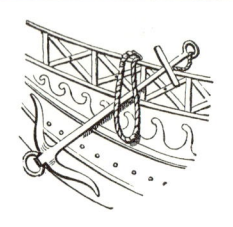

錨. 現在のそれと同様, 鉄製の2本爪の錨が普通で, 船首部に装備されていた. 図はトラヤヌス帝の記念柱のレリーフから.

ansa -ae, *f*

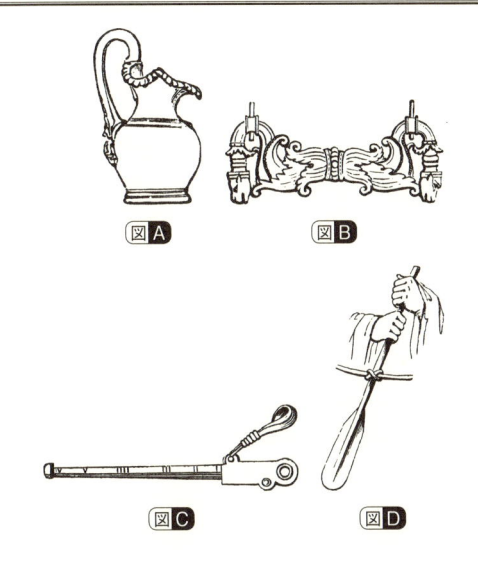

図A

図B

図C

図D

取っ手,柄.

図A 水差しの取っ手.ポンペイ出土の青銅製品.
図B 扉の取っ手.ポンペイ出土の青銅製品.
図C 竿秤(さおばかり)(STATERA)の取っ手.ポンペイ出土の青銅製品.
図D 舵柄(だへい).トラヤヌス帝の記念柱のレリーフから.

antefixa -ōrum, *n pl*

建築 アンテフィクサ.瓦の端(はし)飾り. ⇒ TEGULA

ānulus -ī, *m*

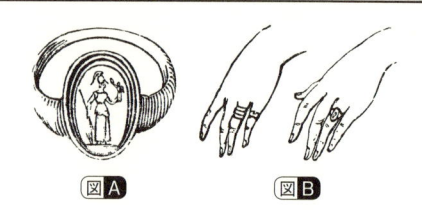

図A 図B

指輪，(特に)印章付き指輪．

図A 封印のために用いられる印章付きの指輪はもともと鉄製であったが，元老院議員・高官・騎士には金製品の使用も認められていた．図は，16–17世紀のフランダースの古物収集家のコレクション中の印章付き指輪．女神ローマ (ROMA) が陰刻されている．ローマが左手に載せているのは勝利の女神ウィクトリア (VICTORIA)．

図B 帝政期に入ると，指輪は宝飾品の仲間入りをし，男女を問わずあらゆる階層の人々がさまざまの材質と意匠の指輪を愛用した．指輪用の指も本来の左手薬指だけでなく，両手の好みの指が選ばれ，一時に複数個の指輪がはめられることも珍しくなかった．右図はユピテルの左手，左図は女性の左手で，薬指に2個，小指に1個の指輪が見える．図はいずれもポンペイの絵画より．

apex -picis, *m*

オリーブの小枝．神官 (FLAMEN) とマルスの神官団 (SALII) がかぶる帽子 (galerum) の天辺に付けた．小枝には羊毛が巻きつけて

あり，神官の権威の象徴とされた．ウァレリウス・マクシムス『記憶さるべき行為と発言』1.1.5 は，クイントゥス・スルピキウス (Q. Sulpicius) が犠牲式を執り行っていたとき，頭上の apex が脱け落ちたため，彼は flamen の地位を失った（前 233 年頃）と伝えている．apex の基部の円盤状の飾りらしきものについては何も伝わらない．図は古代のレリーフを写したもの．

aplustre -is, *n*
aplustrum -ī, *n*

飾り付きの湾曲した船尾．鳥の翼のような形状で，通例，船首の方にそり返っていた．図は古代のレリーフを写したもの．

apodytērium -ī, *n*

浴場の脱衣室．図はポンペイのフォルム浴場の apodyterium．3 つの出入り口が見えるが，奥左が外からの入り口．奥右は冷浴室 (frigidarium) に，右端のそれは温浴室 (tepidarium) に通じる．

浴客はベンチの上の釘に脱いだ衣服を掛ける．窓の下方の壁のくぼみはランプを置く場所．⇒ BALNEUM

aquaeductus -ūs, *m*

水道．図は，カリグラ帝が着工しクラウディウス帝が完成させた壮大な規模の水道（クラウディア水道；Aqua Claudia）の一部．かなりの部分を高架水道にして水位を高く保ち，ローマ市内のあらゆる地点に新鮮な水を供給することができた．

aquila -ae, *f*

軍団旗の鷲の標章．軍団旗．マリウスが2度目の執政官（consul）を務めたとき（前104年）に，鷲が軍団（legio）の標章に定められた．竿の先に翼を広げて止まっている鷲は，共和政期には銀か青銅製，帝政期には金製であった．図は，18世紀のフランス人の古代研究書に紹介された古代の遺物．

aquilifer -ferī, *m*

軍団旗手. 軍団 (legio) には，大隊 (cohors)，中隊 (manipulus) などにそれぞれ複数の旗手が存在したが，軍団旗の旗手は，むろん，各軍団に 1 名だけであった．図はトラヤヌス帝の記念柱のレリーフを写したもの．この旗手は頭から背中にかけて野獣の毛皮をかぶっている．

āra -ae, *f*

図A　　図B

ara

図C　　　　　　　　　　　図D

図E

祭壇．直方体または円柱形で，土・石・煉瓦などで作られた．天辺に火を燃やすためのくぼみがあり，側面または下部に，注がれた神酒がしみ出る穴があった．

図A　右図はポンペイの絵画を，左図は陶画を写したもの．

図B　祭壇は聖林 (lucus) にも設けられた．図はコンスタンティヌス帝の凱旋門のレリーフを写したもの（ただし，ハドリアヌス帝時代のレリーフの転用）．祭壇の後ろの 2 本の木に囲まれた女神像が，それがディアナ (Diana) の聖林であることを示している．

図C　ポンペイのフォルトゥナ・アウグスタ神殿前に設けられた祭壇．

図D　ポンペイの家屋の壁に沿って設けられた祭壇．その上にあるレリーフの上段には 2 柱の守護神 (Lares) が見える．下段の 2 匹の蛇は「小便無用」の警告．

図E ポンペイの「ディオスクロイの家」の広間 (atrium) 内の祭壇．雨水だめ (IMPLUVIUM) の脇に立っている．

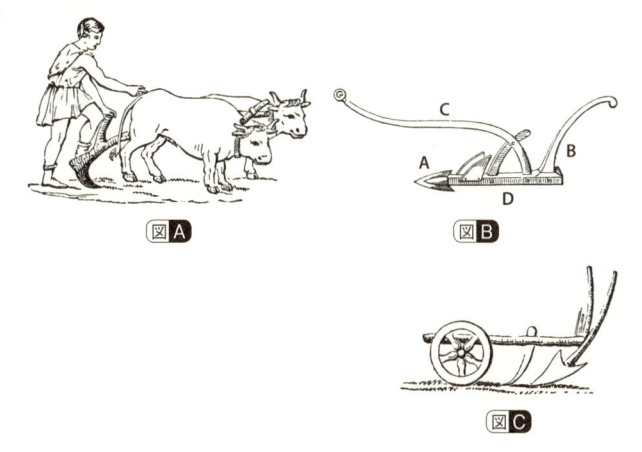

arātrum -ī, *n*

図A

図B

図C

犁(すき)．

図A 古代のレリーフから．この耕作者 (arator) が使用している素朴な犁は，木材の一端を曲げ，その先を鉄でおおって刃 (vomer) とし，上部の二股の枝の一方を柄 (STIVA)，他方を長柄(ながえ) (BURA, TEMO) としただけのもの．

図B 改良型の犁．A が刃，B が柄．C が長柄で，先端を家畜の軛(くびき) (JUGUM) につなぐ．D は横木または台 (dentalia)．図は古代のレリーフから．

図C 車輪付きの犁．刃の前に固い地面を切るための刃物 (CULTER) が付いている．横棒は 轅(ながえ) (TEMO)．図は，18 世紀のフランスの古代研究書の挿絵を採ったもの．

arca -ae, *f*

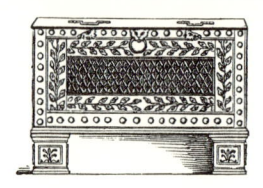

金庫. 図はポンペイのある邸宅の広間 (atrium) から見つかった金庫. この中に財務官 (QUAESTOR) が公金を保管していたものらしい. 大理石張りの脚の上に鎮座するこの金庫は, 枠組みは木, 内部には青銅を張り, 外部は鉄でおおわれている.

arcus -ūs, *m*

凱旋門. 図はフォルム・ロマヌムの東端にあるティトゥス帝の凱旋門で, 現存する最古のもの. ティトゥスのエルサレム占領を記念して, その死後に建設された. 刻文の3行目初めに DIVO TITO「神君ティトゥスに」とあることからも, それが確かめられる. 4頭立て戦車 (QUADRIGA) に乗ったティトゥスと2人の兵士の像は復元図.

ariēs -etis, *m*

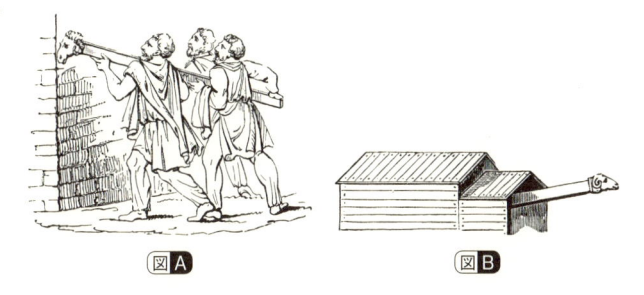

図A 図B

[軍隊] **破城槌**. 角材の先に鉄製の羊頭をつけた攻城具.

図A このように数人がかりで敵の要塞の壁にぶち当て，攻略の突破口を開こうとした．図はトラヤヌス帝の記念柱のレリーフから採ったもので，描かれているのはダキア人 (Daci).

図B 図A の改良型で，兵士を敵の飛び道具から護るために，aries を車輪つきの小屋の中から操作することができた．これは亀甲車 (TESTUDO) と呼ばれる．図はセプティミウス・セウェルス帝の凱旋門のレリーフから．

armārium -ī, *n*

戸棚. 図はヘルクラネウムの絵画に描かれた靴屋 (CALCEOLARIUS) の店内の armarium. 棚に靴 (CALCEUS) や木型 (forma) などが並んでいる．

armilla -ae, *f*

図A　図B

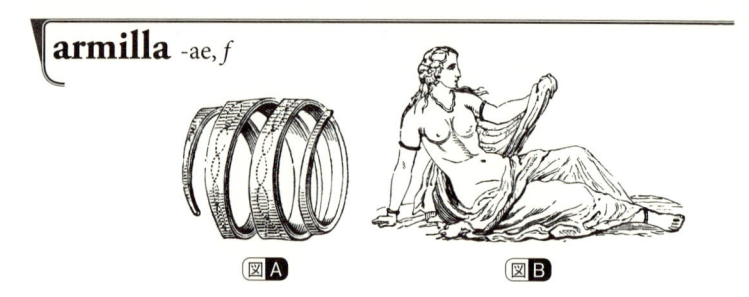

腕輪.

図A 男性の腕輪は,「左腕に重い黄金の腕輪を着けていた」(リウィウス『ローマ建国史』1.11.8) というサビニ人 (Sabini) の習俗が伝わったもので, ローマ軍の指揮官はしばしば, 武勲を立てた将兵にその証としての腕輪を授けた. 図はイタリア中部マルケ州の墓から発見された青銅の腕輪で, 腕の骨に絡まっていた.

図B 装身具としての女性の armilla は, 腕だけに着けるとは限らなかった. アリアドネ (Ariadne) を描いたこのポンペイの絵画では, 彼女は上腕・手首の他, くるぶしにも armilla をはめている.

ās assis, *m*

アス青銅貨. 貨幣経済が未発達であった共和政期中頃までの基本通貨. しかし国力の伸長につれ, ローマも前 3 世紀に銀貨, ついで金貨を鋳造するようになると, 青銅貨は最下位の貨幣となり, その重量も著しく減少した. 図は双面神ヤヌス (JANUS) と商業の神メルクリウス (MERCURIUS) を刻印したアス青銅貨. ⇒ SEMIS.

aspersiō -ōnis, *f*

まくこと，振りかけること．図は，マルクス・アウレリウス帝の娘ルキラを描いたメダルの図像．彼女は月桂樹 (laurea) の枝を折ろうとしている．その右下で巫女が壺で川の水を汲んでいる．月桂樹の枝を川の水で濡らして人(ここでは子どもたち)に振りかけると，彼らの身体の汚れが祓い清められると信じられた．

auceps -cupis, *m*

野鳥捕り．図はナポリに伝わる野鳥捕りの小さな大理石像．帽子，長靴，革の衣服，肩には毛皮と，いかにも猟師らしい身なりをしている．右手にナイフ，腰紐に 2 羽のハト，左腕に野ウサギ，指には輪縄らしきものが見える．これらの獲物を売った稼ぎは，彼

の仕える主人のものとなる.

augur -uris, *m*

図A　　　　図B

卜占官(ぼくせん). 鳥の飛び方・鳴き声・挙動の観察を通じて神意を伺うことを職務とする神官. 彼らは神官団(collegium augurum)を構成しており, その数は王政期には3名, 前300年頃には9名に増員され, さらにスラが15名, 最終的にはカエサルが16名とした.

図A 図はフィレンツェ国立考古学博物館蔵のレリーフより. 卜占官が右手に先の曲がった杖(LITUUS)を持つ姿で, 足下の聖鳥とともに描かれている.

図B 鳥かご(cavea)に入れられたニワトリ. 餌の食べ方も重要な判断材料であった. 図は17世紀の古代学辞典から採ったもの.

aureus -ī, m

図A　　　　　　　図B

アウレウス．金貨．aureus nummus ともいう．前 84 年スラによって導入され，前 46 年にはカエサルによって大量に鋳造された．以後，銀貨 25 デナリウスに相当する貨幣として，通貨制度の根幹をなした．

図A カエサルのアウレウス金貨（前 47 年）．表面に斧（SECURIS）と酒杯（culullus），裏面に壺（URNA）と卜占官の杖（LITUUS），周りに月桂樹の葉冠（CORONA）を刻す．銘は，表面に DICT(ATOR)「独裁官」，CAESAR，裏面に ITER(VM)「再度」．

図B アウグストゥスのアウレウス金貨（前 27 年以後）．表面にアウグストゥスの横顔，裏面に若い雌牛 (juvenca) を刻す．

aurifex -ficis, m

金細工師. 図はバチカン美術館蔵のレリーフで, 職人が地金を槌でたたいて金箔 (brattea) を作っているところ. 右下に積んであるのは金のインゴット (鋳塊). 上方に描かれているのは秤. プリニウス『博物誌』33.61 は「1 ウンキア (約 27 グラム) の金から 4 ディギトゥス (約 8cm) 角の金箔を 750 枚余も作ることができる」と記している.

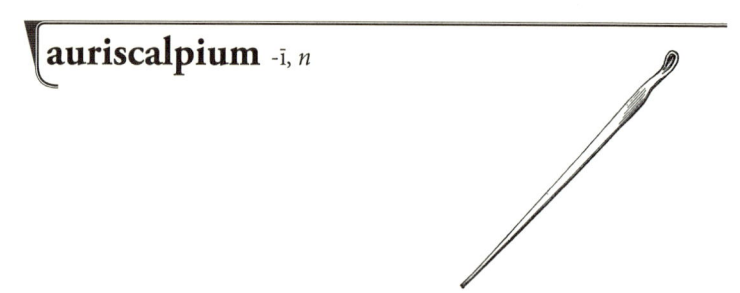

auriscalpium -ī, *n*

耳かき. 耳医者のゾンデ (耳孔内に挿入して診察・治療に用いる細長い器具) としても用いられた. 図はポンペイ出土の耳かき.

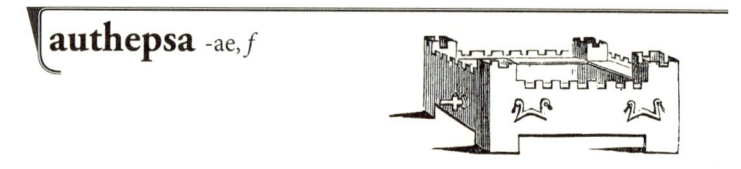

authepsa -ae, *f*

自動湯沸かし器. 図はポンペイ出土の青銅製品. 四方の分厚い城壁のような部分は中空で, ここに水を入れる. 左側面のコックは湯の出し口. 四隅の塔状の部分には蓋が付いている. 中央の凹部に火のついた木炭を並べると湯が沸き, 容易に冷めない. 上に鍋などを置いて炊事もできた.

B

Baccha -ae, f
Bacchē -ēs, f

酒神バックス (Bacchus) の女信徒. MAENAS ともいう. 図はローマ市のボルゲーゼ美術館にあるレリーフより. この女性は, 頭にブドウのつる (vitis) あるいはキヅタ (hedera) を巻き, 右手に THYRSUS と呼ばれる杖を持ち, 左手に子ヤギをぶら下げて, 裸足で狂喜乱舞している. ちなみに, ブドウの木とキヅタはバックス神の聖なる植物, thyrsus はバックス神とその信徒たちの持物, ヤギはバックス神の聖なる動物である.

balneum -ī, n

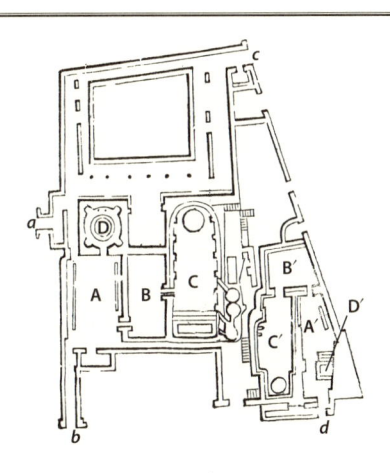

balteus

浴場. 図は，ポンペイのフォルム浴場と呼ばれる公衆浴場の見取り図. 下方が北，下部の東西方向が約 40m，左側の南北方向が約 47m. 入り口は a, b, c, d の 4 箇所で，d が女性用. A は脱衣室（APODYTERIUM；同項の図はこの部分を描いたもの），B は温浴室 (tepidarium), C は高温浴室 (CALDARIUM), D は冷浴室 (frigidarium). A′, B′, C′, D′ は女性用のそれぞれ. ⇒ THERMAE

---

balteus -ī, *m*
balteum -ī, *n*

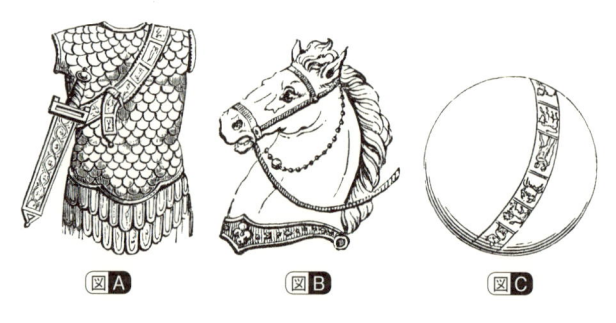

図A　　図B　　図C

1) 剣帯. 胸の前のバックルで留める. 図A トラヤヌス帝の記念柱のレリーフより.

2) 馬首の飾り帯. これにしばしば鈴が付けられた. 図B 飾り帯の上方にあるのは MONILE と呼ばれる首飾り. 図は陶画を写したもの.

3) 天文 **黄道帯**. 図C 図はポンペイの絵画の模写で，上から白羊宮 (Aries), 金牛宮 (Taurus), 双子宮 (Gemini), 巨蟹宮(きょかい) (Cancer), 獅子宮 (Leo), 処女宮 (Virgo) の 6 宮が見える.

baptistērium -ī, *n*

水浴槽. 図はポンペイのフォルム浴場の冷浴室 (frigidarium) の内部(BALNEUM の図中の D に当たる).

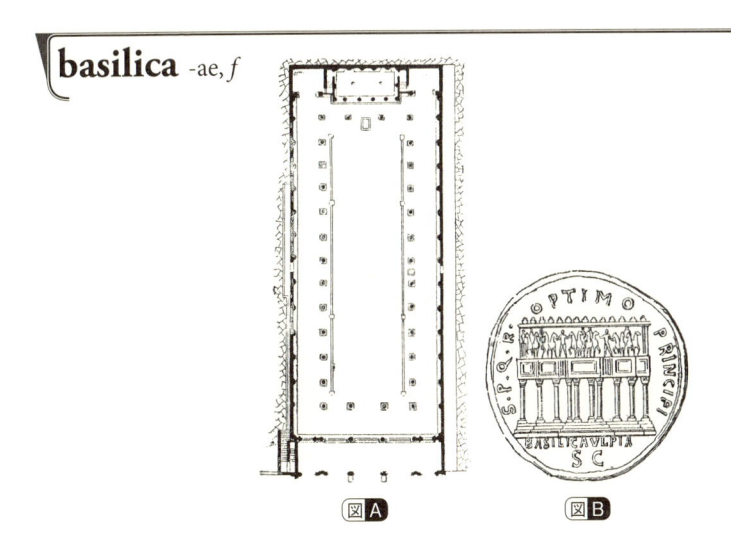

basilica -ae, *f*

図A 図B

バシリカ. 公共広場 (forum) の近くにあって裁判・商取引などに

利用された公共の建物.

図A ポンペイのバシリカの遺構の平面図.

図B バシリカ・ウルピア (Basilica Ulpia) の入り口の様子を伝えるトラヤヌス帝のセステルティウス真鍮貨（112年頃）の裏面. このバシリカはローマ市のトラヤヌス帝のフォルムの中にあったが, 現在は柱のみが残っている. 銘は, S(ENATVS) P(OPVLVS)Q(VE) R(OMANVS) OPTIMO PRINCIPI「ローマの元老院と国民が最善の元首に」. 下に BASILICA VLPIA, S(ENATVS) C(ONSVLTO)「元老院の決議により」.

batillum -ī, n

⇒ VATILLUM

bestiārius -ī, m

野獣闘士. 兜, 盾, 剣などで武装して, 報酬目当てに見せ物として野獣と戦う彼らは, 剣闘士 (GLADIATOR) より一段下の存在と見なされていた. 図は, ローマ市のマルケルス劇場の廃墟上に建てられたオルシーニ家の邸宅のレリーフより.

bibliothēca -ae, f

図書室. 邸内に図書室を設けるときは，明るさや風通しの良さなどへの配慮から東側が選ばれた．図は石棺 (SARCOPHAGUS) のレリーフより．両開き戸の付いた本棚にパピルス紙の書巻 (VOLUMEN) が積み上げられており，その中の1本に目を通す故人の姿が描かれている．

biclīnium -ī, n

2人用の食事用臥台．クインティリアヌス『弁論術教程』1.5.68 は，この語をラテン語と外国語（この場合はギリシア語）の合成語 (vox composita) の例に引いている．図は古代のレリーフより．

bidens -entis, *m*

二叉の鍬(くわ). 墓石のレリーフを写した本図で，農夫または奴隷が手にしているのが bidens. 中央は鎌 (FALX). 左は深掘りシャベル (BIPALIUM) で，刃の少し上に横木があり，これに両足をかけて土をより深く掘ることができた．

bidental -ālis, *n*

落雷のあった場所. そういう地点は卜占官(ぼくせん)によって聖別され，祭壇が設けられた．bidental の名称は，そこで2歳の歯の生えそろった羊が犠牲に供されたことに由来するという．図はポンペイの bidental で，中央に祭壇があり，周りを柱が取り囲んでいる．

bīgātus -ī, *m* (もとは「2 頭立て戦車の」の意の形容詞)

2 頭立て戦車の刻印のあるローマの銀貨．前 211 年頃，初めて銀貨 DENARIUS が鋳造されたとき，裏面に馬に乗ったディオスクロイ (Dioscuri) が刻印されていたが，少し遅れて，勝利の女神ウィクトリア (VICTORIA) が 2 頭立て戦車 (biga) を駆る図柄のデナリウス銀貨が発行され，これが一般に bigatus と呼ばれた．図は前 157 年頃に鋳造されたデナリウス銀貨．表面は女神ローマ (ROMA) で翼のある兜をかぶっている．X は 10 アスに相当することを示す数字．

bipālium -ī, *n*

深掘りシャベル．⇒ BIDENS

bisellium -ī, *n*

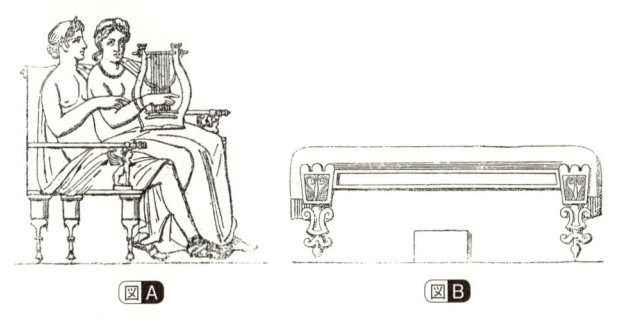

図A 図B

bracae

2人分の座席，(特に)**特権としての1人だけの貴賓席**．

図Ⓐ ポンペイの絵画より．

図Ⓑ ポンペイの墓石のレリーフで，「参事会員(decurio)たちの決議と市民の総意によりbiselliumの名誉が授与された」との碑文が付いている．これにより，biselliumはもともと2人分の座席ではあるが，この場合は故人のポンペイ市への貢献に報いるために，1人だけで座を占める貴賓席の特権が与えられたことが判明する．図の下方中央の足台(suppedaneum)は，当然，1つしかない．

brācae -ārum, *f pl*
brāca -ae, *f*

ゆったりしたズボン．腰からくるぶしまで届くような長いズボンは，もともと東方や北方の諸民族の風俗で，共和政期や帝政初期には，bracatus milesといえばローマ人以外の兵士を指した．しかし，アレクサンデル・セウェルス帝の頃から，ローマ軍の兵士たちもこれを着用するようになった．図はローマ市のコンスタンティヌス帝の凱旋門のレリーフより．

buccula -ae, *f*

兜(かぶと)の面頬(めんぼお). ⇒ GALEA 図A

būra -ae, *f*

犂(すき)の長柄(ながえ). ⇒ ARATRUM 図A 図B

C

cādūceus -ī, *m*
cādūceum -ī, *n*

図A　　　　　　　　　　図B

メルクリウス神の杖.

図A caduceus はもともと伝令使の杖であるが，ポンペイの絵画を写したこの図で，右の神々の使者たるメルクリウス（MERCURIUS）が手にしている杖は，上部に 2 匹の蛇が絡まり，一対の翼が付いている．翼は彼のくるぶしあたりにも生えている．このため詩人オウィディウスは，メルクリウスを「杖を持っている者 (caducifer)」とも，「足に翼のついた者 (alipes)」とも呼んでいる．彼はまた商売の神でもあるから，右手に金貨の詰まった財布をこれ見よがしに提げている．左は運命の女神フォルトゥナ（FORTUNA）．彼女は右手に船の舵 (gubernaculum)，左手に豊穣の角 (CORNU COPIAE) を持っている．

図B わが国の商業学校の校章には，メルクリウスの杖をデザインした例が数多く見られる．図は一橋大学（旧東京高等商業学校）のシンボルマーク．

cadus -ī, *m*

大型の陶製の壺. 主にぶどう酒の貯蔵に用いられたが，蜂蜜・塩蔵魚・乾燥イチジクなどを入れることもあった．胴体の下部は尖っていて，AMPHORA のように砂地などの軟らかい地面に立てることができた．図はローマ市のワインセラーから発見されたもの．

caestus -ūs, *m*

拳闘用の籠手(こて)．革紐を手と手首，ときには肘にまで巻きつけ，拳の外側の部分に金属の鋲を付けたもの．図は拳闘士（pugil）の彫像から．

calamister -trī, *m*
calamistrum -ī, *n*

頭髪用カールごて．鉄製で，火で熱して髪をカールさせるのに使っ

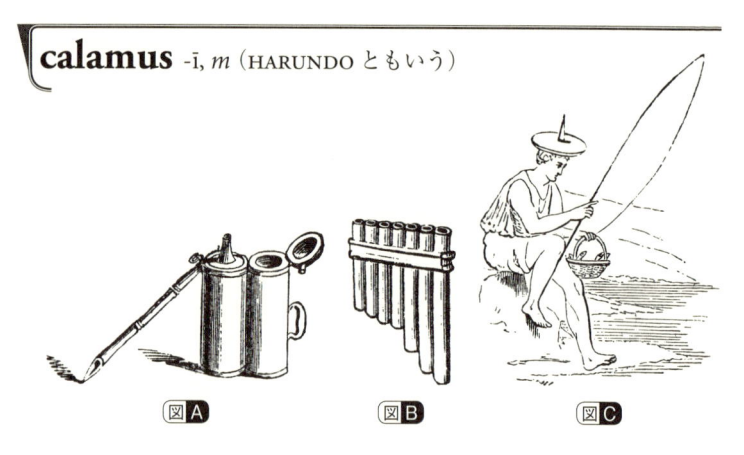

た．calamister の名は，葦(CALAMUS)のように作りが中空であることに由来する．図は墓所のレリーフから．

calamus -ī, m（HARUNDO ともいう）

図A　図B　図C

1) **葦ペン**．図A 右側にあるのはインク壺．図はポンペイの絵画より．
2) **葦笛**．長さと穴の大きさの異なる葦の茎を数本並べて括りつけた吹奏楽器．牧神パン(Pan)が発明したとの伝えからパンの笛ともいわれる．図B ポンペイの大理石に刻まれた図より．
3) **釣りざお**．図C ポンペイの釣り人は，通例，このような奇妙な帽子をかぶった姿で描かれる．図はポンペイの絵画より．

calathus -ī, m

図A　図B

1) 柳細工のかご．上部の方が少し広がっているのが特徴．女性が糸つむぎをするときの材料入れとしての他，野で摘んだ花や果物などを入れるのにも用いられた．　図A　ポンペイの絵画を写したこの図は，スパルタ王妃レダ(Leda)の糸つむぎ用のかご．中に羊毛の球と糸巻きが見える．

2) 酒杯．1)のかごに似た形をしているところから，この名がある．図B　バチカンのウェルギリウス写本の挿絵から．

calceolārius -ī, *m*

靴屋．図はヘルクラネウムの絵画より．恋の神クピド(Cupido)が2人，靴作りに励んでいる．⇒ ARMARIUM

calceolus -ī, *m*

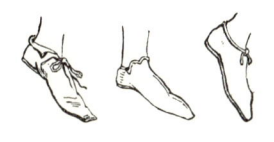

小さな靴．主に女性用．底革を使い，ローヒールで，上はくるぶしまで．図はポンペイの絵画より．

calceus -ī, m

靴.

図A 木型を使って左右の足のそれぞれに合うように作った外出用の靴．右と左の靴はポンペイの絵画，中の編み上げ靴は旧イエズス会ローマ学寮蔵の青銅の瓶の図像．

図B 貴族の履く赤い靴．calceus mulleus（または patricius）と呼ばれた．図はいずれも彫像の足の部分を写したもの．紐を甲で交差させてから，脛まで巻きつけて留めた．

ちなみに，アウグストゥスは「朝，左の靴を右のそれと間違えて履いたら，不吉のしるし」と考えた，とスエトニウス「神君アウグストゥス伝」92.1 にある．

caldārium -ī, n

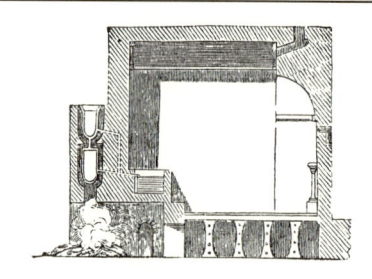

高温浴室．図は，ローマ市南東の保養地トゥスクルム (Tusculum) にあった個人の別荘 (VILLA) の浴室の断面図．右端が蒸し風呂 (Laconicum) で，大きな水盤 (LABRUM) が備えつけられている．中央が，床下の炉 (HYPOCAUSTUM) から送られる熱気で汗をかかせる発汗場 (SUDATORIUM)．左端の一段高くなったところにある

のが高温浴槽 (alveus). なお，BALNEUM の項の図では，C の下部の長方形が alveus, 上部の円が labrum, 両者間のスペースが sudatorium に当たる.

caliga -ae, f

兵隊靴. 一般兵士と百人隊長 (CENTURIO) の履いた靴. 分厚い底革にびっしり鋲釘が打ちこんである. 履くときは革紐を甲の上部にまで巻きつけた. ローマの第 3 代皇帝ガイウス・ユリウス・カエサル・ゲルマニクスの通称カリグラ (caliga の指小辞) は, 幼少時に小さな兵隊靴を愛用していた彼を, 兵士たちが「小さな兵隊靴坊や」と呼んだことに由来している. 図はトラヤヌス帝の記念柱のレリーフから.

camillus -ī, m

犠牲式を執り行う神官を補佐する良家の男子（女子は camilla）．若々しさ・容貌・気品などに秀でた子女が選ばれた．図はバチカンのウェルギリウス写本の挿絵から．

camīnus -ī, *m*

鍛冶場．図はローマ市の大理石の墓に刻まれたレリーフより．中央の男はやっとこ（FORCEPS）ではさんだ鉄を鉄床(incus)に置き，左右の男と3人がかりで，ハンマー（MALLEUS）で鍛えようとしている．鉄床の下方には焼き入れ用の水の容器がある．後方では別の男がふいご（FOLLIS）で風を送り，火を燃え上がらせている．

campestre -tris, *n*

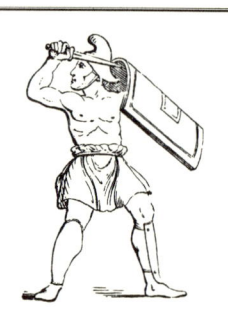

腰巻き．剣闘士や兵士が訓練中に着用した．その名は，訓練が普通マルスの野で行われたことに由来する．図はテラコッタ製のランプの図像から．

cancellus -ī, *m*

格子作りの柵．法廷の裁判官席，円形競技場の座席の仕切りなどに用いられた．図はコンスタンティヌス帝の凱旋門のレリーフで，中央の皇帝がフォルム・ロマヌム西端の cancellus の仕切りがある演壇(rostra; ⇒ ROSTRUM)で演説している．

canistrum -ī, *n*

かご．パン・果物・花などを入れた．取っ手はなく，頭上に乗せて運んだ．図はポンペイの絵画で，穀物の女神ケレス(Ceres)が運ぶ canistrum．麦の穂が見える．

Capitōlium -ī, n

カピトリウム．ローマ市のカピトリヌス丘にあったユピテル (JUPPITER) の神殿．図はその神殿の正面を描いたレリーフ (ルーヴル美術館蔵) より．観音開きの2枚扉は，神殿の常として外開き．敷居までの階段 (SCALAE) は，最初の段を右足で踏めば最上段にも右足が来るように，奇数段と定まっていた．扉の上の文字は IOVI CAPITOLINO「カピトリウムのユピテルに」．

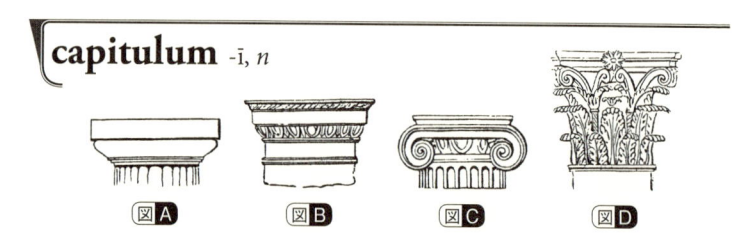

capitulum -ī, n

図A 図B 図C 図D

[建築] 柱頭．

1) ドリス式柱頭 (capitulum Doricum).

図A ギリシアのアテナイのパルテノン神殿の柱頭．上から，分厚いアバクス（ABACUS），エキヌス（ECHINUS；まんじゅう形），数段重ねられたアニュレット（anulus；輪状平縁）の3部分から成る．

図B ローマ市南東のアルバーノ・ラツィアーレ近くの神殿の柱頭．ギリシアのそれより少し複雑になっていて，アバクスに刳形が付く．その下にフィレット（平縁），エキヌスの位置にはオボロ（まんじゅう刳形）がある．その下にまた平縁．柱身との間にはアストラガルス（astragalus；玉縁）がある．

2) イオニア式柱頭（capitulum Ionicum）． 図C フォルム・ボウァリウムのポルトゥヌス神殿の柱頭．ギリシアとローマで大きな違いはなく，薄いアバクスの下にボリュート（voluta；渦巻形装飾）が来る．その渦巻の間は，まんじゅう刳形で飾られる．

3) コリント式柱頭（capitulum Corinthium）． 図D ローマ市のパンテオンの列柱廊の柱頭．この柱頭もギリシアとローマで特別の違いはない．アバクスは四辺の角が切り落とされていて，中央に花形装飾（flos）が付いている．その下に小さな渦巻形装飾（helix）があり，さらにその下に，アカンサス（ACANTHUS）またはオリーブの葉を2段または3段に重ねた装飾がある（この図ではオリーブの葉）．

capsa -ae, f

書巻を運ぶための本箱．図はポンペイの絵画で，中に8巻の書巻が入っている．蓋があり，持ち運びの便宜のために背負い紐も付いている．

carcer -eris, *m*

牢獄．図はフォルム・ロマヌム近くにあった牢獄の断面図で，上が carcer．地表面にあたるドーム最上部の穴から下りる．裁判または処刑を控えた囚人がここに拘留された．その下の穴蔵は処刑場で，出入り口はやはり天井の穴のみ．ここは第6代の王セルウィウス・トゥリウスが造らせたとの伝えから TULLIANUM と呼ばれた．

carnārium -ī, *n*

肉吊り鉤を付けた横棒．⇒ CAUPONA

castellum -ī, *n*

配水のための貯水槽. 水源から都市に水を引く水道ルートのいくつかの地点で，それぞれの土地の事情に応じて，実用本位の煉瓦または石造の塔から成る配水貯水槽が造られた．しかし，市壁にまで到達した水道の最終地点では，円柱，彫像，噴水などで飾り立てた配水貯水槽が建造され，市内の各所に水を供給した．図はローマ市内のユリア水道の castellum の復元図．

catadromus -ī, m

綱渡りの綱. 少し高くなった地点まで斜めに張った綱を，綱渡り芸人が登り降りした．スエトニウス「ネロ伝」11.2 は，ネロ帝が催した見世物で「ある高名な騎士が象の背に坐ったまま綱を渡って降りた」と，信じられないようなエピソードを記している．図はカラカラ帝のメダルから．綱の最上部の籠に入ったシュロの枝は，芸人に取らせる褒美の品．

catapulta -ae, f

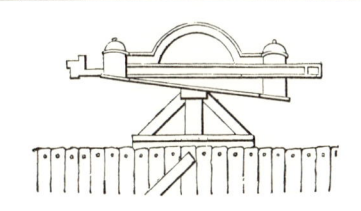

投石器. 発射されるのは石だけでなく，投げ槍・太矢などの飛び道具全般にわたったであろう．図はトラヤヌス帝の記念柱のレリーフより．しかしながら，詳しい操作法は判然としない．

cataracta -ae, *f*

城門などの落とし格子. 図は, 危急の際に橋の通行を遮断するための cataracta を描いた古代のフレスコ画より. ただし, 残念なことに, 格子の部分が画面から剝落している.

catēna -ae, *f*

装身具としての鎖. 金または銀の鎖は, 女性の肩に掛けるか腰に巻きつける装身具として用いられた. 図はポンペイの絵画より. 同地の絵画でこのような姿で描かれるのは, 裸身の女神, 酒神バックスの女信徒 (Baccha), 踊り子など, 特殊な女性に限られる. しかし, プリニウス『博物誌』33.40 の「(女性たちに金の) 鎖を腰のまわりに巻きつけさせるのもよかろう」という一文は, そうした風俗が富裕な一般女性の間でも行われていたらしいことをうかがわせる.

cathedra -ae, f

女性用の安楽椅子．背もたせはあるが，ひじ掛けはない．図はローマ市のカピトリーニ美術館蔵の，かつて小アグリッピナとされていた像（現在はコンスタンティヌス大帝の母ヘレナの像とされている）．cathedra にゆったりと体をもたせ掛けている．

catīnus -ī, m
catīnum -ī, n

大皿．図はローマ市内で発見された古代のフレスコ画より．奴隷の少年が調理済みの鳥と魚を並べた大皿を宴席へ運ぼうとしている．

caudex, cōdex -dicis, *m*

「**本**」，**筆記帳**．もともとは蠟引きした木の平板を何枚か綴じ合わせて本の形にしたもの．のちに木板はパピルス紙(charta)，羊皮紙(membrana)などに取って代わられた．図はポンペイの絵画より．

caupōna -ae, *f*

居酒屋．図はポンペイの caupona の壁に描かれていた絵画より．4人の客のうち，2人はマントに付いた頭巾(CUCULLUS)をかぶったまま，左端の男は頭巾を肩に下ろして，飲食している．上部の横棒(CARNARIUM)には，乾物や塩漬け肉などが吊るしてある．

celēs -ētis, *m*

快速船. 図はトラヤヌス帝の記念柱のレリーフより. 左右の舷側に配置された漕ぎ手は1人で1本のオールを漕ぐ. マストと帆を備えた船もあったが, 甲板はなかった.

centuriō -ōnis, *m*

百人隊長. 軍団(legio)を構成する百人隊(centuria)の隊長. 図は墓石のレリーフで, 墓誌によれば, 故人は第10軍団の百人隊長のクイントゥス・ププリウス・フェストゥス. 右手にブドウの木を加工した百人隊長の職杖(VITIS)を持ち, 左肩から左腕に軍用外套(SAGUM)を掛けている. 体の前面を飾っているのは, 勲章として授与された胸飾り(PHALERAE). すね当て(OCREA)には装飾が施されている.

cēra -ae, *f*

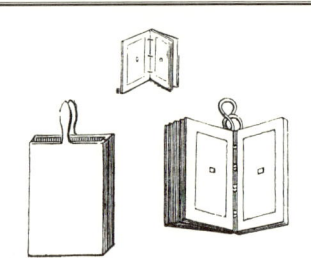

蠟引きした書字板. 尖筆(STILUS)で書かれた文字が擦れて消えないように，板の上下左右の縁が一段高くなっていた．図はいずれもポンペイの絵画より．左下は2枚重ねの書字板(cerae duplices)で，内側の2面だけが使われる．上は3枚重ね(cerae triplices)，右下は5枚重ね(cerae quinquiplices)の書字板で，前者は真ん中の1枚，後者は中の3枚が両面蠟引き板. ⇒ TABELLA

cervīcal -ālis, *n*

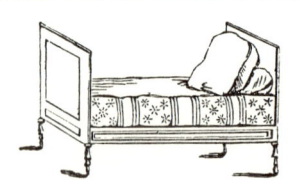

枕．図はポンペイの絵画より．小寝台(lectulus)の上に敷きぶとん(CULCITA)と枕が見える．

chīramaxium -ī, *n*

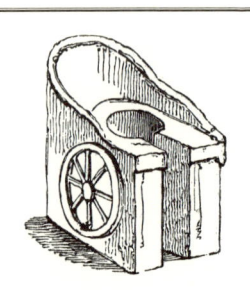

手押し車，車椅子． 病弱者あるいは傷病兵の浴場への行き来には，奴隷が押す木製の車椅子が使われた．図は，ローマ市のアントニヌス浴場（通称カラカラ浴場）で発見され，現在，大英博物館蔵の大理石製の模造品．座の開口部はぬれた身体から湯水を落とすためのものと考えられるが，排便用との説もある．左右に彫られた車輪は装飾．

cinerārium -ī, n

墓室内の壁龕（へきがん）． そこに大きな骨壺あるいは石棺を安置した．図で，それぞれ1つの骨壺を納めた上段の左右と，中央の石棺用の空間が cinerarium．下段の，1か所に2つずつ小さな骨壺（OLLA）を入れた2つの壁龕は，COLUMBARIUM と呼ばれる．

cippus -ī, m

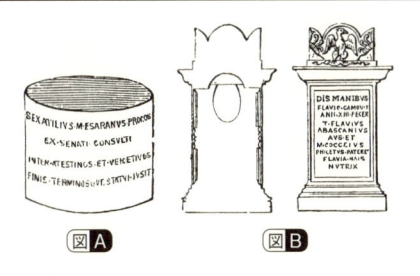

図A　　図B

1) 境界標石． 図A 前135年，アティリウス・サラヌス（Sex. Atilius Saranus）が前執政官として，ウィケティア（Vicetia; 現ヴェ

ネト州のヴィチェンツァ)とアテステ(Ateste；現同州のエステ)間の境界をめぐる紛争を仲裁し，新たな境界を定めた旨を刻したcippus(ヴェローナのマッフェイアーノ石碑博物館蔵).
2) 墓石. 図B かつてアッピア街道沿いに立っていたcippus. 左の断面図は，遺骨を納めるための空間とその上の蓋の位置を示している.

circinus -ī, m

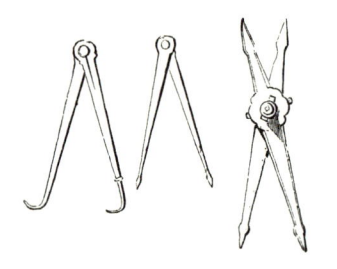

コンパス. 図はいずれもポンペイの遺物. 右は比例コンパス. 左はカリパス. 中央が普通のコンパス.

circulātor -ōris, m

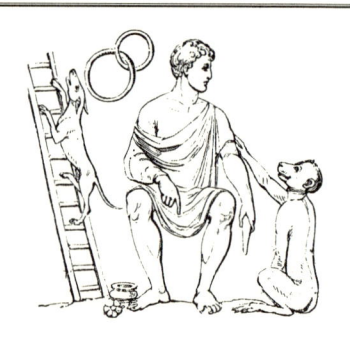

旅芸人，香具師(や し). 図はテラコッタ製のランプの図像より. この香具師は動物の芸を見せ物にしている.

circus -ī, m

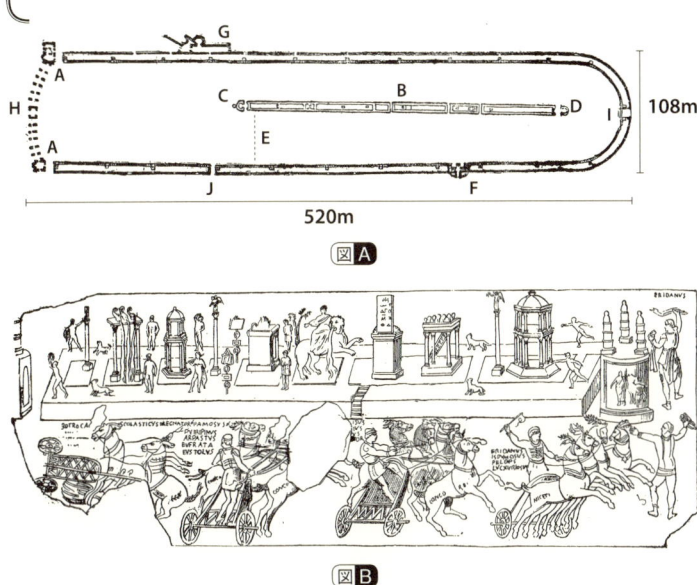

図A

図B

長円形競技場. 剣闘士の試合, 野獣狩り, 騎兵の模擬戦なども行われたが, 一番の呼び物は戦車競走であった.

図A 最も保存状態のよいマクセンティウス帝の競技場 (Circus Maxentii) の平面図. この競技場はローマ市の南東 3.2km のアッピア街道沿いにある. 図の左端 A—A は戦車の待機場所で, carceres「牢屋」と呼ばれた. B は spina「背骨」と呼ばれる中央分離帯で, その両端 C と D に折り返し標柱 (META) がある. E がスタートライン. 通例, 4 台の 4 頭立て戦車がコースを 7 周した. F は皇帝用の貴賓席 (pulvinar). G は戦車競走を主宰する高官 (editor spectaculorum) の席. H は競技開始に先立って行われる神像などの行列の入場門 (porta pompae). I は勝利者の退場門 (porta triumphalis). J は負傷者あるいは死者の退場門.

図B バルセロナで発見されたモザイク画より. 右端の, 台の上

に 3 本の円錐状の柱が立っているのが折り返し標柱．その左の中央分離帯上には，祭壇，神像，円柱などが並ぶ中に，小神殿（AE-DICULA）の上に置かれた 7 個の卵形の大理石（ova curriculorum；⇒ OVUM）が見える．これは戦車（CURRUS）が何周したかを示す計数装置である．

cista -ae, f

投票箱．⇒ TABELLA 図B

cithara -ae, f

キタラ，竪琴．図はカンパニア州で発見された壁画より．左の座っている男性がばち（plectrum）を使って演奏しているのがキタラ．右の女性が左手の指で弦を弾いているのがリラ（LYRA）．彼女は歌いながら演奏しているのかもしれない．

clāvus -ī, m

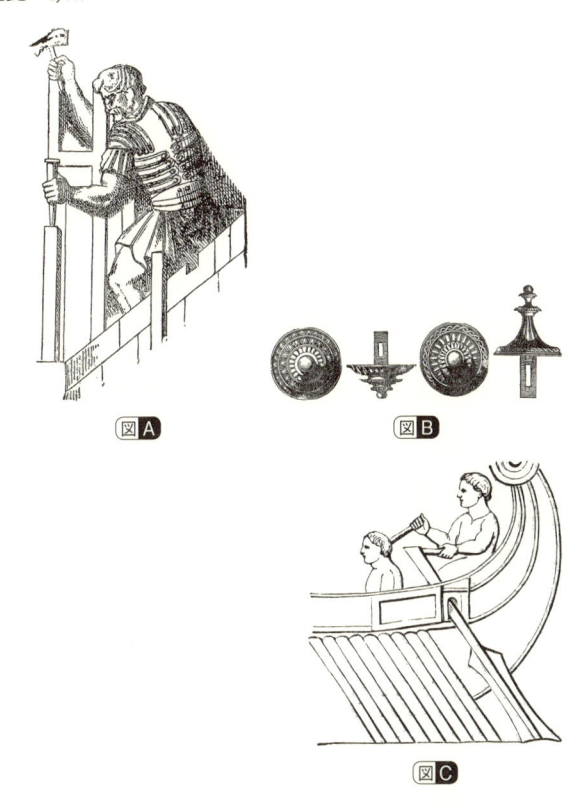

図A

図B

図C

1) 釘. 図A トラヤヌス帝の記念柱のレリーフで，兵士が防柵（VALLUM）を造るために大釘を打ち込んでいる．

2) 鋲. 図B ローマ市のパンテオンの扉を飾る青銅製の鋲．

3) 舵，舵柄（だへい）. 図C ポッツォーリ（ナポリの西の港町）で発見されたレリーフより．舵手（GUBERNATOR）が左手で舵を操っている．

clītellae -ārum, *f pl*

荷鞍. 荷物運びの動物の背の両側に荷かごを掛けるための鞍. 図は水晶に彫られたロバ.

cloāca -ae, *f*

図A 　　　　　図B

下水道，排水溝.

図A ポンペイの街路の光景. 舗道の下に雨水を流すための2つの渠（きょ）が見える.

図B ローマ市の大下水道クロアカ・マクシマ(Cloaca Maxima)の発掘時の様子. この下水渠はローマ市北東部の諸丘の間の汚水を集め，途中，フォルム・ロマヌム，フォルム・ボウァリウム(「牛市場」)を経て，最後はティベリス川にかかるスブリキウス橋(Pons Sublicius)近くで排水した. 伝えによれば，ローマ第5代の王タルクイニウス・プリスクスまたは第7代の王タルクイニウス・スペルブスがこれを構築したといい，実際，古い時代にさかのぼる部分も現存するが，主要部分は前1世紀以降のものである.

Cōa -ōrum, *n pl*

コス島製の薄い絹織物. 図はポンペイの絵画より. この織物で作られた, ほとんど透明に近い衣裳を着るのは, もっぱら歌舞音曲を生業(なりわい)とする女性たちであった.

coc(h)lear, coc(h)leāre -āris, *n*

スプーン. カタツムリ(coc(h)lea)を殻からかき出して食べるためのものだが, 卵を食べるときにも用いられた. 図はポンペイの出土品.

cōlum -ī, *n*

図A　図B

濾し器. ブドウやオリーブの実をしぼり器 (torcular, prelum) にかけたあと, そのしぼり汁をかご細工の濾し器に通して, ごみなどを取り除いた.

図A　ぶどう酒作りの手順を描いたレリーフの一部を写したもの.

図B　ポンペイの出土品で, マルティアリス『エピグラム集』14.103 に出る colum nivarium. これは金属製の濾し器で, 中に雪 (nix) を入れてぶどう酒を注ぐと, ぶどう酒は冷やされ, また水分で薄められ, ついでに澱も除かれて, 下の酒杯に落ちるという一石三鳥の便利な道具.

columbārium -ī, *n*

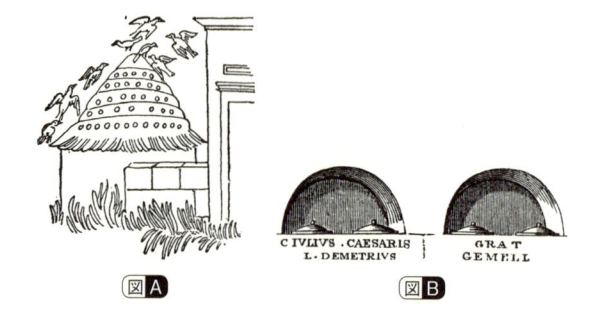

図A　図B

C IVLIVS . CAESARIS
L . DEMETRIVS

GRAT
GEMELL

columbarium

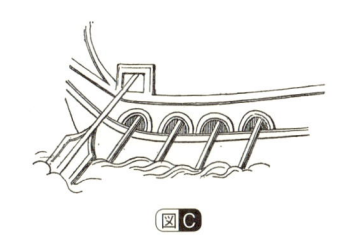

図C

1) ハト小屋. 図A ローマ市の東 37km の町パレストリーナ（古代名 Praeneste）で発見された「ナイル・モザイク」の右下部. ナイル川沿岸のさまざまの情景を写したこのモザイク画に, 8 羽のハトとその小屋が描かれている. 円錐形の屋根の各層には, 鳥の出入り口が点々と開いている.

2) 墓室内の壁龕(へきがん). 図B ローマ市近郊で発見された墓室内の壁龕. ハト小屋の出入り口のような壁龕の下に, それぞれ 2 個の骨壺 (OLLA) が納められ, その下の壁面に故人の名前が刻まれている. 左の刻文中の L. は libertus「解放奴隷」の略字. ⇒ CINERARIUM

3) 舷側の半円形の開口部. オールを出すためのもの. 図C バチカンのウェルギリウス写本の挿絵より.

columna -ae, f

図A　図B　図C

[建築] 円柱．ドリス式円柱（columna Dorica），イオニア式円柱（columna Ionica），コリント式円柱（columna Corinthia）のいずれも，柱頭（CAPITULUM），柱身（scapus），柱礎（SPIRA）の3部分から成る．ただし，ギリシアのドリス式円柱のみは柱礎がない．

図A ローマ市のマルケルス劇場のイオニア式円柱．

図B 敵艦から奪った船嘴(せんし)（ROSTRUM）で飾った船嘴付きの円柱（columna rostrata）．図は，前260年にガイウス・ドゥイリウス（C. Duilius）がカルタゴ海軍に対して収めた勝利を記念して，フォルム・ロマヌムに建てられたもの（カピトリーニ美術館蔵）．

図C トラヤヌス帝の記念柱（Columna Trajani）．トラヤヌス帝のフォルムにある高さ約40mの記念柱で，101年から106年にかけての2度のダキア戦争における帝の勝利を記念して，113年に捧げられた．この円柱には下かららせん状に全長200mにも及ぶレリーフが彫られており，ダキア戦争中のさまざまな場面を生き生きと伝えている．図で頂上に立つ帝の像は，のちに聖ペテロの

それに置き換えられ，今に到っている．

colus -ī[-ūs], f

糸巻棒，糸巻竿．図は，ネルウァ帝のフォルムにあるミネルウァ神殿 (Aedes Minervae) のレリーフより．女性が左手に持つのが colus. この棒に一かたまりの羊毛や亜麻を絡みつけ，そこから引き出される繊維 (STAMEN) に右手の紡錘 (FUSUS) のおもりで回転運動を与え，撚
りをかけて糸を紡いだ．

cōmoedia -ae, f

図A　　図B

喜劇.

図A ミラノのアンブロジアーナ図書館蔵のテレンティウス『ポルミオ』（前161年上演）の写本中の図．前口上を述べる役者（prologus）が描かれ，その下に前口上の一行（30行）date operam, adeste aequo animo per silentium「ご協力をお願いします，落ち着いて静かにご観劇ください」が記されている．

図B 喜劇の一場面を描いたレリーフより．もしこれが，恋人をめぐって口論する息子と父親，その2人をなだめようとする奴隷と隣人という情景であるとすれば，テレンティウス『アンドロス島の女』（前166年上演）中のよく似た場面を想起させる．中央の笛吹きの女性（TIBICINA）は，役者のセリフに合わせて笛（TIBIA）を吹いているのであろう．

compēs -pedis, *f*

足かせ．図は宝石に彫られた農耕神サトゥルヌス（Saturnus）．民間伝承では，この神はユピテル（JUPPITER）により足かせを掛けられたという．そのためサトゥルヌスの像は，しばしば，普段は足かせや鎖などを掛けられていたが，12月17日の彼の祭礼サトゥルナリア（Saturnalia）の日だけは，いましめを解かれた．この日は，奴隷たちもまた束の間の自由を享受した．

compitum -ī, *n*

図A 図B

十字路，**辻**．複数の道が出会って交差する地点には，祭壇，社（やしろ），小神殿などを建てるのが通例であった．そしてそこで交差路の守護神 Lares Compitales の祭礼（Compitalia）が，毎年1月頃に行われた．

図A ポンペイの絵画より．三差路に3つの辻堂ないしは礼拝堂が建てられている．

図B ポンペイの邸宅の壁にもたせかけた Lares Compitales の祭壇．その上の画面中の左右の一対の像が Lares Compitales．中央は犠牲を捧げる人々．

congiārium -ī, n

図A

図B

祝儀．共和政期にときどき，高官や凱旋将軍が自費で CONGIUS 単位の油や酒を平民に配ることがあり，これを congiarium といった．帝政期には，それは皇帝のみに許される行為となり，即位，誕生日，戦勝などを機に，平民に金銭を施した（兵士への「賜金」は donativum といった）．

図A 帝政期のコイン．右の壇 (suggestum) 上の高官椅子 (sella curulis) に坐すのが皇帝．その左に立つのは「畏（かしこ）き施し（の女神）(Liberalitas Augusta)」で，左腕に豊穣（ほうじょう）の角 (CORNU COPIAE)，右手に金高を記した引換券 (TESSERA) を持っている．左下でトガ (TOGA) のふところを広げて待ちうけているのが平民．銘：CONG(IARIVM) II「2 度目の施し」，CO(N)S(VL) II「執政官 2 度」，S(ENATVS) C(ONSVLTO)「元老院の決議により」．

図B ローマ市のコンスタンティヌス帝の凱旋門のレリーフのうち，帝の民衆への「施し」（この頃は liberalitas といった）の場面を描いた部分．

congius -ī, *m*

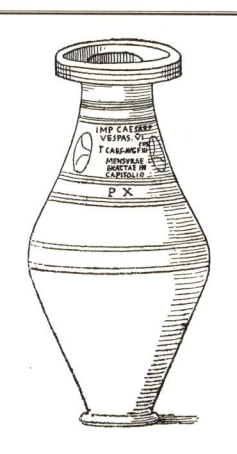

コンギウス．約 3.4*l* に相当する液量単位．図は，ウェスパシアヌス帝により 75 年にカピトリヌス丘上のユピテル神殿に奉献された 1 コンギウスの容器．高さ 31cm．銘の P X は pondo decem の略語で，重量単位では 10 リブラの液体が入ることを示している．

consecrātiō -ōnis, *f*

図A　　図B

ローマ皇帝の神格化．皇帝の死後，元老院が神格化を決議すると，7 日間のさまざまな儀式ののち，棺はマルスの野へ運ばれる．そこにはピラミッド形の壮麗な火葬壇が築かれていて，蠟製の像で

おおわれた遺体はその2階部分に置かれる．そして最後の礼を尽くしたあと，火葬壇に火が投じられて炎上すると，最上階から1羽の鷲が舞い上がり，神となった皇帝の魂を天上に運ぶ，と信じられた．

図A カラカラ帝の金貨（211年）に描かれた火葬壇．

図B ティトゥス帝の凱旋門のレリーフより．帝の魂が鷲とともに昇天する様を描いている．

cōpula -ae, *f*

図A 図B

紐．綱．

図A カリュドンの英雄メレアゲル（Meleager）の葬儀を描いた石棺のレリーフの一部．1本の革紐が2頭の猟犬を一組につないでいる．

図B ヘルクラネウムの絵画より．ここでは copula は，馬の胸に廻された引き具．

corbis -is, f

柳細工の逆円錐状のかご．麦の穂や家畜のえさなどの入れ物として用いられた．図はローマ市近くのナソ（Naso）家の墓所のフレスコ画より．

corbīta -ae, f

貨物船．船足が遅く，もっぱら穀物の輸送に使われた．その名は，マストの先に柳細工のかご(CORBIS)を乗せていたことに由来する．図はコンモドゥス帝のメダルに描かれた corbita．

cornicen -cinis, *m*

らっぱ手．図は，コンスタンティヌス帝の凱旋門のレリーフより．このらっぱは cornu と呼ばれ，青銅の長いパイプを円形に丸めたもの．パイプの右上から左下にかけて渡してあるのは，楽器補強用の棒．⇒ LITICEN

cornū cōpiae -ūs cōpiae, *n*

豊穣(ほうじょう)の角．幼いユピテル(JUPPITER)に乳を与えた山羊アマルテア(Amalthea)の角．その持ち主の欲しいものを何でも出すという．図は，テラコッタ製のランプに描かれた麦の穂と果物に満ちあふれた cornu copiae．原図で角の持ち主は運命の女神フォルトゥナ(FORTUNA)．

corōna -ae, *f*

図A 図B 図C

花冠，葉冠，栄冠．

1) 凱旋冠 (corona triumphalis)．凱旋将軍に与えられるもので，月桂冠 (laurea) ともいう．古くは月桂樹の枝葉で作られたが，のちに青銅または金製となった．図A 140 年頃のデナリウス銀貨に刻されたアントニヌス・ピウス帝の胸像．月桂冠をリボンで髪にとめている．

2) 市民冠 (corona civica)．戦闘中，味方の命を救った兵士に与えられるオークの葉冠．図B 前 15 年のセステルティウス真鍮貨に刻された市民冠．左右の月桂樹の枝の間に，どんぐりの付いたオークの葉冠が見える．銘は OB CIVIS(=CIVES) SERVATOS「救われた市民たちのために」．

3) 船嘴冠(せんし) (corona rostrata)．corona classica または navalis「海戦冠」とも呼ばれる．船嘴 (ROSTRUM) をデザインした金製の冠で，敵艦隊を撃破した提督，また，敵艦に最初に乗り込んだ兵士に与えられた．図C 船嘴冠をいただくアグリッパを刻した青銅のメダル．彼は前 36 年のシチリア島北岸沖でのセクストゥス・ポンペイウス軍に対する戦勝により，義父のアウグストゥスから船嘴冠を与えられた．

cortīna -ae, *f*

大釜，大鍋．染料やピッチの製造に，またオリーブやブドウのしぼり汁の容器としても用いられた．図はポンペイで発見された青銅製の cortina.

cōs cōtis, *f*

砥石．図は，宝石に彫られたもので，矢を研ぐクピド（Cupido）を描いている．なお，矢を研ぐクピドは，ホラティウス『歌章』2.8.15-16 にも「いつでも燃える（恋の）矢を血染めの砥石で研いでいる（クピド）（semper ardentes acuens sagittas cote cruenta）」として登場する．

cothurnus -ī, *m*

悲劇役者が履く厚底の靴．⇒ HISTRIO 図A

crātēr -ēris, *m*
crātēra -ae, *f*

ぶどう酒と水を混ぜるための甕(かめ)．陶製または金属製で，器の形や取っ手の形状に異同はあるものの，いずれも2つ取っ手で広口の大型容器である点は共通している．宴席では，この甕から酌取り (pincerna) がひしゃく (cyathus) で酒を汲み，杯 (poculum) に満たして客に手渡した．図はポンペイで発見された青銅製の crater.

crepīdō -dinis, *f*

車道より高くした歩道．図はポンペイの街路．車道の両側に舗装された歩道が見える．⇒ VIA 図**A**

crepitāculum -ī, n

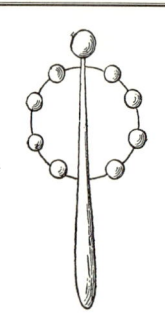

がらがら．幼児の玩具．図はポンペイの遺物．金属の輪に8個の鈴が付いている．

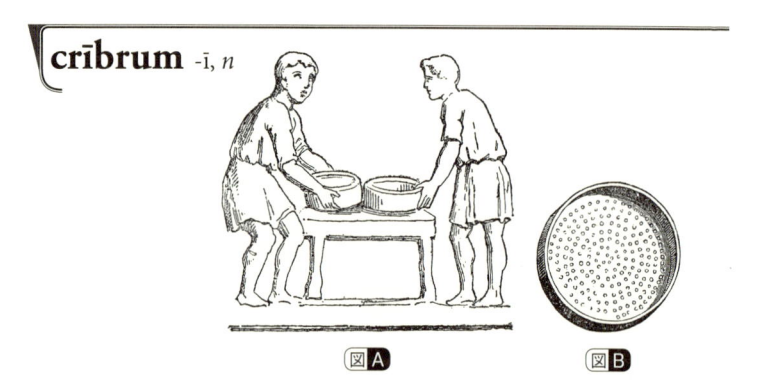

crībrum -ī, n

図A　　　図B

ふるい．プリニウス『博物誌』15.108によれば，ガリアで馬の毛の，ヒスパニアでアマ（亜麻）の，エジプトでパピルスおよびトウシンソウ（灯心草）のふるいが発明されたという．

図A　ローマ市のパン屋エウリュサケス（Eurysaces）の墓のレリーフより．職人が目の細かいふるいで小麦粉をふるっているのであろう．

図B　トラヤヌス帝の記念柱のレリーフより．こちらは金属板に多数の穴をあけたふるい．

crista -ae, *f*

兜(かぶと)の羽根飾り．図はコンスタンティヌス帝の凱旋門のレリーフより（ただし，このレリーフは，かつてトラヤヌス帝のフォルムにあった凱旋門を飾っていたものの転用）．

crotalia -ōrum, *n pl*

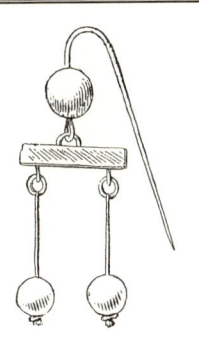

真珠の耳飾り．数個の真珠（margarita）を吊り下げ，それらが触れ合ってカスタネット（CROTALUM）のように音を立てるのを楽しんだ．図はポンペイの出土品．⇒ INAURES, ELENCHUS

crotalum -ī, n

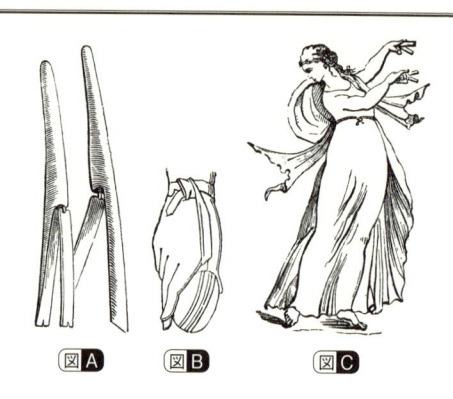

図A　図B　図C

カスタネット．踊り子が踊りながら打ち鳴らした．
図A フィレンツェ近くで発掘された墓室の床のモザイク画より．たぶん，葦の茎で作られたものであろう．
図B ローマ市のカピトリーニ美術館蔵の彫像が手にする crotalum．木製品と思われ，今日のカスタネットに近い．
図C ローマ市のボルゲーゼ美術館蔵のレリーフより．crotalum を両手に持って踊る女性は，crotalistria と呼ばれた．

crumēna, crumīna -ae, f

財布．⇒ FOLLIS 図B

crypta -ae, *f*

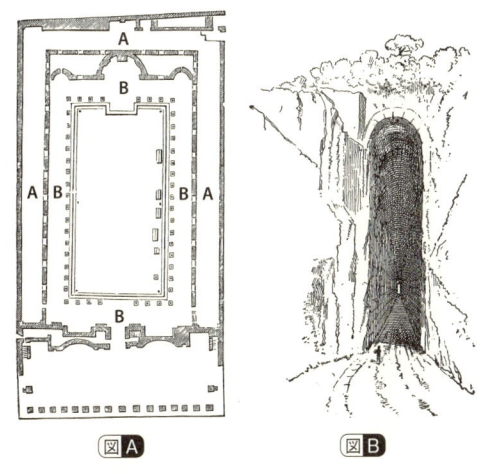

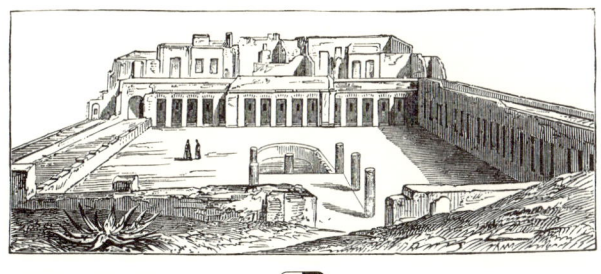

図A 図B

図C

1) 屋根つきの通路. 図A 女神官エウマキア(Eumachia)によって建てられたポンペイの公共建造物(「エウマキアの建物」)の平面図. 図中 A が crypta で, 通路の片側はフレスコ画で飾られた壁, もう一方の側の壁は窓が開けられている. B は柱廊(PORTICUS).

2) トンネル. 図B ネアポリス(Neapolis; 現ナポリ)とその西隣りの町プテオリ(Puteoli; 現ポッツォーリ)の間に掘られた約700m のトンネル(Crypta Neapolitana)の入り口. アウグストゥス帝の時代に工事が行われた.

3) 収穫物貯蔵庫. 図Ｃ ポンペイの市壁外の「ディオメデス荘」の遺構. 右側と正面1階部分にcryptaが残っている. これは, ウィトルウィウス『建築十書』6.5.2が推奨する収穫物貯蔵用のcryptaで, 窓は湿気予防の役に立った.

cucullus -ī, m

マントに付けた頭巾. 主に戸外で仕事をする農民, 漁民, 奴隷などに愛用された. ⇒ CAUPONA

culcita -ae, f

寝台の敷きぶとん. わら, 羊毛, 羽毛などが詰め物に使われた. ⇒ CERVICAL

culīna -ae, f

図Ａ

図Ｂ

台所.

図Ａ ポンペイの「パンサの家」のかまどの跡. 手前左から, 濾し器(COLUM), 包丁(CULTER), 卵料理の道具がそのまま見つかった.
図Ｂ ポンペイの財務官(QUAESTOR)の台所の平面図. Ａは流し, Ｂは2階の物置きへ上がる階段, Ｃは煉瓦造りのかまど, Ｄは「奥の台所」, Ｅは便所.

culleus -ī, *m*

きわめて大きな革袋. ぶどう酒やオリーブ油の運送に用いられた. 図はポンペイの絵画より. 荷車上の culleus から，その中身をより小さな容器 AMPHORA に移し替えている. ちなみに，液量単位としての1クレウスは20アンフォラで約545*l*に相当.

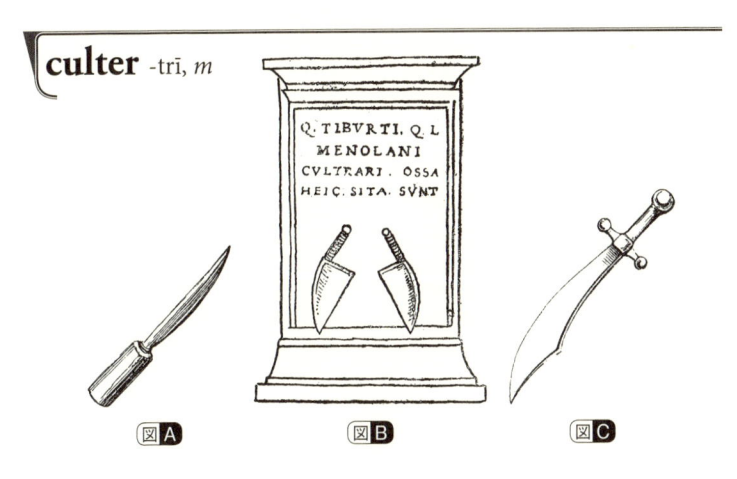

culter -trī, *m*

図A　　図B　　図C

小刀，ナイフ.
1) 料理用の包丁. 図A ポンペイの出土品. ⇒ CULINA 図A
2) 犠牲獣ののどをかき切るナイフ. 図B カプアで発見された CULTRARIUS のメノラヌス(Menolanus)の墓石. 彼の職業を象徴

する 2 本のナイフが刻まれている．銘：Q(VINTI) TIBVRTI Q(VINTI) L(IBERTI) MENOLANI CVLTRARI OSSA HEIC (=HIC) SITA SVNT「クイントゥスの解放奴隷にして犠牲獣の屠殺人クイントゥス・ティブルティウス・メノラヌスの骨，ここに横たわる」．

3) 狩猟刀 (culter venatorius)．狩人の他，円形競技場で野獣と戦う BESTIARIUS もこれを用いた．図C 宝石に彫られた図柄．

4) 犂(すき)に取り付けられた刃物．⇒ ARATRUM 図C

cultrārius -ī, *m*

犠牲式を執り行う神官の下でいけにえののどを切り裂く従者．斧 (SECURIS) や槌 (MALLEUS) でいけにえを殺す popa とは区別される．図はポンペイで発見された大理石のレリーフより．牧神ファウヌス (Faunus) が cultrarius として，いけにえの豚ののどにナイフ (CULTER) を当てている．左は神官役の老女．

currus -ūs, *m*

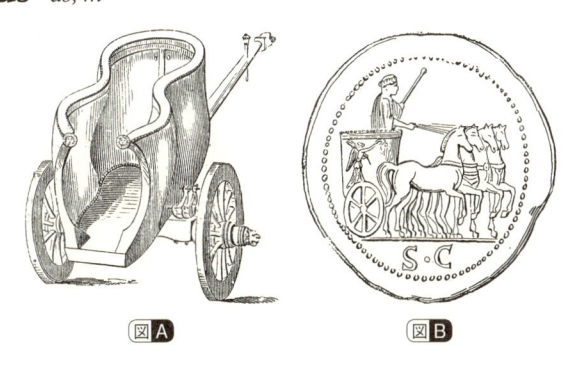

図A　　　　図B

1) 軽二輪馬車. 図A バチカン美術館蔵の無蓋の二輪馬車. 木造で青銅板でおおわれている. 後ろから乗り, 1人で御すか, 2人で乗るときは一方が御者を務める. 座席はないから立ち通しである.

2) 凱旋車(currus triumphalis). 図B アントニヌス・ピウス帝のセステルティウス真鍮貨の裏面. 左手に王笏(sceptrum)を持ち, 頭に凱旋冠(corona triumphalis)をいただく帝は, 表面に勝利の女神ウィクトリア(Victoria)の彫刻を施された円筒形の操縦席から4頭の馬を御している. 銘: S(ENATVS) C(ONSVLTO)「元老院の決議により」. ⇒ corona **1)**

3) 競走用戦車. ⇒ circus 図B

cyclas -adis, f

長くてゆったりした**女性用外衣**．薄い生地で作られ，縁飾りに紫または金色の刺繍が施されていた．図はポンペイの絵画で，cyclasをまとったスパルタ王妃のレダ(Leda)を描いている．

cymba, cumba -ae, f

図A　　　　　　　　　図B

小舟．

図A この古代の絵画から分かるように，両端がせり上がっていて中央部がくぼんでいる．そこで詩人オウィディウスは，この小舟に adunca「湾曲した」また concava「中空の」との形容詞を添えた．乗り手は1人か，せいぜい2人の漁夫で，川や湖沼での漁に用いられた．なお，ウェルギリウス，ホラティウス他のローマの詩人は，冥府の川ステュクスの渡し守カロン(Charon)の小舟にこの名を与えている．

図B アッティカの香油瓶(lecythus)に描かれたカロンとその小舟．右の2人は死者．上に舞っているのは魂．

cymbalum -ī, *n*

図A　　図B

シンバル．

図A 2個の金属製の中空の半球から成る．奏者は半球の頂点に付いた輪に指を通し，両手で打ち鳴らす．女神キュベレ(Cybele)の熱狂的な祭儀には付き物であった．図はポンペイの絵画より．

図B ポンペイの絵画より．女性の奏者は cymbalistria，男性は cymbalista と呼ばれた．

D

dactyliothēca -ae, f

指輪置き．図はポンペイの出土品．象牙製で，蓋の上に棒が立っていて，そこに指輪を掛けた．

decemjugis -is, m

10頭立ての競走用戦車[凱旋車]．図はトラヤヌス帝のメダルの意匠で，皇帝が御す凱旋車が10頭立てであることを示している．これより以前，ネロ帝はオリンピア競技祭(Olympia)で10頭立て戦車を御した際に落車したが，それにもかかわらず勝利の冠を受けた，とスエトニウス「ネロ伝」24.2 が伝えている．⇒ CURRUS 図B，CIRCUS 図B

dēcursiō -ōnis, f

軍事演習．軍隊の訓練のために，完全武装の兵士たちの一定距離の走行，模擬戦などが実施された．戦功のあった将軍の名誉のために，兵士たちがその祭壇や塚の周りを走行することも decursio であった．図はネロ帝のセステルティウス真鍮貨(64年)の裏面．1騎が槍を持ち，もう1騎が軍旗(VEXILLUM)を掲げている．長円形競技場(CIRCUS)での演習か模擬戦の一場面を表しているらしい．銘：S(ENATVS) C(ONSVLTO)「元老院の決議により」，DECVRSIO.

dēnārius -ī, m（もとは「10の」の意の形容詞）

図A

図B

デナリウス．10アス（AS）に相当する銀貨．前211年頃鋳造され始め，その後，徐々に重量が減らされていったが，一方で，アス青銅貨の価値もそれ以上に下落していたので，前140年頃，1デナリウスは16アス相当と定められた．その際，もともと「10の」を意味するdenariusの呼称は変更されず，引き続き使用された．

図A 10アス相当のデナリウス銀貨．
図B 16アス相当のデナリウス銀貨（前140年頃）．

いずれも表面に有翼の兜（GALEA）をかぶった女神ローマ（ROMA）の横顔，裏面に騎乗のカストルとポルクスの双子神ディオスクロイ（Dioscuri）を描いている．女神の後ろのXとXVIは，それぞれ10アス，16アスを示す数字．後者のROMAの上の銘L(VCIVS) IVLI(VS)「ルキウス・ユリウス」は，貨幣鋳造責任者の名前． ⇒ QUADRIGATUS, QUINARIUS

dēsultor -ōris, *m*

曲馬師．長円形競技場（CIRCUS）で疾駆する2頭の裸馬の背から背へと跳び移る離れ業を見せた．図はテラコッタ製のランプの図柄．曲馬師のかぶっているのはPILLEUSと呼ばれる帽子．

diadēma -atis, *n*

図A 図B

白色の帯状髪飾り．権力の象徴として頭に巻いた．FASCIA ともいう．

図A 宝石に彫られたクレオパトラの弟プトレマイオス．ローマでは，アントニウスがカエサルの頭に何度も diadema を持っていったが，カエサルは肯んじなかったという(スエトニウス「神君カエサル伝」79.2)．帝政期に入っても，コンスタンティヌス大帝がコンスタンティノポリスに遷都(330年)してギリシア風の君主の象徴を採用するまで，diadema を巻いた姿でコイン，メダル等に描かれた皇帝は稀である．

図B キリキアの町タルススの青銅貨(215年)に刻まれたカラカラ帝の胸像．ここでは皇帝は2連の真珠を巻いている．ただし，彼がローマ本国で実際に diadema を結んだという記録も，その図像もない．銘はギリシア語で，ΑΥΤ(ΟΚΡΑΤΩΡ) ΚΑΙ(CAP) Μ(ΑΡΚΟC) ΑΥΡ(ΗΛΙΟC) CΕΥΗΡΟC ΑΝΤΩΝΕΙΝΟC (=Autocrator Caesar Marcus Aurelius Severus Antoninus；カラカラ帝の正式名)，Π(ΑΤΗΡ) Π(ΑΤΡΙΔΟC) (=pater patriae)「国父」．

dolābra -ae, *f*

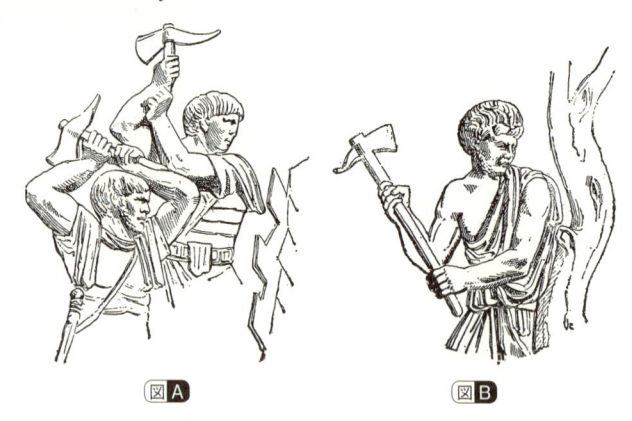

図A　　　　　図B

つるはし，斧．柄に2つのヘッドが付いていて，一方は湾曲したつるはし，他方は先端が鋭い刃の斧となっている．

図A 敵の城壁の粉砕に用いられる dolabra．
図B 木を切り倒すのに用いられる dolabra．
　いずれもトラヤヌス帝の記念柱のレリーフより．

dōlium -ī, *n*

図A　　　　　図B

陶製の大きな壺．ぶどう酒・オリーブ油などの液体や穀物を入れた．ぶどう酒の場合は新酒をこれに入れ，少し熟した頃，AMPHORA に移し分けた．

図A ポンペイの出土品．高さ 2m75cm．

図B レリーフに描かれた犬儒派の哲学者ディオゲネス（Diogenes）と，彼が住居としていたという dolium．いわゆる「樽のディオゲネス」であるが，彼の仮寓は明らかに樽ではない．

domus -ūs, f

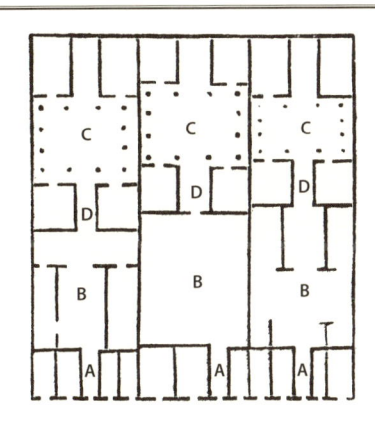

家，住居．図は，ローマ市の街路に面して立っていた3軒続きの家の平面図．セプティミウス・セウェルス帝時代に制作された大理石の地図に基づく．図中，A は玄関ホール（vestibulum）．その左右の小部屋は店（TABERNA）．B はアトリウム（atrium）と呼ばれる広間で，その左右両側にいくつかの小室（ala）がある（中央の家の場合ははっきりしない）．また，アトリウム中央には天窓（compluvium）があり，その下に雨水だめ（IMPLUVIUM）が設けてある．C は中庭とそれをとり囲む列柱廊（PERISTYLIUM）．D はアトリウムと中庭のつなぎの間（TABULINUM）．ここには各種の文書（tabulae）や先祖の彫像などが置かれていた．文書室とも応接間とも訳される．なお，食堂（triclinium），寝室（cubiculum），

台所（CULINA）などは，必ずしもその位置が定まってはいなかった．

dōnārium -ī, n

奉納物．神に戦勝，航海の無事，病気快復などの願かけをして，その願いが叶ったとき，人々は戦利品，鼎(かなえ)，祭壇など，おのおのの財力と好みに応じた物品を神殿に奉納して，天佑神助に感謝した．しかし懐の寒い庶民は，出来合いの奉納品を買い求めて納め，御礼参りを済ませた．図はテラコッタ製の足，両目，てのひらに創傷のある手．これらはそれぞれ，足の不具合，眼病，てのひらの深手が癒えた人々のために，業者が予め用意した品々である．

E

echīnus -ī, *m*

建築 エキヌス. ⇒ CAPITULUM 図A

elenchus -ī, *m*

梨形の大きな真珠，（特に）大きな真珠で作った耳飾り．図はポンペイの出土品．⇒ INAURES, CROTALIA

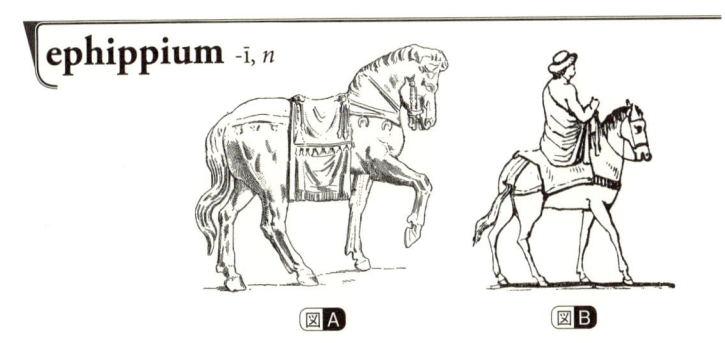

ephippium -ī, *n*

図A　　　　　図B

馬の鞍敷き，鞍の代わりに用いられた座ぶとん．革または木製の鞍は4世紀まで知られなかった．

図A　トラヤヌス帝の記念柱のレリーフより．総(ふさ)付きで，通常の

epichysis

2倍の長さのこの鞍代わり座ぶとんは，高位者の騎乗用であろう．図**B** ポンペイの絵画より．この馬の鞍敷きは布を何度か折り重ねた厚手の座ぶとんのように見えるが，男はそれにまたがらず，女のように横乗りしている．一時期，ポンペイでは馬の横乗りが流行ったらしい．

epichysis -is, *f*

細首の瓶．ぶどう酒を杯や皿に注ぐための容器．従来，同じような用途には，あまりエレガントとはいえない GUTTUS が使われていたが，やがてギリシア風の epichysis が愛好されるようになった．図の右はポンペイの絵画より．ガラス製の杯が epichysis の蓋代わりにかぶせてある．左はスタビアエ(ポンペイの5km南の町；ベスビオ火山の噴火でここも埋没した)の絵画より．海のニンフ(Nereides)の1人が，epichysis から皿(PATERA)にぶどう酒を注いでいる．

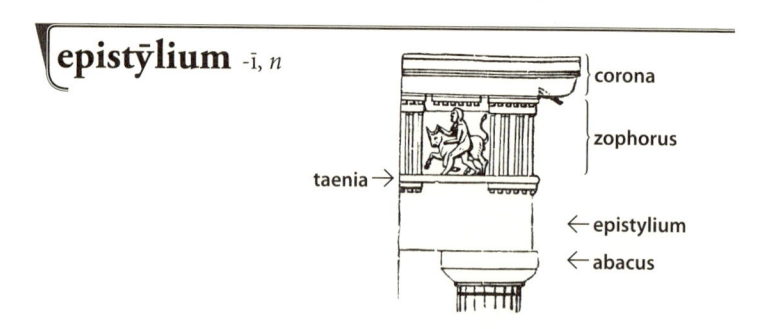

epistȳlium -ī, *n*

corona
zophorus
taenia →
← epistylium
← abacus

[建築] アーキトレーブ．図は，アテナイのパルテノン神殿のようなドリス式オーダーの神殿の一部を図式化したもの．この図で，ドリス式円柱の柱頭（CAPITULUM）の最上部の分厚いアバクス（ABACUS）の上に置かれた水平の梁材がアーキトレーブ．イオニア式およびコリント式オーダーでは，アーキトレーブは3段重ねの梁（FASCIA）となる．アーキトレーブのすぐ上の帯状装飾部はフリーズ（ZOPHORUS）．ドリス式オーダーでは，3条の溝を刻んだトリグリフ（triglyphus）とレリーフで飾られたメトープ（metopa）が交互に並ぶ．さらにその上はコーニス（corona）．英語ではアーキトレーブ，フリーズ，コーニスの三者を合わせて 'entablature' と呼ぶが，それに相当するラテン語はない．

epitonium, -ion -ī, *n*

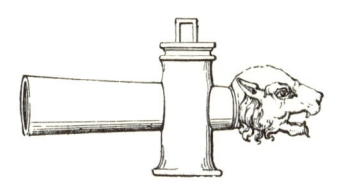

給水栓，蛇口．図はポンペイの遺物で青銅製．セネカ『道徳書簡』86.6 は，1世紀半ば頃のローマ市民は，銀製の蛇口から水を出すのでなければ貧乏ったらしいと考えていた，と当時の奢侈の風に言及している．

exāmen -minis, *n*

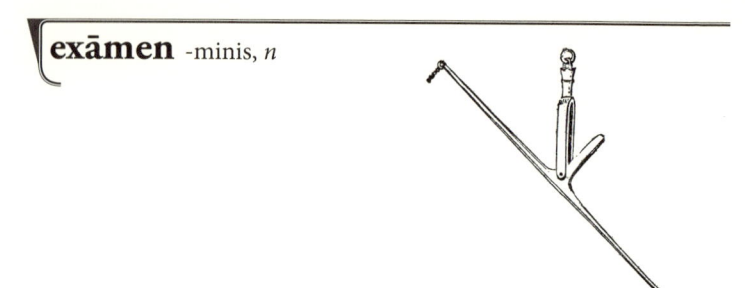

天秤の指針. 図は大英博物館蔵の青銅製の天秤. 竿(jugum)の中央の垂直に突出した部分が examen. この examen の根元に取っ手(ANSA)が取り付けてあるが, その下部は examen の長さ分の隙間が開けてあるので, examen は取っ手の動きを妨げることはない. ⇒ LIBRA

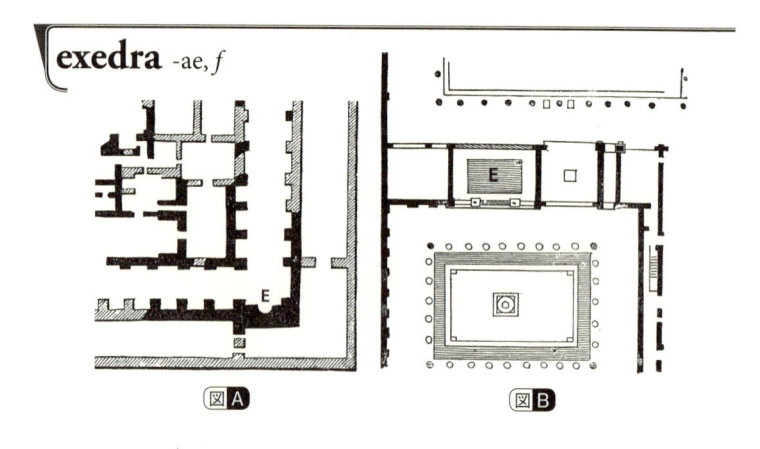

exedra -ae, *f*

図A　　図B

exedra

図Ⓒ

座席の付いた談話スペース，談話室．ギリシア人は体育場(gymnasium)の柱廊(PORTICUS)の隅に，壁沿いに座席の付いた半円形の凹所を設け，そこを哲学者などが講義の場として利用した．

図Ⓐ エフェソスの体育場の平面図の一部で，E印のある場所がexedra．ローマ人もこれに倣い，公共大浴場(THERMAE)，劇場，公共広場(forum)などに同様のスペースを設けた．

図Ⓑ 有力者の邸内には，しばしば談話室が造られた．図はポンペイの「ファウヌスの家」の平面図の一部で，E印のあるスペースが談話室．北(上)と南(下)の列柱廊付きの庭園(PERISTYLIUM)の間に位置している．なお，アレクサンドロス大王とダレイオス3世の戦いを描いた有名な「アレクサンドロス・モザイク」(現在，ナポリ国立考古学博物館に収蔵)は，この床面を飾っていたものである．

図Ⓒ ポンペイの市壁の西にある「墓地通り」に残るexedra．これは墓の付属建造物と考えられる．

extispex -spicis, *m*

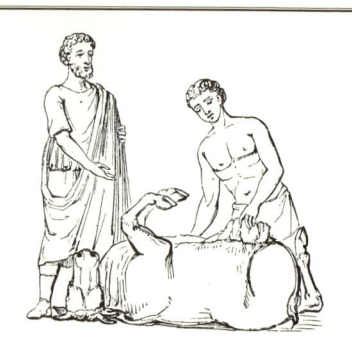

いけにえの内臓の観察によって**神意をうかがう予言者**.図は,ローマ市のボルゲーゼ美術館蔵のレリーフより.むろん,左に立つ男性が内臓占い師.スエトニウス「ネロ伝」56 は,ネロ帝は死の数か月前,いけにえの内臓観察を行ったが,なんらの吉兆も得られなかった,と伝えている.

F

falx falcis, *f*

図A　図B　図C

鎌.

図A 干し草用の草刈り鎌(falx faenaria)．これを手にしているのは，詩人オウィディウスに deus falcifer「鎌を持つ神」と歌われた農耕神サトゥルヌス(Saturnus)．図はエラガバルス帝のメダルの意匠から．

図B 麦の穂を刈り取る鎌(falx messoria)．図はポンペイの遺物．

図C ブドウの樹の剪定鎌(falx vinitoria)．その形状からして，「鎌」より「ナイフ(CULTER)」のほうが適訳かもしれない．図は，コルメラ『農業論』の写本中の挿絵．

fascēs -ium, *m pl*（単数形は **fascis** -is）

束桿（そっかん）．カバ材あるいはニレ材の棒を束ねて革紐で縛り，そこに斧（SECURIS）を挿入したもの．これは独裁官（dictator），執政官（consul）などの高官の命令権（imperium）の象徴で，先導警吏（LICTOR）たちがこれを肩にかついで高官の露払いをした．ただし斧つきの束桿は，共和政初期にローマ市内では独裁官のみに許されるようになり，他の高官はローマ市外で，また執政官は軍隊を率いるときに許された．凱旋将軍の場合は月桂樹の枝または冠（laurea）で飾られた束桿（fasces laureati）が用いられ，のちに皇帝もこれにならった．⇒ LICTOR

図A ローマ市のマッテイ宮蔵のレリーフより．

図B 左はウェスパシアヌス帝付きの先導警吏の持つ束桿を描いたレリーフより．右は共和政期のコインの意匠．

なお，イタリアのファシズム政党名 'Fasci italiani di combattimento'「イタリア戦闘ファッシ」は，ラテン語 fascis「束」に相当するイタリア語 'fascio（複数形 fasci）' を採ったもので，彼らは fasces を党のシンボルとした．

fascia -ae, f

図A　図B　図C

図D

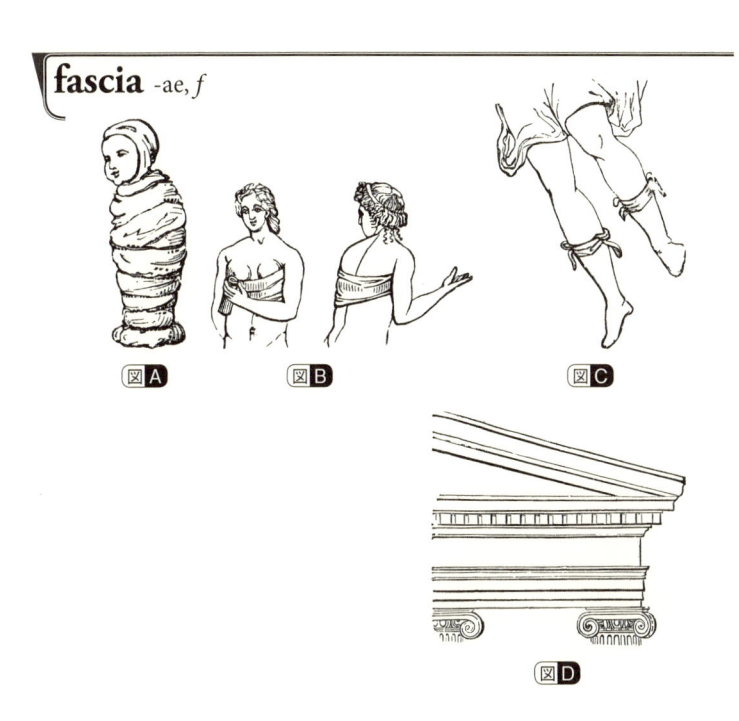

帯状のもの．

1) 赤ん坊に巻き付ける細長い布．図A ポンペイの絵画より．顔だけを残して，頭から足先までグルグル巻きにした．

2) 胸帯．図B とりわけ豊かな胸の女性が巻きつけたものらしい．左はブロンズの小像，右はポンペイの絵画より．後者は胸帯が赤く塗られていた．

3) 女性用の脚のリボン．図C ポンペイの絵画より．キケロは脚に紫色の fascia を結んだクロディウス(Clodius)を女々しいと非難したが，男性も脚の保護・防寒など実用的な効果を認めるようになり，着用が一般化して，すね当て，脚絆となった．

4) 権力の象徴として頭に巻く帯状髪飾り．⇒ DIADEMA

5) 建築 イオニア式およびコリント式オーダーで，アーキトレーブを構成する3段重ねの梁．図D テオス(小アジア西岸の町)の

バックス神殿の復元図より. ⇒ COLUMNA 図A, EPISTYLIUM

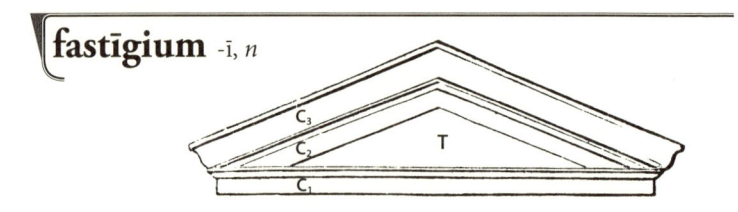

fastīgium -ī, n

[建築] ペディメント, 切妻壁(きりつまかべ). コーニス (corona) と三角小間 (TYM-PANUM) が形作る三角形の部分. 図で, 中央の三角小間 (T) の下に水平のコーニス (C_1) があり, 上に, 屋根の傾斜面に沿い, 中央でつながる 2 段重ねのコーニス (C_2, C_3) がある. ⇒ EPISTYLIUM

Fāta -ōrum, n pl (単数形は Fātum -ī)

運命の女神たち. 図は, FATIS VICTRICIBVS「勝利者たる運命の女神たちに」の銘があるディオクレティアヌス帝の金貨 (AU-REUS) の裏面. ここで女神たちは豊穣(ほうじょう)の角 (CORNU COPIAE) と船の舵 (gubernaculum) を手にしているが, それらは普通, 運命の女神フォルトゥナ (FORTUNA) の持物(じもつ)である. 下部の銘は S(ENATVS) C(ONSVLTO)「元老院の決議により」. ⇒ FORTUNA

Fēlīcitās -ātis, *f*

フェリキタス，幸運の女神．図は，FELICITAS AVG(VSTA)「畏(かしこ)き幸運の女神」の銘のあるアントニヌス・ピウス帝のドゥポンディウス(dupondius)真鍮貨の裏面．女神は右手に磨羯宮(まかつきゅう)(Capricornus)，左手にメルクリウス(Mercurius)の持物(じもつ)として知られる翼の付いた杖(caduceus)を持っている．中央の銘はS(ENATVS) C(ONSVLTO)「元老院の決議により」．

feminālia -ium, *n pl*

股引(ももひ)き．ローマ人の男性用外衣のtogaは丈(たけ)も長く，全体にゆったりしていたから，アウグストゥスのような寒がりの元首(スエトニウス「神君アウグストゥス伝」82.1)を別にすれば，股引きは特に必要とはされなかった．しかし，togaがあまり着用され

なくなると股引きは一般に広まり，とりわけ北方の寒冷地に駐留する将兵には欠かせぬ衣料品となった．図はトラヤヌス帝の記念柱のレリーフより．股引きは兵士の腰から膝の少し下までをおおっている．

ferculum -ī, n

運び台．図は，フォルム・ロマヌムの東端にあるティトゥス帝の凱旋門のレリーフより．エルサレムの占領(70年)を祝う凱旋式の一場面で，8人の兵士が「黄金の卓」(mensa aurea；旧約聖書「列王記上」7.48)と2本のらっぱを載せた ferculum をかついでいる．他にも，黄金の燭台などが同様にして運ばれている．
⇒ AEDICULA 図C

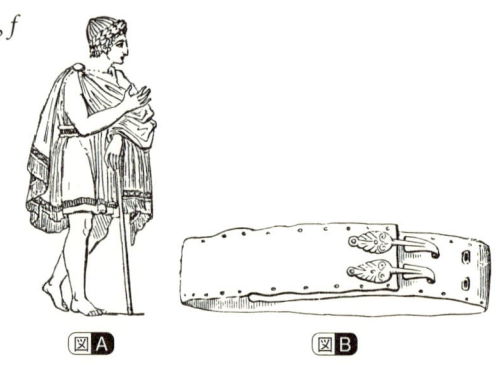

fibula -ae, f

図A　　　　　図B

fibula

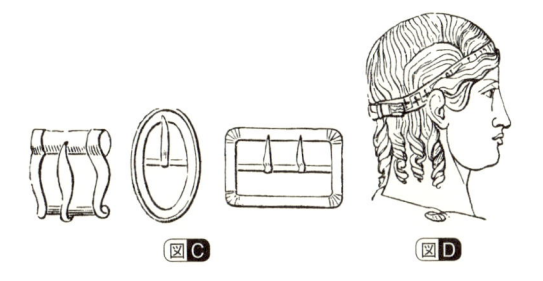

留め具,留め金.

図A SAGUM, PALLA などの外套・外衣の留め具.陶器に描かれたこの若い男性は,短い外套 chlamys を留め具を用いて右肩で留めている.この種の留め具は,骨,象牙,青銅,宝石などで作られた.

図B 軍用ベルトの留め具.イタリア南部の町パエストゥムで発見されたこのベルトは,フックの先端の曲がった部分を反対側の穴に差し込む仕組み.

図C ベルト・帯などのバックル.3点とも古代の遺品.

図D 若い女性の髪紐(TAENIA, VITTA)の留め具.図は,ヘルクラネウム出土のブロンズ像を横から見たところ.

fistūca -ae, *f*

杭打ち機. 杭を打ったり土や割り石を突き固めたりするのに用いる道具. 図はトラヤヌス帝の記念柱のレリーフより. 兵士が fistuca を用いて壁を築く作業に励んでいる.

flābellum -ī, *n*

扇. 図左はスイレン(lotus)の葉の, 右はクジャク(pavo)の羽の扇. 前者はポンペイ, 後者はスタビアエで発見された絵画より. 女主人のために扇であおぐのは, もっぱら女奴隷(flabellifera)の仕事であった.

flagellum -ī, n

奴隷を折檻する鞭．図は，ポンペイで発見されたブロンズの水差しの取っ手の意匠．この鞭はねじれた数本の鞭紐(むちひも)の房から成り，紐の先には金属製の爪が付いている．flagellum は FLAGRUM「鞭」の指小辞 ('diminutive') であるが，それは鞭紐の細さを指すにすぎず，奴隷の身体に与える苦痛・危害の低さを意味するものではない．

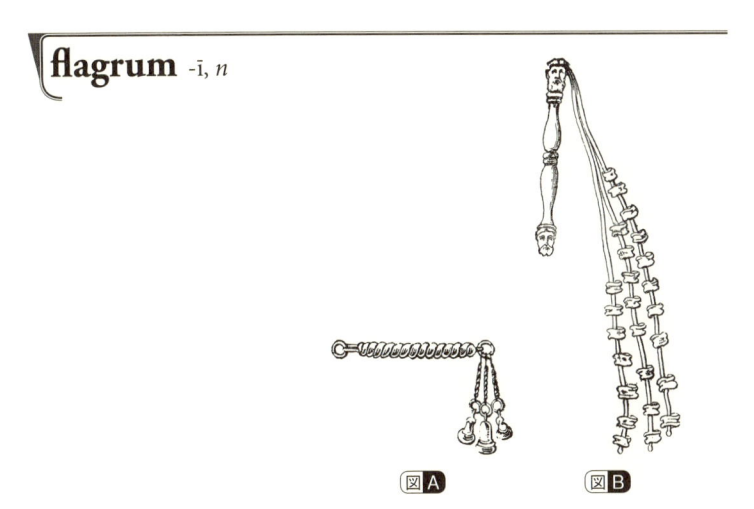

flagrum -ī, n

図A 　図B

鞭.

図A 奴隷を折檻する鞭．図はヘルクラネウムの出土品．針金を巻きつけた握りに，先端に金属球を取り付けた3本の鎖が垂れている．この鞭は奴隷の身体の肉を破り，骨を砕く残虐な刑具であった．

図B 女神キュベレ（Cybele）の神官の鞭．図は神官の墓碑（stela）のレリーフから．3本の鞭紐（むちひも）に羊の距骨（きょこつ）（talus）が通してある．キュベレの神官は自らを鞭打つ演技をして，無知な大衆の同情を買った．

flāmen -minis, *m*

特定の神に仕える神官．ユピテル（JUPPITER），マルス（MARS），クイリヌス（QUIRINUS）の神官をそれぞれ flamen Dialis, flamen Martialis, flamen Quirinalis といい，この3者は flamines majores と呼ばれた．これ以外のケレス（Ceres），フローラ（Flora），ウルカヌス（VOLCANUS）等の12神の神官 flamines minores については不詳の部分が多い．図は，フィレンツェ国立考古学博物館

蔵のレリーフに描かれた flamen. 彼は紫の縁付きトガ (toga praetexta) を着用し, 右手に官杖(かんじょう)を持っている. 頭は兜のような毛皮の帽子 (galerum) でおおわれ, その帽子の天辺には, 権威の象徴とされる羊毛を巻きつけたオリーブの小枝 (APEX) が立っている. なお, flamen は犠牲式のときなどに, 羊毛の二重の外套 (laena) をまとったと伝わるが, この図では laena が省かれているように見受けられる.

flammeum -ī, *n*

炎色をした花嫁のベール. 図は古代の大理石の彫刻より. 新婦 (nova nupta) は頭から足まですっかりベールでおおわれている. 新居でこのベールを脱がせるのは, むろん, 新郎 (novus maritus) の役目.

foculus -ī, m

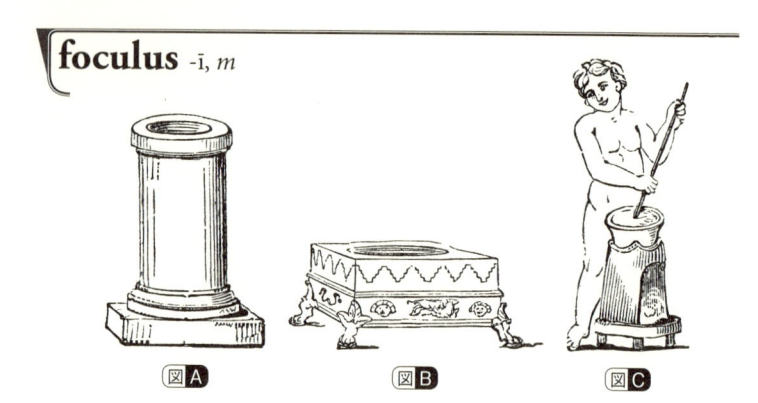

図A 図B 図C

炉, **火鉢**. 持ち運びできた.

図A 祭壇の最上部の炉. ここでいけにえを焼いた. 図は, ローマ市南東の町アンツィオ出土の大理石の祭壇.

図B 青銅製の火鉢. 図はポンペイの出土品. 炭火で部屋を暖めた. 円型の火鉢も珍しくない.

図C 料理用コンロ. 3本脚で, 正面の開口部から木炭を入れる. 図はヘルクラネウムの絵画より.

follis -is, m

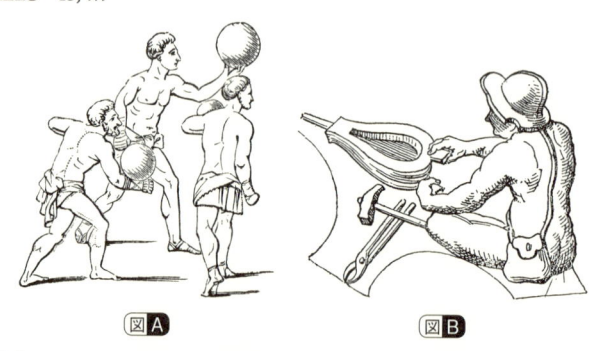

図A 図B

1) 皮製の大きなボール. 図A 皇帝ゴルディアヌス3世のコインの意匠. 右肘から手首に籠手状のものをつけた男性3人が何かの

球戯をしている.

2)（複数形 folles で）ふいご. 図B ブロンズのランプに描かれたふいご. 火をかき立てている男の腰に見えるのは財布（CRUMENA）.

forceps -cipis, *m* (*f*)

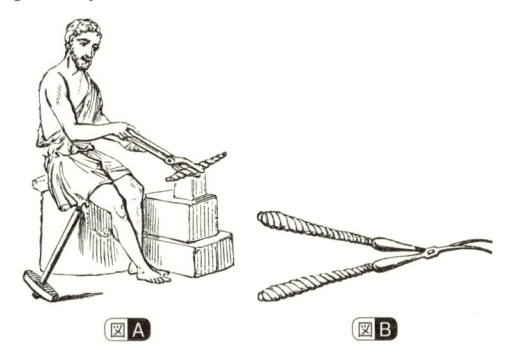

図A　図B

はさむ道具.

図A やっとこ. 図はバチカンのウェルギリウス写本の挿絵. かじ屋（faber ferrarius）の足もとにハンマー（marcus）が見える.

図B 歯科用器具. 虫歯を抜くときに使った. 図はポンペイの出土品.

forfex -ficis, *f*

図A　図B

Fortuna

はさみ.

図A 宝石に彫られた羊とはさみ.この握りばさみは明らかに羊毛を刈るためのもの.

図B ポンペイの絵画より.花綱(serta)を作る少年(手前右)が握りばさみを手にしている.ここに描かれた有翼の少年少女はいずれも守護霊(GENIUS).

Fortūna -ae, *f*

フォルトゥナ,運命の女神.図は74年に鋳造されたウェスパシアヌス帝の金貨(AUREUS)の裏面.女神は右手に船の舵(gubernaculum),左手に豊穣(ほうじょう)の角(CORNU COPIAE)を持ち,花綱(serta)で飾られた壇上に立っている.銘は,FORTVNA AVGVST(AまたはI)「畏(かしこ)き(または,皇帝の)フォルトゥナ」.

frēnum -ī, *n*

頭につける馬具．面繋(おもがい)，馬銜(はみ)(oreae)，手綱(habena)などをいう．図は，イタリア南部の町パエストゥムの墓に描かれた絵より．この馬は他にも額飾り(FRONTALIA)を付けているが，frontalia は有力者の愛馬や，特に馬の顔面を防護する必要があるときなどにしか用いられなかったらしい．

fritillus -ī, m

骰子筒(さいころづつ)．骰子(TALUS, TESSERA)を入れて振り出す円筒．図はローマ市で発掘された古代の遺物．骰子がよく転がるように，内壁に3段のわずかな出っ張りが付けてある．

frons frontis, f

パピルス紙の書巻の上下の端．横長に貼り継いだパピルス紙(papyrus)を巻いて書巻(VOLUMEN)を作ると，上下の端を軽石(pumex)で磨いてなめらかにし，色を塗った．INDEX(書物の標題)の項の図を参照．

frontālia -ium, n pl

馬の額飾り． ⇒ FRENUM

fullōnica -ae, f

図A

図B

図C

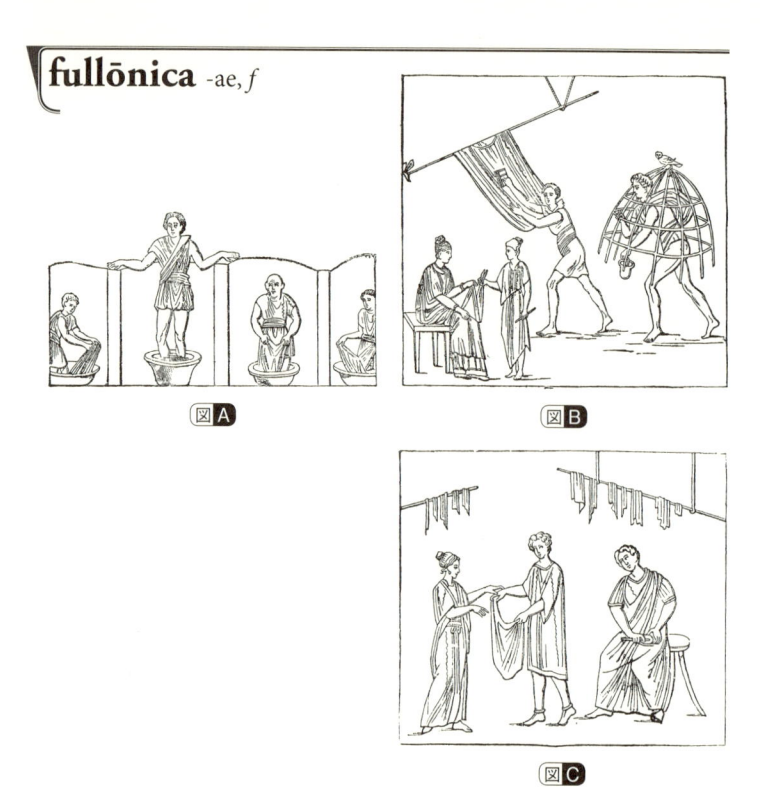

洗い張り屋，洗濯屋．図はポンペイの洗い張り屋に描かれていた絵画より．まず顧客から預かった衣類を人尿入りの水を張った大鍋(CORTINA)に入れ，踏み洗いする(図A)．次にそれを乾かして柳細工の枠に掛け，その下に火をつけた硫黄の焜炉(図Bで右の男が左手に持っている)を置いて漂白する．それが済むと竿に吊るしてブラッシングし，最後に押しをかけて仕上げとした(図C)．

fūnambulus -ī, m

綱渡り芸人. 図はヘルクラネウムで発見されたフレスコ画より. 2人の軽業師はいずれもサチュロス(Satyrus)のような馬の尾をつけ, 頭にはたぶん革製の帽子をかぶっている. 左側の男はぶどう酒を盃に注ぎながらの, 右側の男は竪琴(LYRA)を演奏しながらの離れ技を披露している.

funditor -ōris, m

投石兵. 図はトラヤヌス帝の記念柱のレリーフより. この投石兵は TUNICA の上に軍用外套(SAGUM)を着て, 外套の襞に10数個の石を入れている. その石を1個はさんだ革紐製の投石器(funda)

を右手に持ち，左手に盾を構え，右腰に短剣(PUGIO)を帯びている．戦闘は投石に始まるのが通例であったが，投石兵は軍団(legio)の員数外の存在であった．

furnus -ī, m

パン焼きがま．図はポンペイで発掘されたパン屋．中央の2つのアーチ形のうち，上段がかま，下段が火の焚き口．上部に煙突がある．左手前には3台の粉ひき器が見える．

fuscina -ae, f

1) 三叉のやす．TRIDENS ともいう．図はローマ市近郊のバックス神殿のモザイク画より．左のクピド(Cupido)がいかだ(RATIS)の上からやすでタコを突こうとしている．

2) 三叉の槍. ⇒ GLADIATOR 図**D**

fūsus -ī, *m*
つむ, 紡錘. ⇒ COLUS

G

galea -ae, *f*

図A　図B

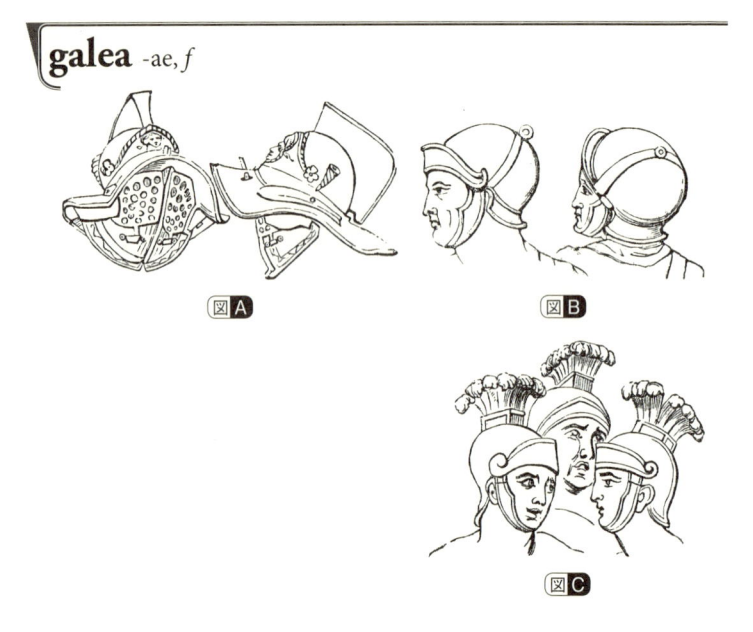

図C

兜.

図A ポンペイ出土の青銅製の兜．左は正面から，右は横から見たところ．鉢の天辺の嶺には羽根飾り（CRISTA）を付ける．鉢の横の巻貝状の部分にも羽根を1枚挿す．前後に突き出た板，多数の小さな穴を開けた目庇，あごの下で固定する面頰（BUCCULA）が頭，顔，首を守る．

図B 兵卒の兜．図はトラヤヌス帝の記念柱のレリーフより．全体が小ぶりで目庇がない．天辺には小さな輪が付いている．

図C 百人隊長（CENTURIO）の兜．図はコンスタンティヌス帝の凱旋門のレリーフより（ただし，これは，かつてトラヤヌス帝のフォルムにあった凱旋門を飾っていたレリーフの転用）．形状は図B

に似ているが，天辺の美々しい羽根飾りが兵卒の兜に差をつけている．

genius -ī, *m*

男子の守護霊．女子のそれは JUNO．人の誕生と同時に生まれ，生涯にわたってその人に付き添い，健康・幸福を守ったあと，人の死とともに死す存在と考えられた．図はローマ市のヴィラ・メディチ蔵のレリーフより．左右は家の守護神 LARES，中央が genius．彼は TOGA を着用し，その一部を頭上にかけている．右手には献酒用の皿（PATERA）を，左手には豊穣(ほうじょう)の角（CORNU COPIAE）を持っている．

gladiātor -ōris, *m*

図A　　　　　図B　　　　　図C

図D

剣闘士．捕虜，処刑を控えた罪人，報酬目当ての奴隷，ときには市民の志願者が，訓練を受けて剣闘士となった．剣闘士には次のような種類があった．

図A サムニウム闘士（Samnis）．サムニウム人の兵士のように重装備した剣闘士．図はポンペイで発見された墓のレリーフより．目庇付きの兜（GALEA），長方形の盾（SCUTUM），すね当て（OCREA），右腕の巻き籠手が彼の防具で，剣（GLADIUS）または槍（hasta）を武器とした．

図B 魚兜闘士（murmillo）．兜の頂に魚形の飾りをつけた剣闘

士（murmilloの呼称は海魚の名に由来するらしい）．図はテラコッタ製ランプの意匠．左が murmillo．左手に長楕円形の盾を，右手に短剣を持っている．くるぶしに紐状のもの（FASCIA）を巻いている他は，脚も上半身も裸である．

図C トラキア闘士（THRAX）．トラキア人のように小型の盾と湾曲刀（sica）で武装した剣闘士．図はテラコッタ製ランプの意匠．このトラキア闘士はすね当てを着けていないが，図B で murmillo と対戦しているトラキア闘士は両脚に着用しており，なぜか左手に刀を持っている．

図D 網闘士（retiarius）．網（RETE）と三叉の槍（FUSCINA, TRIDENS）を武器として戦った剣闘士．図はマドリードの国立考古学博物館蔵の古代のモザイク画．中央が retiarius で，左の追撃闘士（secutor）と呼ばれる軽装剣闘士に網を投げかけることに成功したあと，槍で攻撃しているところ．右は剣闘士の訓練者（lanista）で，手に職杖（VIRGA）を持っている．

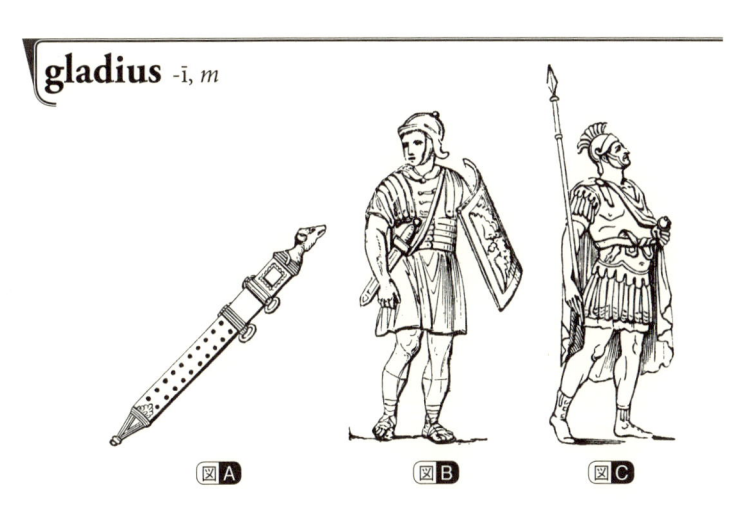

gladius -ī, m

剣．刀．

図A ポンペイ出土の鞘（VAGINA）に収まったままの剣．

glans

図B トラヤヌス帝の記念柱のレリーフより．兵士が左肩から右脇にかけた剣帯（BALTEUS）を使って，右腰に剣を帯びている．
図C ローマ市のカピトリーニ美術館蔵のレリーフより．高級将校は腰に締めた剣帯（cinctorium）の左腰に剣を下げた．

glans glandis, f

投石器で投げる鋳造された鉛の玉．図はローマ市の南東にあった小さな町ラビクムで発見された鉛玉．刻まれた文字 FIR は "firmiter"「しっかり（投げろ）」，あるいは "feri, Roma"「撃て，ローマよ」の意か．

glomus -meris, n

糸玉．羊毛や亜麻のかたまりから紡いだ糸を紡錘（FUSUS）から取りはずし，玉にしたもの．図は，ネルウァ帝のフォルムにあるミネルウァ神殿（Aedes Minervae）のレリーフより．この女性は糸玉を集めて機(tela)へと運んでいるところ．⇒ COLUS

graphium -ī, *n*

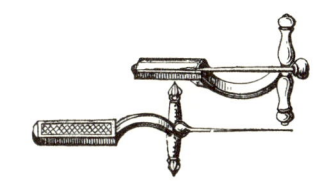

尖筆(せんぴつ). 蠟引きした書字板(TABULA, TABELLA)に文字を書く鉄または青銅製の道具. 図はローマ市で発掘された長さ約20cmの尖筆. 下が筆先を伸ばしたところ, 上が閉じたところ. 一見して物騒なこの代物は, 実際, 何度も武器ないしは凶器として使われた. スエトニウスは「神君カエサル伝」82.2および「カリグラ伝」28で, カエサルが自らの暗殺者グループの1人の腕をこれで突き刺した, また, カリグラ帝は1人の元老院議員(senator)を何人もの議員に突き刺させた, と伝えている.

gubernātor -ōris, *m*

舵手. ⇒ CLAVUS 図C

guttus -i, *m*

細首の瓶. 少量または1滴(gutta)ずつぶどう酒や油を注ぐための容器. 図はポンペイの絵画より. 供犠(く)(SACRIFICIUM)で献酒(libatio)するとき, この瓶からぶどう酒を専用の皿(PATERA)に注いだ.

H

harpagō -ōnis, *m*

[軍事] **引っ掛け鉤**. 海戦では索具などに引っ掛けて敵船を引き寄せるのに,陸戦では敵の工作物を引き倒し破壊するのに用いられた. 図は大英博物館蔵の青銅製品. これに適当な長さの棒を付ければ鉤竿(かぎざお)となる.

harundō -dinis, *f*

葦製品. ペン,笛,釣りざおなど. ⇒ CALAMUS

hippocampus -ī, *m*

[神話] **海馬**(かいば). 馬の胴に魚の尾が付いた怪物で,海神トリトン(Triton)や海のニンフ(Nereis)たちがこれに乗ると想像された. 図はポンペイの絵画より.

histriō -ōnis, *m*

図A　　　　　図B

役者, 俳優.

図A 悲劇役者. 図は, イタリア中部の山間の町リエティから出土した象牙製の小像(パリ市立美術館蔵). 目と口が大きく開いた仮面(PERSONA)をかぶり, 長衣(SYRMA)を着, 背を高く見せるための厚底の靴(COTHURNUS)を履いている. 驚愕のポーズを写したものか.

図B 喜劇役者. 図は, バチカン図書館蔵のテレンティウス『宦官』(前161年上演)の写本(9-10世紀)の一葉. 第2幕第1場の出だしの部分で, 上部に登場人物の若者パエドリアと奴隷パルメノの名を記し, その下に写本製作当時の絵師が想像する2人の人物像を描いている. 下部は271行のセリフで, PHA fac ita ut jussi deducantur isti PAR faciam, 「パエドリア: 言いつけておいたように, あの人たちを連れて来るのだ」「パルメノ: そういたします」.

Honōs -ōris, *m*

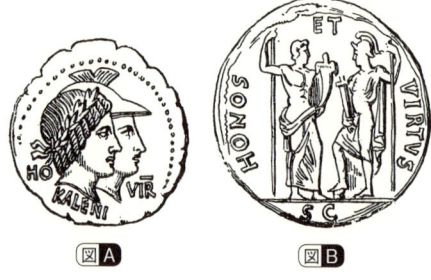

図A　図B

ホノス.「栄誉」を擬人化した神.

図A フフィウス・カレヌス(Q. Fufius Calenus)とムキウス・コルドゥス(Mucius Cordus)が鋳造したデナリウス銀貨(前68年)の表面. 手前がホノス, 後ろが「勇武」の女神ウィルトゥス(Virtus). 銘: HO(NOS) VIRT(VS) KALENI「カレヌスの栄誉と勇武」.

図B ガルバ帝のセステルティウス真鍮貨(68年)の裏面. 左のホノスは右手に槍(hasta)を, 左手に豊穣の角(cornu copiae)を持っている. ホノスに向かい合って立つ右のウィルトゥスは兜をかぶり, 右手に剣(gladius)を, 左手に槍を持っている. 銘: HONOS ET VIRTVS, S(ENATVS) C(ONSVLTO)「元老院の決議により」.

なお, ホノスの神殿はイタリア各地にあった他, ローマ市のカペーナ門を入ったところに両神を合祀した神殿(Aedes Honoris et Virtutis)があった.

Hōrae -ārum, f pl

季節の女神たち. 図はポンペイの「ガニュメデスの家」(別名「四季の家」)のフレスコ画より. 左端の春の女神は右手にチーズ(caseus)の皿を, 肩に子山羊(haedus)をかついでいる. 次の夏の女神は麦を刈る鎌(falx messoria)を持ち, その隣の秋の女神は, 果物の籠(CALATHUS, CORBIS)と実のついた枝を手にしている. 右端の冬の女神だけは厚着をして, 右手に2羽の小鳥を提げ, 左手に枯れ枝を持っている.

hortus -ī, m

hostia

庭園．図は，ローマ市の約 12km 北のアウグストゥスの后リウィアの別荘（Ad Gallinas Albas）で発見されたフレスコ画より．2本の柱のそれぞれの上に水盤があり，サイフォン（sipho）で水を噴出させている．樹上からその噴水をうかがう小鳥，水盤の縁に止まった小鳥，水をめざして飛行中の小鳥．3本の樹木．塀の手前の丈の低い草花と後ろの高く伸びた草花．これらはいずれも，ローマ人の理想とする庭園を造り上げる不可欠の要素だったのであろう．

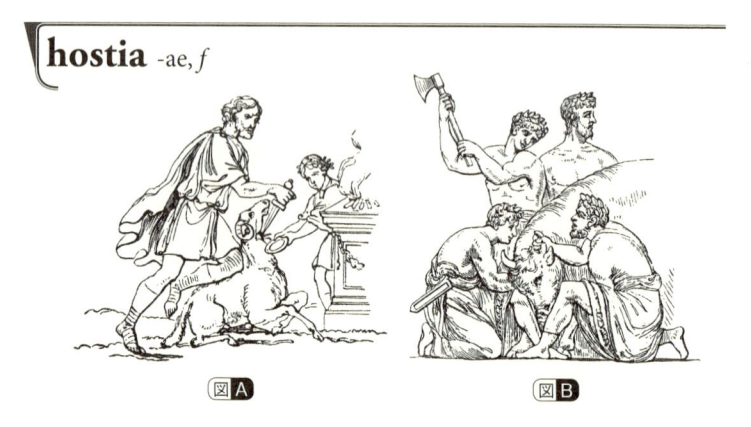

hostia -ae, *f*

図A 　　　　　　　　　図B

いけにえ，犠牲獣．神々の怒りを忌避するためのいけにえには，通例，牛・羊・豚などの家畜が選ばれた．

図A バチカンのウェルギリウス写本の挿絵．神官に仕えるのど裂きの従者（CULTRARIUS）が羊（ovis）の頭を上に向けさせて，ナイフ（CULTER）を当てている．

図B 古代のレリーフより．牛（bos）のような大型の家畜を屠る場合は，まず popa と呼ばれる従者が斧（SECURIS）で一撃した．

hydraulus -ī, m

図A 図B

水力オルガン．

図A 帝政期のコインの意匠．水力オルガンの右基部からオリーブの小枝が2本突き出ていて，左側には小枝を手にした男性がいる．これが演奏者なのであろうか．スエトニウス「ネロ伝」41.2, 54は，皇帝がこの楽器に並々ならぬ関心を寄せていたと伝えるが，実際の構造・奏法等はよく分かっていない．

図B ドイツのザールラント州のモーゼル河畔のネニッヒ村で発見された古代のモザイク画より．右は cornu と呼ばれるらっぱ．
⇒ CORNICEN

hydria -ae, f

水差し，水甕(みずがめ). 銀製品や名のある陶工の作などは，神殿に奉納されたり権力者の強奪の対象となったりした．図のポンペイの出土品も見事な出来栄えで，さぞや高値がついたことであろう．

hypocaustum -ī, *n*

床下暖房設備，床下の炉． ⇒ CALDARIUM

I

imāgō -ginis, *f*

図A

図B

像，肖像．

図A 胴鎧(よろい)を着用して演説するアウグストゥス像．ローマ市の北約12kmのプリマ・ポルタのリウィアの別荘跡で発見された．前20年頃の作．バチカン美術館蔵．軍装でありながら裸足なのは，英雄や運動競技者の彫像の例にならうもの．彼の右足にはイルカ（delphinus）に乗ったクピド（Cupido）が取りすがっている．

図B ポンペイで発見された「パン屋の夫婦」のフレスコ画．1世紀中頃の作．ナポリ国立考古学博物館蔵．テレンティウス・ネオと想定される右の夫はパピルス書巻（VOLUMEN）を，左の妻は書字板（TABELLA, TABULA）と尖筆（STILUS）を持っていて，かなりの教養人と見受けられる．

imago

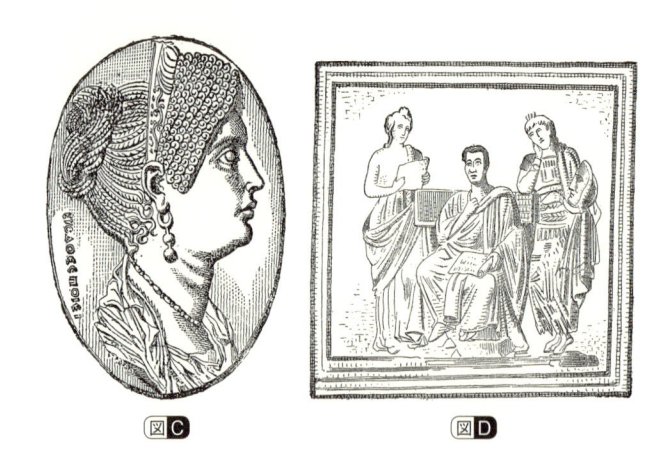

図C　図D

図C ティトゥス帝の娘ユリアの横顔を彫ったインタリオ(陰刻を施した彫玉(ちょうぎょく)). パリのフランス国立図書館コイン・メダル室蔵. 左端にギリシア語でΕΥΟΔΟϹ ΕΠΟΙΕΙ「エウオドス作」と銘が入っている.

図D チュニジアのスーサ(古代名 Hadrumetum)で発見されたウェルギリウスのモザイク画. 2–3 世紀の作. チュニスのバルドー博物館蔵. 中央に座す詩人は自作の叙事詩『アエネイス』を記した書巻を広げている(本図では読めないが, 実物では『アエネイス』冒頭の有名な句 arma virumque cano ではなく, 第 1 巻第 8–9 行の Musa mihi causas memora quo numine laeso quidve が石片で記されている). 左にはムーサたちの 1 人で歴史を司るクリオ(Clio)が, 右には同じくムーサたちの 1 人で悲劇を司るメルポメネ(Melpomene)が仮面を手にして立っている.

imbrex -bricis, f (m)

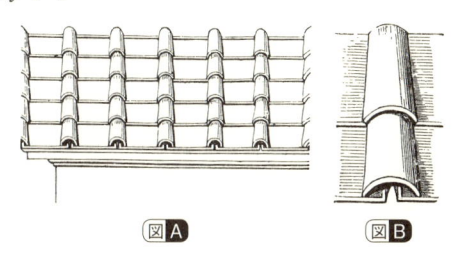

半円筒形の瓦．下に置かれる imbrex にかぶせられるように，一端が少し幅広になっている．この瓦の縦列が普通の平らな瓦(TE-GULA)の縦列の間に配置され，雨水(imber)をそちらへ流す仕組み．

図A ローマ市のオクタウィアの回廊(Porticus Octaviae)の屋根．瓦は白大理石でできている．

図B 図A の拡大図．

impedīmenta -ōrum, n pl

荷車で運ばれる軍隊の荷物；荷車を引く役畜(jumenta；馬，牛，ラバなど)．図は，ローマ市のマルクス・アウレリウス帝の記念柱のレリーフより．

impluvium -ī, n

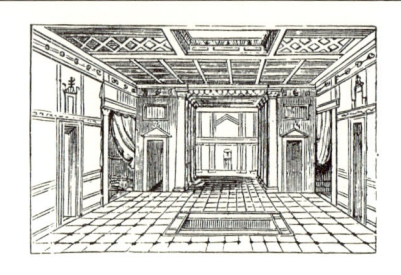

方形の雨水だめ．広間（atrium）の天窓（compluvium）の下にあった．図は，ポンペイの「サルスティウスの家」の広間の様子．天窓を含む屋根は復元したもの．

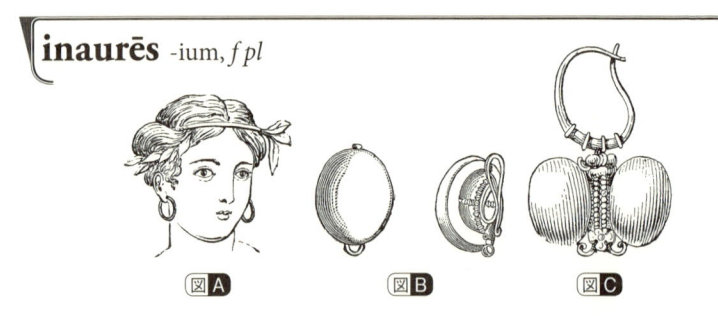

inaurēs -ium, f pl

図A　図B　図C

イヤリング，耳飾り．金（aurum），真珠（margarita），宝石（gemma）などを用いて，さまざまのデザインの耳飾りが作られた．
⇒ CROTALIA, ELENCHUS

図A　ポンペイの絵画より．やや大きめの金のリングを耳たぶに開けた穴に通している．

図B 図C　真珠を加工したイヤリング．いずれも古代の遺物．

index -dicis, *m* (*f*)

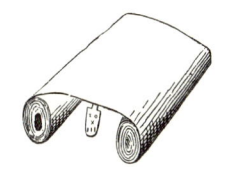

書物の標題．パピルス書巻（VOLUMEN）の標題は巻末に記されるのが常であったが，これでは読者は書巻を終わりまで広げないことには標題を知ることができない．そこで，辰砂（minium）やカイガラムシから採った染料（coccum）で赤く染めた羊皮紙（membrana）またはパピルス紙（papyrus）の小片に標題を記し，書巻の中程の端に貼付した．この小片も index と呼ばれた．図はポンペイの絵画より．

infula -ae, *f*

図A　　　　　図B

羊毛で作った紐状の神聖な頭飾り．神官，巫女，いけにえ用の動物などに用いられた．

図A　フォルム・ロマヌムにあるウェスタの巫女の家から発見された巫女（VESTALIS）の像．彼女のベール（suffibulum）の下に6回，

頭髪に巻きつけてあるのが infula で，その両端がループ状になって，耳の後ろから肩に垂れている．

図B ルーヴル美術館蔵のレリーフより．いけにえに供される牛の頭に infula が掛けられ，房状の端が垂れ下がっている．

infundibulum -ī, n

漏斗，じょうご．図はポンペイから出土したガラス製の漏斗．漏斗の用途は，むろん，口の小さな容器に液体を注ぐことにあるが，プリニウス『博物誌』24.135 は一風変わった使用法を紹介している．すなわち，フキタンポポ(farfarum)の根をイトスギ(cupressus)の炭火の上に置き，出てきた煙を漏斗で吸うと慢性の咳によい，と．

Italia -ae, f

神格化されたイタリア．図はアントニヌス・ピウス帝のセステルティウス真鍮貨の裏面．頭に城壁冠(corona muralis)をいただい

た女神イタリアは，右手に豊穣の角(CORNU COPIAE)，左手に王笏(SCEPTRUM)を持ち，星をちりばめた地球(globus)に腰を下ろしている．銘：TR(IBVNICIA) POT(ESTATE) CO(N)S(VL) III「護民官職権を持つ者，執政官3度」，S(ENATVS) C(ONSVLTO)「元老院の決議により」，ITALIA.

J

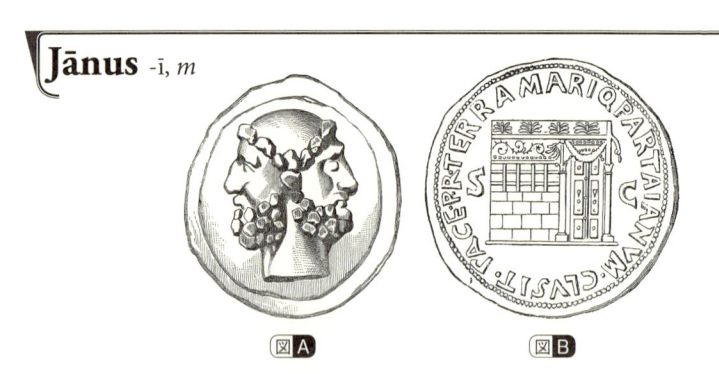

Jānus -ī, *m*

図Ⓐ　　　図Ⓑ

[神話] **ヤヌス**．門・戸口の神．門や戸口は，人々がそこから出かけてまた帰る場所であるところから，ヤヌスは，普通，前後に向いた 2 つの頭を持つ(bifrons, biceps)神として描かれる．

図Ⓐ 共和政期のアス青銅貨(前 215 年頃)に描かれたヤヌス．

図Ⓑ ネロ帝のセステルティウス真鍮貨(65 年)の裏面に描かれたヤヌスの神殿．フォルム・ロマヌムの北にあったその神殿(Janus Geminus)は，戦時には扉を開き，平和時には閉ざす定めであった．　銘：PACE P(OPVLVS) R(OMANVS) TERRA MARIQ(VE) PARTA IANVM CLVSIT「ローマ国民は平和が陸と海においてもたらされたのでヤヌス(の神殿の扉)を閉ざした」，S(ENATVS) C(ONSVLTO)「元老院の決議により」．⇒ CAPITOLIUM

Juno

jugum -ī, n

軛（くびき）．農耕・運搬に使う一対の牛や馬，戦車を引かせる一対の馬などを首あるいは背でつなぐ横木．長柄（なが え）(BURA)あるいは轅（なが え）(TEMO)の先端に紐(cohum, lorum)でつながれる．図はポンペイの絵画より．⇒ ARATRUM

Jūnō -ōnis, f

図A

図B

Juno

図C 　　　　　　　図D

[神話] **ユノ**．ユピテル (JUPPITER) の后．女性・結婚の守護神．

図A 「新婦に介添えする女神ユノ (Juno Pronuba)」を描いたと考えられるレリーフ．大英博物館蔵．女神の立ち会いのもと，左手に結婚の契約書 (tabulae) を持った新郎 (novus maritus) が新婦 (nova nupta) の手を取っている．

図B 「出産の女神ユノ (Juno Lucina)」を描いたマルクス・アウレリウス帝のセステルティウス真鍮貨の裏面．女神は 2 人の子どもの間に立ち，左腕で幼児をかかえている．銘：IVNONI LVCINAE「出産の女神ユノに」，S(ENATVS) C(ONSVLTO)「元老院の決議により」．

図C 「ユノ・モネタ (Juno Moneta)」を描いたティトゥス・カリシウス (T. Carisius) 鋳造のデナリウス銀貨 (前 46 年)．表面に女神，裏面に貨幣鋳造に要する道具，やっとこ (FORCEPS)，鉄床(かなとこ) (incus)，ハンマー (MALLEUS) と，上に葉冠で飾られた鋳型 (moneta)，最上部に月桂樹の枝 (laurea) が描かれている．ユノ・モネタの神殿はカピトリヌス丘の頂にあり，そこに造幣所があったので，moneta は「貨幣」の意となった．銘は，表面に MONETA，裏面に

T(ITVS) CARISIVS.

図D 「救済の女神ユノ(Juno Sospita)」の大理石の彫像．バチカン美術館蔵．2世紀頃の作．女神は右手に槍(hasta)，左手に小型の盾(scutulum)を持ち，1頭分の山羊皮(pellis caprina)を身にまとい(胸に山羊の前脚，両膝横に後ろ脚，髪の上に頭が見える)，つま先がそり返った靴(calceoli repandi)を履いている．この姿は，キケロ『神性論』1.82で語られるJuno Sospita崇拝の中心地ラヌウィウム(Lanuvium；ローマ市の南東約25kmの町)の女神像そのままである．ローマは，前338年，Juno Sospitaの崇拝を公認し，前194年，監察官(censor)のコルネリウス・ケテグス(C. Cornelius Cethegus)により，市内のティベリス川に近いフォルム・ホリトリウム(「青物市場」；Forum Holitorium)に神殿が奉献された．

Juppiter, Jūpiter Jovis, *m*

神話 ユピテル．ユノ(JUNO)の夫．ローマ神話の最高神．

図A 前49年に鋳造されたデナリウス銀貨．表面に髭のない若々しいユピテルの横顔，裏面には，右手に雷電(fulmen)，左手に鷲(aquila)を持って立つユピテルが描かれている．その大神の右は花綱(serta)で飾られた祭壇(ARA)，左は星(stella)．表面の銘はL(VCIVS) LENT(VLVS) C(AIVS) M(A)RC(ELLVS) CO(N)-S(VLES)「執政官ルキウス・レントゥルス(および)ガイウス・マ

Juventas

ルケルス」. 裏面の銘は Q(VAESTOR)「財務官」. ⇒ QUADRIGA-
TUS

図**B** ハドリアヌス帝の大型メダル. 雷電と王笏を持って立つユピテルの右腕の下で, 大神の広げるマントに庇護されているのが皇帝. 銘は IOVI CONSERVATORI「(ローマ帝国の)守護神ユピテルに」. ⇒ AEDICULA 図**A**, CAPITOLIUM

Juventās -ātis, f

[神話] **ユウェンタス, 青春の女神**. 図はアントニヌス・ピウス帝のセステルティウス真鍮貨(140 年頃)の裏面. 女神は左手に献酒用の皿(PATERA)を持ち, 右手で祭壇(ARA)らしきものに香(TUS)を投じている. 銘: IVVENTAS, S(ENATVS) C(ONSVLTO)「元老院の決議により」.

K

kalendārium -ī, *n*

```
MENSIS
IANUAR .
DIES . XXXI .
NON . QUINT .
DIES . HOR . VIIIS .
NOX . HOR . XIIII .
SOL .
CAPRICORNO .
TUTELA .
JUNONIS .
PALUS
AQUITUR .
SALIX .
HARUNDO
CÆDITUR
SACRIFICAN .
DIS .
PENATIBUS .
```

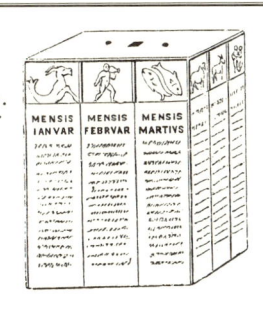

暦．図はポンペイで発見された大理石製の暦．1月を例にとると，1月に太陽（sol）が通過する黄道帯（ZODIACUS）の山羊座（Capricornus）の絵が最上段にある．次に月名 MENSIS IANVAR(IVS) があり，その下に，この月には 31 日があって，ノナエ（Nonae；暦の基準日の1つ）は第5日であること，守護神はユノ（JUNO）であること，その他，催される祭儀，行われるべき農作業などが刻まれている．

L

lābrum -ī, *n*

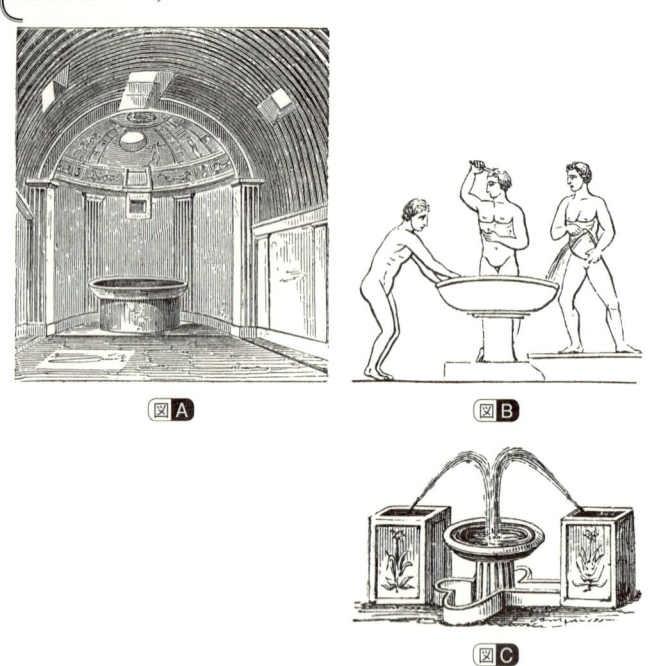

図A

図B

図C

桶，水盤．

図A ポンペイのフォルム浴場の高温浴室（CALDARIUM）の一方の端に据えられた水盤．発汗場（SUDATORIUM）でほてった身体に水をかけるために利用された．真上の天井には室内の温度を調節するための開閉可能な円形の窓（lumen）がある．⇒ CALDARIUM

図B 高温浴室内の水盤と3人の人物を描いた陶画．右の容器から水を注いでいる男は水汲み奴隷（aquarius）．中央の男は自分で垢すり器（STRIGILIS）を使っている．左の男は両手を水盤に入れ，

身体に水を振りかけようとしている．

図C ポンペイで発見されたサイホン(sipho)付きの水盤．噴出している水は，むろん，想像で書き加えたもの．

labyrinthus -ī, *m*

[伝説] 迷宮．クレタ島の王ミノス(Minos)が人身牛頭の怪物ミノタウロス(Minotaurus)を閉じ込めておくために名建築家のダイダロス(Daedalus)に造らせた．図はポンペイで発見された落書き．上のLABYRINTHVSの下に，HIC HABITAT「ここに住む」とあり，次に迷路のような迷宮の左右の文字をつなぐと，MINOTAVRVSと読める．

lacerna -ae, *f*

小外套. トガ(TOGA)の上に着て，首の下または肩でブローチ(FIBULA)で留めた．ガリアから入ったものらしく，キケロやアウグストゥスは，これをまとった姿はローマ人にふさわしくないと非難した．しかし帝政期には，文武の別を問わずあらゆる階層に広く愛用された．図はトラヤヌス帝の記念柱のレリーフより．

lacūnar -āris, *n*

格天井. 格子の形に組んだ木の枠(格縁)に鏡板を張った天井．スエトニウス「ネロ伝」34.2によれば，彼は母親アグリッピナを

亡きものにしようと，彼女の寝室の格天井の鏡板がゆるんで落下するよう仕組んだが，秘密が漏れて失敗したという．図はポンペイの壁画より．いくつかの格天井が描かれている．

laniārium -ī, n

肉店．図は肉店の様子を描いたレリーフ．肉屋(lanius)が豚(porcus, sus)の頭に肉切り庖丁(CULTER)をふるっている．店の奥には肉吊り鉤を付けた横棒(CARNARIUM)が見え，そこにもう1頭の頭や肉片などが吊るされている．

lanterna -ae, *f*

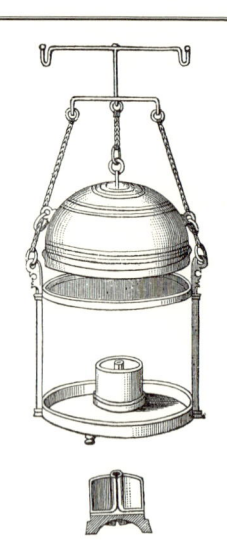

ランタン，**手提げランプ**．図はポンペイで発見された青銅製のランタン．底板の中央にランプ（LUCERNA）があり，周りを古くは動物の透き通った角（cornu），膀胱（vesica），のちにはガラス（vitrum）でおおった．半球状の蓋には，空気取りと煙出しを兼ねた穴が数か所に開けてあった．

Lārēs Lārum, *m pl* （単数形は **Lār** Laris）

ラレス．家庭・道路などの守護神たち．図はポンペイのフレスコ画より．中央で左手に豊穣（ほうじょう）の角（CORNU COPIAE）を持ち，右手の皿（PATERA）から祭壇（ARA）に献酒しているのは炉の女神ウェスタ（VESTA）．後ろに女神の聖獣のロバ（asinus）が見える．女神の左右にいる2人の若者が家の守護神（Lares familiares）．月桂樹の葉冠（laurea）をいただき，短いTOGAを着て腰に帯（cingulum）を締めた彼らは，角杯（cornu）から手桶様の容器（SITULA）にぶどう酒を注いでいる．⇒ COMPITUM

lātrīna -ae, *f*

便所．図はポンペイで発掘された家屋の一部．右壁の（今は失われた）手すりをつたって4段の石段を下りると，左側に2基の料理用のかまどがある．右が便所で，かつては木製の開き戸がついていた．その右下奥に下水道のパイプの穴が見える．

lectīca -ae, f

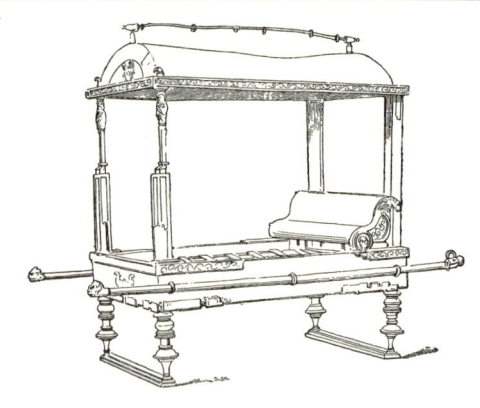

輿(こし). 図は散乱した状態で発見された部品をもとに復元した輿. 中央に寝椅子(torus)あるいは小寝台(lectulus)が置かれ, 一端にクッション(pulvinus)あるいは枕(CERVICAL)が備え付けてある. 天井あるいは屋根(tectum)は革張りで, 上の金棒からカーテン(velum)を垂らす. 輿は所有者の財力や輿のサイズなどに応じて, 2人, 4人, 6人または8人の奴隷(lecticarius)によってかつがれた. キケロ『ウェレス弾劾演説』5.27 は, 前73–71年にシチリアの総督(propraetor)を務めて目にあまる島民搾取を行ったガイウス・コルネリウス・ウェレスが, 小アジアの王たちのように8人かつぎの輿(lectica octaphoros)で島内を移動した, と非難している.

lectisternium -ī, n

神々のための饗宴．食事用の臥台（LECTUS）に神像を据え，食卓（mensa）にご馳走（epulae）を並べて供した．ローマが異常気象に見舞われた前399年，シビュラ予言書（libri Sibyllini）に従って神々をなだめるべく，ギリシアの6柱の神々を饗したのが最古の例．その後も何度か国家の非常時に催されたが，前3世紀初頭から毎年11月（帝政期には9月）の行事となり，前196年からは供犠祭司団（epulones）により執り行われるようになった．図はテラコッタ製のランプに描かれた神々のための饗宴．左からセラピス（Serapis），イシス（Isis），ルナ（LUNA），ソル（Sol）の諸神．

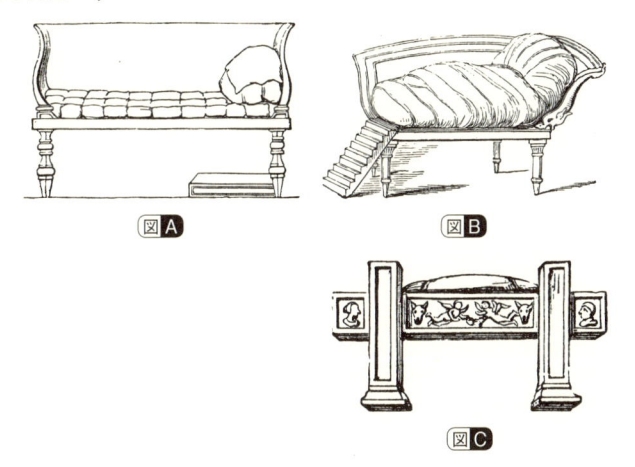

lectus -ī, *m*

図A

図B

図C

1) 寝台．

図A 大英博物館蔵のレリーフより．ローマ人の寝台は台がかなり高かったので，右下に見える足台（scamnum）を必要とした．頭と足の部分に頭板と足板が，一方の脇には背板（pluteus）が張ってある．敷きぶとん（CULCITA）は綱を張ったフレーム（SPONDA）の上に敷かれ，肘当てクッション（cubital）と枕（CERVICAL）が置

legatus

かれた.

図B ディド(Dido)の新婚の床(lectus genialis)を描いたバチカンのウェルギリウス写本の挿絵. 階段(gradus)を登らねばならないほど高い.

2) 食事用臥台. ⇒ TRICLINIUM

3) 棺台. 死者を火葬場または埋葬所へ運ぶためのもの. 図C 墓のレリーフより.

lēgātus -ī, m

帝政期の軍団長. 図はトラヤヌス帝の記念柱のレリーフより. 軍団長に特有の軍装は知られていないので確言することはできないものの, 図中の位置から推して, この人物は軍団長と考えられている. 彼は胴鎧(LORICA)の上に軍用外套(SAGUM)をまとい, それを右肩の留め金(FIBULA)で留めている. 左手に持つのは指揮棒か巻き物か, 先の部分が欠けていて判然としない.

legiōnārius -ī, m

軍団兵. 図はトラヤヌス帝の記念柱のレリーフより. 行軍中の彼らの軍装は, 右肩に提げた兜 (GALEA), 右腰の剣 (GLADIUS), 左手に持つ長方形の盾 (SCUTUM), 金属板をつなぎ合わせた胴鎧 (LORICA), それに (この図には見えないが) 兵隊靴 (CALIGA) である. 左肩上の棒の先には, 数日分の食糧と炊事用具などの個人的な荷物 (SARCINA) がくくりつけてある.

lemniscus -ī, m

libella

花冠に付けるリボン．花冠などが人に授けられるとき，それ単独よりもリボンが付けられたほうが一段と名誉なことと考えられた．このリボンは古くはシナノキ（tilia）の内皮などで作られたが，やがて金銀の薄片製となった．図は，ローマ市内のガイウス・ケスティウスのピラミッドの墓室内の絵画より．勝利の女神ウィクトリア（VICTORIA）が右手にリボン付きの花冠（corona lemniscata），左手にリボンだけを持っている．

lībella -ae, *f*

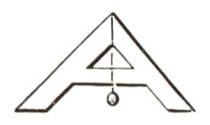

水準器．図は墓のレリーフより．故人の職業を示す他の大工道具とともに描かれていた．ある平面上にこれを置き，おもりが2本の脚の中央に来たとき，水平面と確かめられる仕組み．

liber -brī, *m*

本，書物．本は，横に長くつなぎ合わせたパピルス紙（charta）に文字を書き連ね，それを巻き物（VOLUMEN）にしたものであった．したがって読者は，右手に巻き物を持ち，左手で次々にひもときながら目を通した．ラテン語で「本を読む」というとき，pervolvere [volvere, evolvere] librum など．volvere「ひもとく」あるいはその合成動詞が使われるのはそのためである．図はポンペイの絵画より．⇒ CAPSA, INDEX, CAUDEX

lībra -ae, *f*

秤（はかり），天秤．図はポンペイの出土品．竿（jugum）の両端に吊るした皿（lanx）に物を載せ，棒の中央の取っ手（ANSA）で提げつつ，釣り合い重り（aequipondium）を移動させて目方を量る．⇒ EXAMEN, STATERA

lictor -ōris, *m*

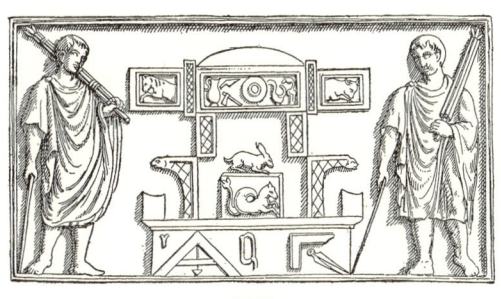

図A　　　図B

ligula

高官の先導警吏. 独裁官(dictator)には 24 名, 執政官(consul)には 12 名, 法務官(praetor)には 6 名などと, 一定の人数の先導警吏が一列縦隊で高官の露払いを務めた. 彼らは左肩に束桿(そっかん)(FASCES)をかつぎ, ときには右手に先端が細くなった杖(VIRGA)を持っていた. ローマ市内では TOGA, 市外と凱旋行進の際には赤の軍用外套(SAGUM), 葬儀の折りには黒の喪服を着用した. ⇒ FASCES

図A マルクス・アウレリウス帝の記念柱のレリーフより. 外套をまとい, 斧(SECURIS)の付いた束桿をかついでいる.

図B ヴェローナのマッフェイアーノ石碑博物館蔵のレリーフより. 貴賓席(BISELLIUM)の左右に 1 人ずつ束桿と杖を持った lictor が立っている. 席の下部には, 水準器(LIBELLA), 直角定規(NORMA), コンパス(CIRCINUS)などが描かれていて, この席に腰を下ろす人物の職業を容易に想起させる.

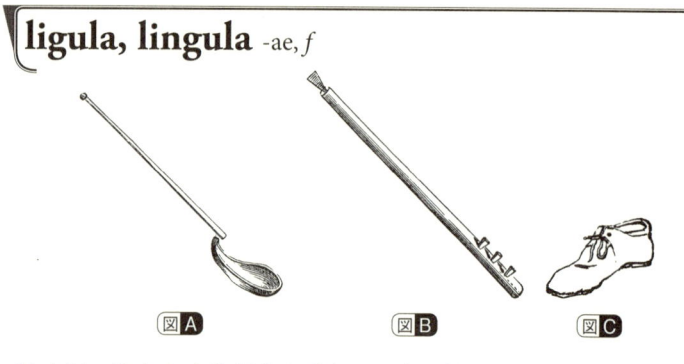

ligula, lingula -ae, *f*

1) さじ. 物をすくう部分が舌(lingua)に似ているところからこの名がある. 図A 青銅製の古代の遺物. 一種のチーズケーキを口に運ぶのに, また蜂蜜・蠟の精製などに用いられた. ⇒ COCHLEAR

2) 舌状のもの.

図B 笛(TIBIA)のリード. 図は古代のレリーフより.

図C 靴(CALCEUS)の前革. 図はポンペイの絵画より. 左右に分かれた前革の穴に靴紐(corrigia)を通して結ぶ.

līmus -ī, *m*

前掛け．高官・神官の従者が着用した．図はバチカンのウェルギリウス写本の挿絵．いけにえを屠殺する男性 (popa) が，上体は裸のまま，腰から足まで届く前掛けをつけている．これには裾に紫色の斜めの縫い取りがあったらしいが，その部分の絵の具が剝がれていてはっきりしない．

liticen -cinis, *m*

らっぱ手．図は大理石の墓碑．男が右手に持っているのが LITU-US と呼ばれるらっぱで，その奏者が liticen．lituus は青銅製の長い管の先に，たぶん取り外しのできるマウスピースを付けた金管楽器．右下の金管楽器は cornu．左下に仮面 (PERSONA) と葦笛 (fistula) が見える．碑文：M(ARCVS) IVLIVS VICTOR「マルクス・ユリウス・ウィクトル」（らっぱ手の名），EX COLLEGIO LITICINVM CORNICINVM「lituus 奏者（および）cornu 奏者の組合から」． ⇒ CORNICEN

lituus -ī, *m*

1) 卜占官の先の曲がった杖．図はクイントゥス・コルヌフィキウス（Q. Cornuficius）が鋳造したデナリウス銀貨（前42年）の裏面．

ト占官（AUGUR）の姿をして右手に lituus を持つコルヌフィキウスに，「救済の女神ユノ（Juno Sospita）」が冠を授けている．女神は左手に小型の盾（scutulum）を持ち，頭に山羊皮（pellis caprina）をかぶっている．肩にとまっているのはカラス（cornix）．銘：Q(VINTVS) CORNVFICI(VS) AVGVR IMP(ERATOR)「クイントゥス・コルヌフィキウス，ト占官（かつ）最高司令官」． ⇒ AUGUR, JUNO

2) 先の曲がったらっぱ． ⇒ LITICEN

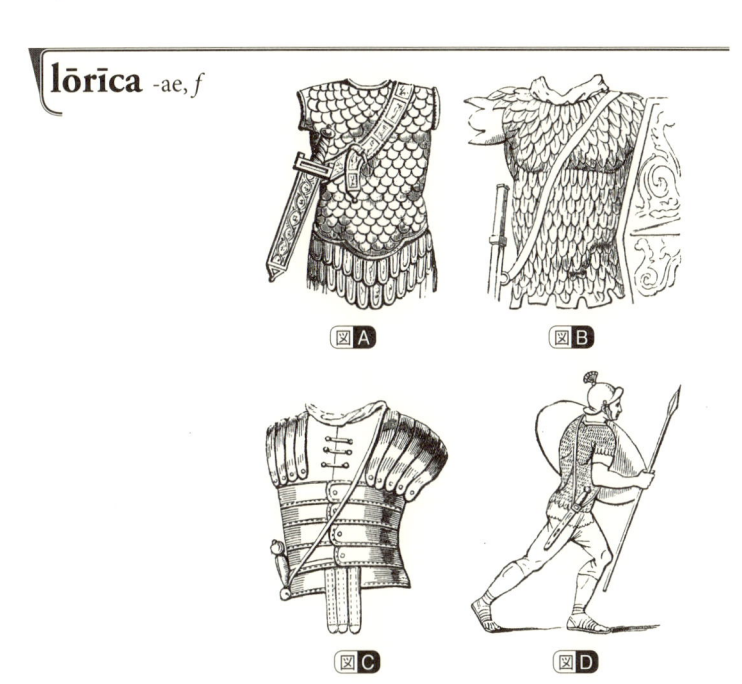

---

lōrīca -ae, *f*

図A 　図B

図C 　図D

胴鎧．

図A トラヤヌス帝の記念柱のレリーフより．角または金属のうろこ（squama）状の小札を革または刺し縫いした亜麻布に縫いつけた．

lucerna

図B コンスタンティヌス帝の凱旋門のレリーフより（ただし，これは，かつてトラヤヌス帝のフォルムにあった凱旋門を飾っていたレリーフの転用）．小札が羽毛(pluma)の形をしている．

図C トラヤヌス帝の記念柱のレリーフより．薄い金属板をつなぎ合わせて，自在に身体を動かせるように作られている．将校の着用例は知られていないので，帝政期の軍団兵(LEGIONARIUS)の武具であったらしい．

図D マルクス・アウレリウス帝の記念柱のレリーフより．鎖鎧(くさりよろい)をまとった兵士が描かれている．共和政期の軍団でも，第1戦列の兵士(hastati)が着用したとの証言がある．

lucerna -ae, f

図A

図B

図C

図D

ランプ.

図A テラコッタまたは青銅で作られる基本的構造のランプ. 一端に取っ手(ANSA)があり, 他端から芯(ellychnium)を出す. 中央に油(OLEUM)を注ぐ穴(foramen)がある.

図B ルーヴル美術館蔵の粘土製のランプ. TITVRVS(= Tityrus)は, たぶん, ウェルギリウス『牧歌』に出る牧人の名. 絵はイソップ寓話の「キツネとカラス」の話を描いているのであろう.

図C 青銅製の2つ灯芯の吊りランプ(lucerna bilychnis).

図D テラコッタ製の4つ灯芯のランプ. ポンペイとヘルクラネウムからは, さらに5, 6, 7, 8, 12, 14個の灯芯のあるランプも発掘されている.

lūdī saeculārēs -ōrum -ium, *m pl*

世紀祭. 1世紀の終わりと次の世紀の始まりを記念して行われる国家的祭典. 共和政期に始まったことは確かであるが, その経緯と年代, 行われた回数等は不明. 詳細が知られるのは, 前17年にアウグストゥスのもとで挙行された世紀祭が最初. このときは5月31日から6月2日にかけて, 式典, 演劇(ludi scaenici), 供犠(SACRIFICIUM)が行われた. 最終日には, ホラティウスの『世紀祭祝典歌』(*Carmen Saeculare*; 現存)が27人ずつの少年少女によって歌われた. その後, 47年にローマ建国800年を記念してクラウディウス帝により, また前17年からほぼ100年後の88年にドミティアヌス帝により, 挙行された. なお, 後者の世紀祭には, 史家タキトゥスが15人神官団(quindecimviri)の一員かつ

ludus

法務官（praetor）として参加している（タキトゥス『年代記』11.11）.

　図は，ドミティアヌス帝のドゥポンディウス真鍮貨（88年）の裏面．右に皇帝が立ち，皿（PATERA）から祭壇（ARA）に献酒（libatio）している．左には，神官の従者（minister）が羊を押さえている．その後ろには，2人の楽人が笛（TIBIA）と竪琴（CITHARA）を奏している．背景に神殿．銘：CO(N)S(VL) XIIII LVD(OS) SAEC(VLARES) FEC(IT)「執政官14度（の皇帝）が世紀祭を挙行した」．S(ENATVS) C(ONSVLTO)「元老院の決議により」．

lūdus -ī, m

図A

図B

図C

ludus

図D

図E

1) 子どもの遊び.

図A ナポリ国立考古学博物館蔵の壺の絵. 少年は明らかに凧揚げをしているが, それをラテン語でなんと言うかはっきりしない.

図B 青銅製の遊具の戦車. ポンペイの出土品.

図C ヘルクラネウムの絵画より. 1人のクピド(Cupido)がお化けの面(larva)を見せて他の2人をびっくりさせている.

図D 大理石に彫られたレリーフより. 左の4人の子どもたちは, 斜めに立てかけた板からリンゴを転がし, 地面のリンゴに当てる遊びをしている.

2) 学校.

図E ヘルクラネウムの絵画より. 1人の生徒に2人がかりで背中を出させ(catomidio), 教師(magister)が鞭(VIRGA)を振り上げている. 教場には女の生徒たちもいる.

Lūna -ae, *f*

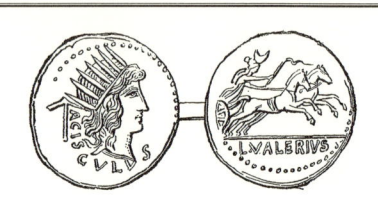

[神話] ルナ. 月の女神. 図はルキウス・ウァレリウス・アキスクルス (L. Valerius Acisculus) のデナリウス銀貨 (前 45 年). 表面 (左) に光を放つ太陽神 (Sol) と双頭の手斧 (acisculus) が描かれている. 裏面 (右) は 2 頭立て戦車 (biga) を駆る月の女神. 彼女は三日月をいただき, 左手に手綱 (FRENUM, lora) を握り, 右手で鞭 (FLAGELLUM) をふるっている. 銘は, 表面に ACISCVLVS, 裏面に L(VCIVS) VALERIVS.

lyra -ae, *f*

リラ, 竪琴. ⇒ CITHARA

M

macellum -ī, *n*

食料品市場. 図はネロ帝のドゥポンディウス真鍮貨(64年)の裏面に描かれた macellum. この市場は,57年,ネロ帝によりカエリウス丘上に建造された. 2階建ての建物に円錐状の屋根が乗り,左右に高さの異なる翼(よく)が付いている. 正面の階段を上がったところに神像らしきものが立ち,左手に長い王笏(おうしゃく)(SCEPTRUM)を持っている. 銘:MAC(ELLVM) AVC(VSTI)「アウグストゥス(=皇帝ネロ)の食料品市場」,S(ENATVS) C(ONSVLTO)「元老院の決議により」.

Maenas -adis, *f*

バックス神の女性の崇拝者. ⇒ BACCHA

malleus -ī, *m*

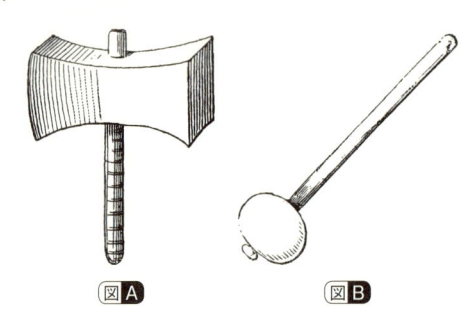

図A　図B

槌.

図A ポンペイから出土した鉄製の槌. 槌には，むろん木槌(きづち)もあり，麻(cannabis)打ちや，製紙場でパピルス(papyrus)の茎を打つのに使われた他，金箔(brattea)を作る金細工師(AURIFEX)などの必須の道具であった. ⇒ CAMINUS

図B いけにえの牛の屠殺人(popa)が使う大きな木槌を描いた2世紀末頃のレリーフより. これで牛を打ち倒したあと，CULTRARIUS のナイフ(CULTER)が喉を裂く.

mamillāre -is, *n*

胸帯. 柔らかななめし革製で，豊かすぎる乳房を下支えするためのもの. その必要がある女性のみが身につけた. 図はポンペイの

絵画より．この女性は，大スキピオによる身柄引き渡しの要求に窮した夫マシニッサの哀願に応じて，従容として毒杯を仰いだ（前203年）悲劇の美女ソフォニスバと考えられている．⇒ FASCIA 図B

mandūcus -ī, m

アテラ（Atella）笑劇の仮面を着けた登場人物．図は青銅製の仮面で，銀歯がはめ込んである．観客の笑いをとるために，容貌を醜くし，口を大きく開けて大食漢（manduco）ぶりを強調している．

manicae -ārum, f pl

手首まである長い袖．トゥニカ（TUNICA）とは別に，あるいはトゥニカに縫い付けて着用した．生け垣職人や猟師の手・腕を保護する長手袋から始まったらしいこの風俗は，当初，柔弱きわまりないと非難されたものの，帝政期が進むにつれ，農民・職人から将

兵，高官，さらには皇帝にまで広まった．図は，イタリア南部プーリア州の港町バルレッタにあるテオドシウス2世らしき巨像の一部．王冠をいただき，manicae付きの短いトゥニカを着た皇帝は，右手に十字架，左手に地球を表す球を持っている．⇒ BRACAE

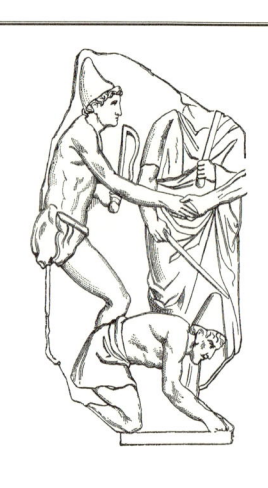

manūmissiō -ōnis, *f*

奴隷の解放．図は，杖（VINDICTA）による解放の儀式を描いたレリーフより．奴隷の所有者（dominus）は解放してやりたい奴隷（SERVUS）を伴って法務官（praetor）の前に出頭する．すると法務官付きの先導警吏（LICTOR）が，地面に膝をついてうずくまっている奴隷に左手の杖（vindicta, festuca）で触れ，解放する旨の決まり文句を唱え，主人も同じ文句を復唱するか，沈黙によって奴隷の自由を承認する．次いで法務官による自由回復の宣言（pronuntiatio）があって，儀式は終了する．図では，右端の主人の右手がもと奴隷の右手を握っている．中央が先導警吏．2人の元奴隷は，解放された印のフェルト帽（PILLEUS）をかぶっている．

mappa -ae, *f*

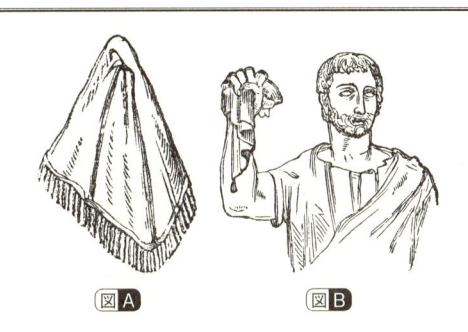

図A　図B

1) テーブルナプキン．図A ポンペイの絵画より．宴席に招かれた客は，各自ナプキンを持参する習慣であった．ときには，食べ切れなかったご馳走をナプキンに包んで持ち帰ることもあった．
2) 競技開始の合図に投げる布切れ．図B 古代のレリーフより．長円形競技場（CIRCUS）などで行われる競技の際，主催する高官（editor spectaculorum）が自分の席から手中の布切れを投げて出走の合図を送った．

marmorārius -ī, *m*

大理石工．図はバチカン美術館蔵のレリーフより．右の注文主の

Mars

女性の髪形から推して，1世紀後半の作らしい．石工は右手に槌（MALLEUS），左手に鑿(のみ)（caelum, SCALPRUM）を持ち，石棺（SARCOPHAGUS）を飾るであろう女性の肖像を彫っている．

Mars Martis, *m*

[神話] **マルス**．軍神．図は，セプティミウス・セウェルス帝のデナリウス銀貨の裏面．彼は兜（GALEA）をかぶり，右手に槍（hasta），左手に戦勝記念品（TROPAEUM）を持っている．銘：MARS PATER「父なるマルス」．

mātrimōnium -ī, *n*

結婚. 図は，結婚式の様子を描いたフィレンツェ国立考古学博物館蔵の石棺（SARCOPHAGUS）のレリーフより．新郎（novus maritus）は左手に結婚の契約書（tabulae）を持ち，新婦（nova nupta）の右手を取っている（dextrarum junctio）．間に見える女性は，2人を引き合わせた既婚婦人（pronuba）．新郎の左と新婦の右にいる男性と女性はそれぞれの付き添い人（paranymphus と paranympha）．前で松明（fax, taeda）を持っている少年は，結婚の神（Hymenaeus）を人格化したもの．左では羊（ovis）を犠牲に供しようとしている．

mendīcus -ī, m

乞食，物貰い．図はヘルクラネウムの絵画より．腰のまわりにボロをまとい乞食袋を提げたこの物貰いは，おそらく盲目なのであろう．左手に杖を持ち，右手で犬の紐を握っている．右の下女を従えた女性から施し物を受けようとしている．

mercātor -ōris, m

図A

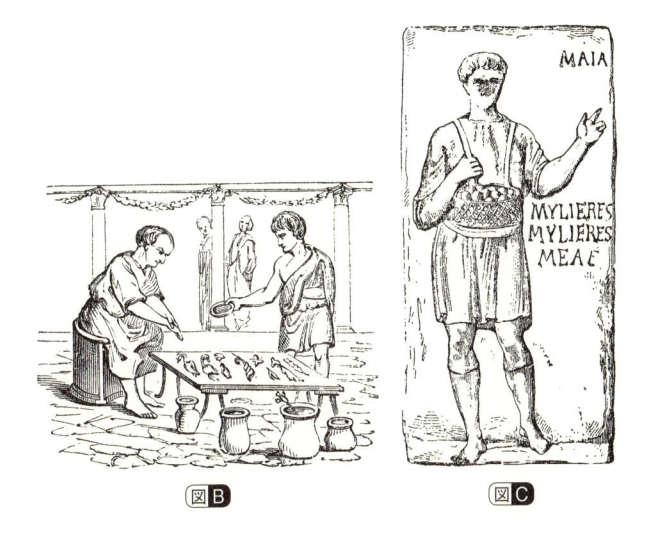

商人.

図A フィレンツェ国立考古学博物館蔵のレリーフより．生地店で店主が顧客夫妻の前で売り物を広げている．こういう買い物はやはり奥方が主導権を握っている．

図B ヘルクラネウムの絵画より．公共広場(forum)で露天商が家禽の肉，魚，野菜などを売っている．買い手は右手に皿を持っている．手前の壺にも売り物が入っているのであろう．

図C パリの約 20km 西方の町サン・ジェルマン・アン・レーにある国立考古学博物館蔵のレリーフより．リンゴ(malum)の入った籠(CALATHUS)を肩から吊った行商人が，"mala, mulieres, mulieres meae"「リンゴだよ，奥さん方，奥さん方」と売り声を張り上げている．

Mercurius -ī, *m*

[神話] **メルクリウス**. 商売・旅・雄弁などの神. 図は, マルクス・アウレリウス帝のセステルティウス真鍮貨(173年)の裏面. 彼の神殿はアウェンティヌス丘の東斜面にあったと伝えられるが, 4本のヘルメス柱(Hermes)から成る神殿内で台座(basis)上のメルクリウスは, 左手に持物の杖(CADUCEUS), 右手に財布(marsupium)を持っている. 頭上の半円形のペディメント(FASTIGIUM)には, カメ(testudo), ニワトリ(gallus), 羊(ovis), 杖が見える. 銘は, 左から右へ IMP(ERATOR) VI CO(N)S(VL) III「最高司令官歓呼6度, 執政官3度」, 下に RELIC(IO) AVC(VSTI)「皇帝の崇拝(する神殿)」, 中央に S(ENATVS) C(ONSVLTO)「元老院の決議により」. ⇒ CADUCEUS

mēta -ae, *f*

折り返し標柱. 長円形競技場(CIRCUS)の中央分離帯(spina)の両端に立てられた. ⇒ CIRCUS

milliārium -ī, *n*

里程標. 起点から1ローマ・マイル(mille passus; 約 1.48km)毎に立て，その地点が何マイルの距離にあるかを知らせた．里程標には，通例，どの皇帝がその道路を建設したか，あるいは修復したかなどの記事も刻まれている．図はティベリウス帝の里程標．銘：TI(BERIVS) CAESAR DIVI AVG(VSTI) F(ILIVS) AVG(VSTVS) PONTIF(EX) MAX(IMVS) TRIB(VNICIA) POT(ESTATE) XXX[III] REFECIT ET RESTITVIT「神君アウグストゥスの息子ティベリウス・カエサル・アウグストゥス，大神祇官，護民官職権を33度持つ者が，再建し修復した」，LXXIII「73マイル」．

mīmus -ī, m

図A 図B

笑劇役者. 台詞に頼らず，もっぱら身振り手振りや顔の表情で茶番狂言を演じた.

図A 頭を剃った役者の小ブロンズ像. 彼は脇役として，主役に打たれたり，主役の所作をそっくり真似る「うつけ者(stupidus)」を演じた.

図B 四角い外套(ricinium)をまとった役者. これこそ「裸足の道化役者(PLANIPES)」である.

mola -ae, f

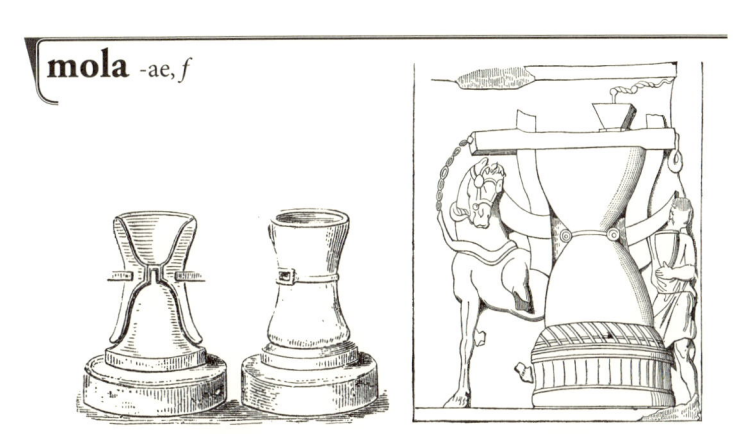

図A　図B

石臼.

図A ポンペイのパン屋（pistrinum）で発見された石臼．左はその断面図．最下段の円筒形の台は直径約 1.5m，厚さは約 30cm．その上に円錐形の石（meta）があり，さらにその上に上半分が凹状で，下半分が meta とすれすれに重なるような形状の石（catillus）が置かれている．この両者の間に，回転する catillus が下の meta からずれたり外れたりしないように，meta の天辺に鉄の旋回支軸が付けられている．粉ひきをするときは，上から穀物や豆などを入れ，数人の奴隷が臼の両側の凹みに差し込んだ木の棒を握って，catillus を回した．

図B バチカン美術館蔵の石棺（SARCOPHAGUS）のレリーフより．目隠しされた馬が臼を引いている．上部の箱に付いた紐を引いて蓋を開け，そこから穀物などを落とし入れた．

monētārius -ī, *m*

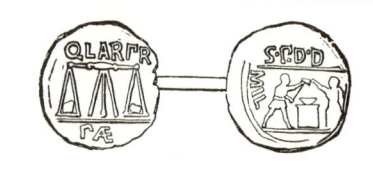

貨幣鋳造に関わる職人．図は，前1世紀初頭にイタリア南部の町パエストゥムで鋳造された青銅貨．表面(左)には，天秤(LIBRA)による金属の鋳塊(later)の計量が描かれている．銘は，上がQ(VINTVS) LA(V)R(ENTIVS) PR(AETOR)「クイントゥス・ラウレンティウス，法務官」，下が PAE(STVM)．裏面(右)には，鉄床(incus)の上の貨幣鋳造用鋳型(moneta)めがけてハンマー(MALLEUS)を振り下ろそうとしている男(malleator)と，その右で指示を与えている男(conductor, signator)が描かれている．その他，鋳込み係(flaturarius)，重量をそろえる係(aequator)，貨幣地金を鋳型の下に置く係(suppostor)などがおり，貨幣鋳造に関わる職人は皆 monetarius と呼ばれた．彼らはいずれも奴隷身分であった．銘は S(VA) P(ECVNIA) D(ONO) D(EDIT)「私費で寄贈した」，MIL は額面記号．

monīle -is, *n*

首飾り．図はいずれもポンペイの絵画より．
図A 黄金の星とビーズの首飾りをつけた女神ユノ(JUNO)．
図B 一連の真珠の首飾りをつけた踊り子．

図C 多数のしずく形の宝石の付いた首飾りをつけた踊り子.

mūlus -ī, *m*

ラバ. 図は, カリグラが帝位についたとき, 亡き母アグリッピナの追善供養のために鋳造したセステルティウス真鍮貨(37年)の裏面. 2頭のラバの引く二輪車(carpentum mulare)は, 先帝ティベリウスによってパンダテリア島へ流され絶食して死んだ(33年)アグリッピナの遺骨を載せている. 銘: S(ENATVS) P(OPVLVS)-Q(VE) R(OMANVS) MEMORIAE AGRIPPINAE「ローマの元老院と国民がアグリッピナの追憶のために」.

mūrex ferreus -ricis -ī, *m*

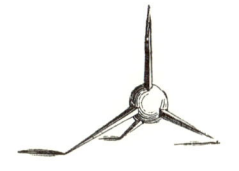

[軍事] 鉄菱（てつびし）. 図のように, どれか1本は必ず上向きになるように4本のとげを付けた鉄製の障害物. 敵の騎兵の進撃を食い止めるために地面にまいた.

Mūsae -ārum, *f pl*

神話 ムーサたち．学芸を司る9柱の女神．図は，ルーヴル美術館蔵の石棺(SARCOPHAGUS)のレリーフより．左から，書見するクリオ(Clio；歴史を司る)，右手に牧人の杖(baculum)，左手に喜劇の仮面(PERSONA)を持つタリア(Thalia；喜劇を司る)，テルプシコレ(Terpsichore；舞踏を司る)，2本の笛(TIBIA)を持つエウテルペ(Euterpe；音楽を司る)，物思わしげなポリュヒュムニア(Polyhymnia；合唱隊歌を司る)，右手に尖筆(せんぴつ)，左手に書字板(TABELLA)を持つカリオペ(Calliope；叙事詩を司る)，琴(LYRA)をかかえ持つエラト(Erato；抒情詩を司る)，足下の天球儀(sphaera)を指し示すウラニア(Urania；天文を司る)，頭上に悲劇の仮面をのせたメルポメネ(Melpomene；悲劇を司る)．

mūsīvum -ī, n

モザイク画. 図は，辻音楽師を描いたポンペイのモザイク画（1世紀の作）．右の男はタンバリン（TYMPANUM），中央の男はシンバル（CYMBALUM）を鳴らしながら踊っている．左の笛吹き女（TIBICINA）は，笛（TIBIA）を吹いて踊りの伴奏をしている．左端は子どもか小人(こびと)．右端の男が仮面（PERSONA）を付けているので，喜劇の一場面を表しているのかもしれない．このモザイク画は，極小の石片（tessera）を使う opus vermiculatum という技法で制作されている．左上の銘はギリシア語で，ΔΙΟΣΚΟΥΡΙΔΗΣ ΣΑΜΙΟΣ ΕΠΟΙΗΣΕ「サモス（島出身）のディオスクリデス作」．ただし，このギリシア人がモザイク画の作者か，それとも原画の画家かは定かでない．

N

narthēcium -ī, n

薬箱，香油入れ．図はポンペイ出土の象牙の香油入れ．形がオオウイキョウ(narthex)の節(ふし)に似ていることから，その名がある．

nassa -ae, f

図A　　　　　図B

柳細工の魚捕り用わな．

図A モザイク画に描かれたわな．左端のじょうご状の口から入った魚は，2度と逃げ出せない仕組み．

図B チュニジアのスーサ(古代名 Hadrumetum)で発見されたモザイク画．漁師が小舟(SCAPHA)から，海に仕掛けたわなを引き上げている．

nāvis -is, *f*

図A

図B

船.

図A ポンペイの船主の墓碑に描かれた貨物船(navis oneraria). 水夫(nauta)たちが帆(velum)を絞っている. 甲板は張ってある(navis constrata)が, オール(remus)は備えていない.

図B トラヤヌス帝の記念柱のレリーフに描かれた3隻の軍船(navis longa). 中段の1隻が三段櫂船(triremis), 他の2隻は二段櫂船(biremis). 船尾(puppis)には, 粗末なものもあるが, 船長室(praetoriolum)らしきものが見える. 上段の1隻だけは, 漕ぎ手(remex)の上に日除け(VELUM)が張ってある.

nimbus -ī, m

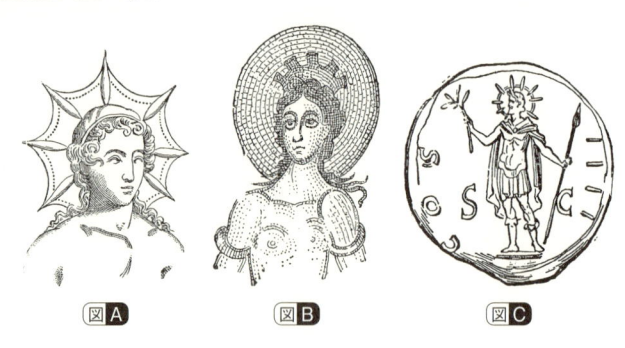

図A　図B　図C

光輪. 神・皇帝・聖人などの像の後頭部に描かれた.

図A 光輪をつけたアポロ(Apollo). ポンペイのフレスコ画より.

図B 狩人アクタイオン(Actaeon)に水浴中を見られた女神ディアナ(Diana)が, 光輪をつけて描かれている. アルジェリアのティムガッド考古学博物館蔵のモザイク画より.

図C ネロ帝以降のコインには, 皇帝の聖性の印(しるし)として光輪が描かれることがある. 図は, アントニヌス・ピウス帝のセステルティウス真鍮貨の裏面. 後頭部に光輪をつけた皇帝は, 将軍用の軍用外套(PALUDAMENTUM)を着用し, 右手にオリーブの小枝(oliva), 左手に槍(hasta)を持って立っている. 銘: CO(N)S(VL) IIII「執政官4度」, S(ENATVS) C(ONSVLTO)「元老院の決議により」.

nōdus -ī, *m*

結び，結び目．

図A トラヤヌス帝の記念柱のレリーフより．左側の兵士は左肩で軍用外套（SAGUM）の端を結んで留めている．一方，右側の兵士はブローチ（FIBULA）を使って留めている．

図B 象牙に彫られた月と狩りの女神ディアナ（Diana）．ゆるやかに垂れるパラ（PALLA）の上部をバストの下で帯を結んでまとめている．

norma -ae, *f*

直角定規．図は，大理石の墓石に彫られた直角定規．左は2本の定規（regula）を組み合わせたもの．右は平板の一部を直角に切り取ったもの．⇒ LICTOR 図B

novācula -ae, f

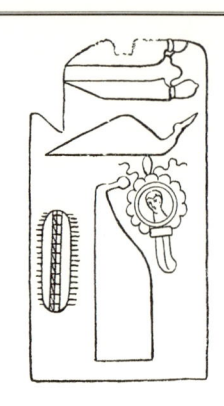

かみそり．図は，古代末期の床屋（tonsor）の墓石に彫られた商売道具．左が櫛（pecten），右が鏡（SPECULUM），上がはさみ（FORFEX）．残る2点がかみそり．直線部分が刃で，短い柄が付いている．

O

obtūrāmentum -ī, *n*

瓶や樽の栓. 図はポンペイの絵画より. ガラス瓶にガラスの栓がしてある. 栓はまたコルクガシ(suber)の樹皮からも作られた.

ocrea -ae, *f*

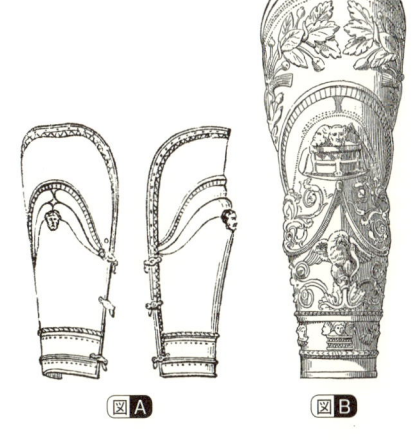

すね当て. 図はいずれもポンペイの剣闘士(GLADIATOR)訓練所から出土したすね当て. ⇒ CENTURIO

図A 一対の青銅製品で, 左は4分の3斜め正面図, 右は側面図.

それぞれの両横にバックル(FIBULA)が付いている．このすね当てにも 図B のような細工が施されていたが，図では省略されている．

図B 精巧な浮き彫り細工が施されている．

oleum -ī, *n*

オリーブ油．図は，古代末期の石棺(SARCOPHAGUS)のレリーフに描かれたオリーブ油しぼりの様子．中央で翼のある守護霊(GENIUS)が，木から落ちたオリーブの実(oliva)を拾ってかご(CALATHUS)に入れている．右の守護霊は圧搾器(trapetum)でオリーブの実をつぶし，種(nucleus)をよりのけている．左の守護霊は，つぶされた果肉(sampsa)でいっぱいの大箱に足をつっ込み，もっと多くを詰め込もうとしている．前には4つの壺が地面に埋め込まれていて，しぼり立ての油を待ち受けている．背後に見えるのがしぼり器(torculum)．

olla -ae, f

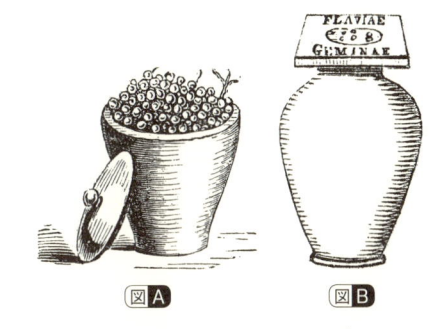

1) 陶製の鍋，壺．口が広く，蓋が付いている．図A ポンペイの絵画より．ここではブドウの保存に用いられている．

2) 骨壺．この骨壺は，通例，墓室内の壁龕(へきがん)(ollarium, COLUMBARIUM)に収められた．図B ローマ市内で発掘された陶製の骨壺．蓋(operculum)に FLAVIAE GEMINAE「双生児(ふたご)のフラウィア」と故人の名が記してある．

Ops Opis, f

[神話] **オプス**．豊穣(ほうじょう)の女神．図は，ペルティナクス帝のセステルティウス真鍮貨(193年)の裏面．玉座に座した女神が右手に2本の麦の穂を持っている．銘は，左側に OPI DIVIN(AE)「聖なるオプスに」，右側に TR(IBVNICIA) P(OTESTATE) CO(N)S(VL) II「護民官職権を持つ者，執政官2度」，中央に S(ENATVS) C(ONSVLTO)「元老院の決議により」．

orca -ae, *f*

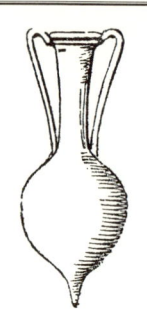

陶製の大きな壺. 口は小さく，首は細長い．底は AMPHORA のように先端が尖っているが，壺全体は AMPHORA ほど大きくない．塩水漬けの魚，干しイチジク，ぶどう酒，オリーブ油などの貯蔵に用いられた．図は，ローマの市壁の下にあったワインセラーから発掘された壺．

ornātrix -īcis, *f*

図A　　　　　　図B

化粧や髪結いを手伝う女奴隷.

図A ヘルクラネウムの絵画より．右の女奴隷が主家の娘の髪を

セットしている．右下の小卓に箱のようなものがあり，中に葉のついた小枝，その前にリボン(VITTA)が見える．

図B 髪結い女奴隷の墓碑(バチカン美術館蔵)．左に櫛(pecten)，右にヘヤーピン(acus crinalis)が彫られている．銘の第1行はD(IS) M(ANIBVS)「死者の霊位に」．以下，「髪結い女キュパリスの良き働きにポリュデウケス(これを)建つ」．

ovīle -is, *n*

投票所．ローマ市のマルスの野に設けられた．羊の囲いに似ているところからこの名がある．saepta ともいう．民会(comitia)の投票時に，市民は部族(tribus)あるいは百人組(centuria)毎にこの囲いに集められ，1人ずつそこから出て「投票橋(pons suffragiorum; ⇒ PONS)」を渡り，投票札(TABELLA)を投票箱(CISTA)に投じた．図は，プブリウス・リキニウス・ネルウァ(P. Licinius Nerva)のデナリウス銀貨(前113年頃)の裏面．中央下は ovile の仕切りの柵．左側の「橋」を渡ろうとしている男は，一段低いところにいる係員から投票札を受け取っている．

ōvum -ī, *n*

卵形の計数装置．長円形競技場(CIRCUS)の戦車競走で，戦車が何周したかを示した．⇒ CIRCUS 図B

P

paenula -ae, f

パエヌラ．フード（CUCULLUS）付きの分厚い外套．羊毛や革で作られた．前開きのものもあったが，たいていは袋状でしかも袖がなかったので，身体や腕の動きが窮屈であった．それでも極寒時や寒冷地への旅行者，北方に派遣された兵士たちには，重宝な防寒具であった．図はルーヴル美術館蔵の奇妙な小像．この paenula の首から裾までの開け閉めは，ボタンかホックのような締め具を使って行われていたのであろう．

pāgina -ae, f

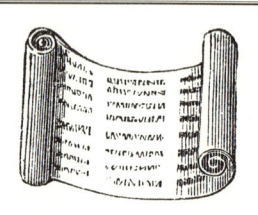

パピルス紙の一葉，巻き物・本の一区画．図はポンペイの絵画より．中央の文字が書かれた長方形の部分が pagina で，英語の page，日本語の「頁」にあたる．⇒ LIBER, VOLUMEN

palla -ae, f

図A　図B

パラ．女性が外出時にまとった大きな長方形の外衣．トゥニカ（TUNICA）とストラ（STOLA）の上に羽織った．

図A ポンペイで発見された女神官の大理石像．アウグストゥスの妻リウィアをモデルにしているという．足許にストラの裾が見える．頭には月桂冠（laurea）をいただいている．残念ながら，肘から先の右腕は欠けている．

図B ローマ市のボルゲーゼ美術館蔵のレリーフより．狩りの女神ディアナ（Diana）の祝祭で踊っているところと想定されるこの乙女は，丈の短い palla を着ている．ウァレリウス・フラックスの叙事詩『アルゴ船遠征譚』3.52 にも，「（狩りのニンフたちが）膝までの palla をまとい（summo palla genu）」との句がある．
⇒ NODUS 図B

pallium -ī, n

図A 図B 図C

パリウム．ギリシア人のヒマティオン（ἱμάτιον）と呼ばれる外套のローマ人の呼称．これは大きな長方形の毛布をドレープを寄せて身体にまとったもの．

図A ギリシアの陶画より．この行軍中の兵士は，あごの下のブローチで留めるだけという最も単純な形でヒマティオンをまとっている．

図B ギリシアの陶画より．この男性は，毛布の端を肩越しに背中へ投げかけて，ブローチを使わずにまとめている．右手は，クインティリアヌス『弁論術教程』12.10.21 にいう「手を外套の中に入れたまま（manum intra pallium continens）」の状態である．ローマ人はこの外套をギリシアの地で非公式に着用した他，国内でも田舎の男女が愛用した．

図C ポンペイのフレスコ画より．2人の遊女（scortum）が思い思いの仕方で pallium をまとっている．こういう女性の衣装であるから，当然，薄手の生地でできた華やかな色合いの pallium であったに違いない．

palma -ae, *f*

競技の勝利者が手にするシュロの枝. シュロの木は，どんな圧力にも反発する力があると信じられたため，勝利の象徴と見なされた. 図は，長円形競技場（CIRCUS）の戦車競走の勝利者の彫像．右手にシュロの枝，左手に賞金（brabeum）の入った財布（marsupium）を持っている．

palūdāmentum -ī, *n*

将軍および高級将校の軍用外套. 兵卒の軍用外套（SAGUM）より大きく，生地も高級で，色は白または紫，ブローチ（FIBULA）を用いて肩で留めた. 図は，トラヤヌス帝の記念柱に彫られた皇帝自身の姿. ⇒ NIMBUS 図Ｃ

pānis -is, *m*

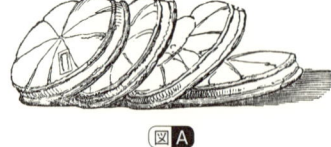

図A 　図B

パン．

図A ポンペイのパン屋で発見された炭化したパン．直径約 20cm で，8 本の切れ込みが入っている．左端のパンにはマークのようなものが押してある．

図B パン屋（PISTOR）の売り台を描いたポンペイの壁画．やはり，図A のような丸パンが売られている．

parma -ae, *f*

小型で円形の盾．軽装歩兵（VELES）や騎兵（eques, *pl* equites）が用いた防具．図は，左手に parma をかまえた軽装歩兵を描いたテラコッタのレリーフより．

patagium -ī, *n*

女性用トゥニカの紫または金色の縁飾り．図は，ローマ市近郊にあったナソ（Naso）家の墓所のフレスコ画より．

patera -ae, *f*

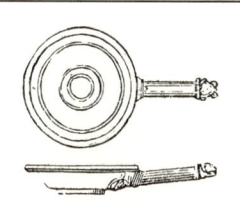

献酒用の浅い皿．陶製が多いが，青銅，銀，金製のものもあった．この皿からいけにえの頭あるいは祭壇（ARA）にぶどう酒を注ぎかけた．図は，ポンペイ出土の青銅製の 2 枚の patera．右の皿には取っ手（ANSA）が付いている．

Pax Pācis, *f*

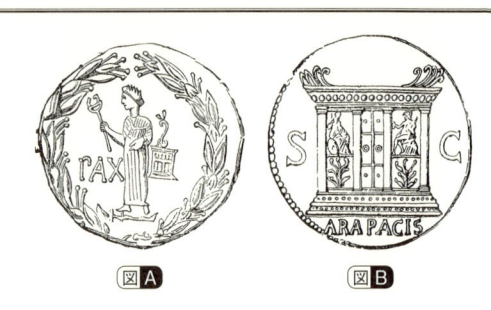

図A　図B

[神話] パクス．平和の女神．

図A 前29–28年頃，エフェソスで鋳造されたアウグストゥスの4ドラクマ銀貨（tetrachmum）の裏面．女神パクスが右手に伝令使の杖（CADUCEUS）を持って立っている．右の祭具箱（cista）からは，1匹の蛇が頭をもたげている．周りは月桂樹の枝のリース．

図B ルグドゥヌム（Lugdunum；現リヨン）で鋳造されたネロ帝のアス青銅貨（65年）の裏面で，「アウグストゥスの平和の祭壇」が描かれている．前13年，アウグストゥスがヒスパニアとガリアを平定して帰国したとき，元老院はマルスの野に「平和の祭壇」を築くことを決議し，前9年に奉献された．しかし，ここに女神パクスが描かれているかは定かではない．銘は，下に ARA PACIS「平和の祭壇」，左右に S(ENATVS) C(ONSVLTO)「元老院の決議により」．

Penātēs -ium, *m pl*

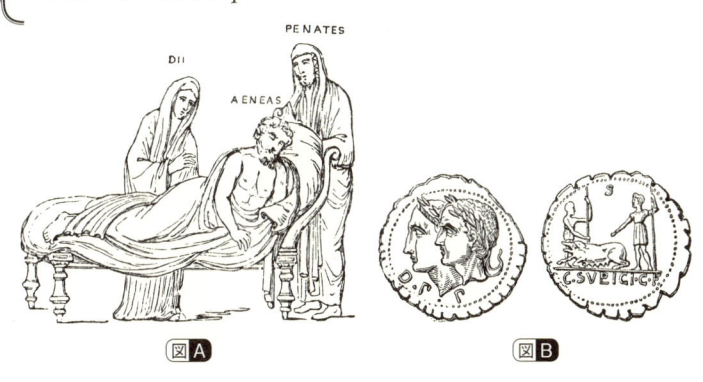

図A

図B

[神話] ペナテス. 家庭・国家の守護神. キケロ『神性論』2.68 によれば，その名は家の食料貯蔵室（penus），あるいは，彼ら守護神の居場所が家の奥まったところ（penitus）にあることに由来する．そこから Penates は，詩人たちに Penetrales「奥まったところにおわす者たち」と呼ばれているのだ，と説かれている．

図A バチカンのウェルギリウス写本の挿絵．寝台（LECTUS）に横たわるアエネアスの右後方に男性の守護神が，左に女性の守護神が立っている．Penates は，通例 Di Penates と言い表されるが，ここでは Dii Penates と表記されている．

図B ガイウス・スルピキウス・ガルバ（C. Sulpicius Galba）の鋳造したデナリウス銀貨（前 106 年）．表面（左）は月桂冠（laurea）をいただいた 2 柱の Penates の横顔．銘：D(I) P(ENATES) P(VBLICI)「国家の守護神たち」．裏面（右）は，槍（hasta）を持つ 2 人の兵士が牝豚（sus）を見守っている．これは，イタリアに着いたアエネアスが，予言どおり，30 匹の仔を産んだ牝豚を見つけ，そこに新しい町ラヌウィウム（Lanuvium）を建設するという物語の一齣を描いたもの．銘：C(AIVS) SVLPICI(VS) C(AII) F(ILIVS)「ガイウスの息子ガイウス・スルピキウス」．なお，国家の守護神と

pergula

しての Penates は，パラティヌス丘上のウェリア（Velia）と呼ばれる高みに神殿を持っていた．

pergula -ae, *f*

図A

図B

図C

1) **建物の付属建築物**.
図A ポンペイの絵画より．農園の建物の前面に屋根と壁だけの納屋か倉庫らしきものが見える．農具や収穫物の一時的な置き場所だったのであろう．
2) **あずまや，格子棚**．ブドウなどのつる性の植物をはわせてあった．
図B ポンペイのすぐ北にあるボスコレアーレの壁画より．
図C ローマ市近郊にあったナソ(Naso)家の墓所のフレスコ画より．右の格子棚の下は遊歩道(inambulatio)となっている．左は，小さいながらもあずまやと呼ぶべきか．

periscelis -idis, *f*

女性の足首飾り．図はポンペイの絵画より．この足首飾りをして描かれている女性は，女神や伝説中の人物を除けば，踊り子や遊女などに限られる．

peristȳlium, -stȳlum, -stȳlon -ī, *n*

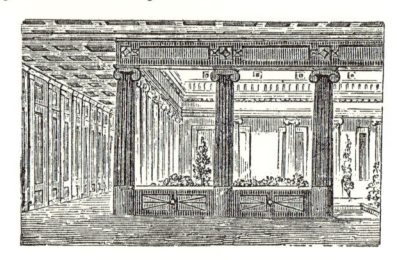

建築 **列柱廊で囲まれた中庭**．図はポンペイの住居の中庭の復元図．そのまわりに家族の居室が配置されていた．

perpendiculum -ī, *n*

下げ振り糸[線]．図は，ポンペイの石工(いしく)の作業場で発見された青銅の錘(おもり)に糸を付けたもの．これを吊るせば垂直線が得られるから，煉瓦積み職人や大工にも必須の道具であった．

persōna -ae, f

図A

図B

図C

役者の仮面.

図A 悲劇の仮面（persona tragica）．右は身分のある老人，左は普通の老人．中は若者．

図B 喜劇の仮面（persona comica）．右は老人．左は頭飾り（mitra）をつけた娼婦（meretrix）．

図C 台詞のない役者の仮面（persona muta）．プラウトゥスとテレンティウスの喜劇のいくつかにあるように，誰かの従者として出るだけで台詞を発しない役がある．このため，その仮面は口が閉ざされている．

　図はいずれもポンペイの絵画より．

phalerae -ārum, f pl

金属製の胸飾り. 兵士に勲章として授与された． ⇒ CENTURIO

pictor -ōris, *m*

図A

図B

画家.

図A ポンペイのフレスコ画より．折りたたみの腰掛け(SELLA)に座った閨秀画家が，右手に絵筆(penicillus)，左手に(指穴のない)パレット(この古代語は知られていない)らしきものを持っている．絵筆の下にあるのは絵の具箱であろう．彼女は台石の上の，杖(THYRSUS)と大杯(cantharus)を持つバックス神の柱像(Hermes)を描き終えたところらしく，その絵が足元に置かれている．その

出来栄えをほめているのか，地面にうずくまった少年が絵を指している．

図B ポンペイの家の壁に描かれていた戯画（現存しない）より．画家はアトリエ（officina）で，肖像画の注文主を前に座らせて絵筆をふるっている．彼の前には絵の具を並べ置いた小机と，筆洗いの水を入れた壺がある．右端の2人は画家の弟子で，炭火の上にかけた平鍋で絵の具を，たぶん蠟と調合しているところらしい．その左の男も弟子と見え，実技に励んでいる．左端の2人は，画家の技量の検分に来た将来の顧客であろう．

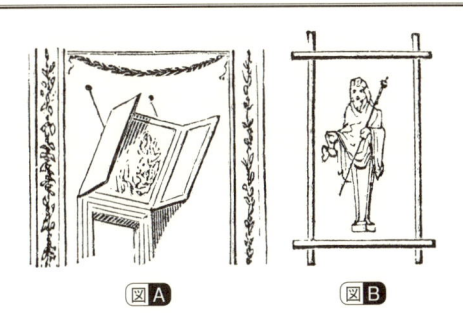

pictūra -ae, f

図A　図B

絵，絵画．

図A ポンペイの絵画より．木の板に描かれた絵（pictura in tabula）が，蝶番で取り付けた2枚の扉に保護され，戸口の上に紐で吊るされている．

図B ポンペイの絵画より．亜麻布を刺繡に用いるような木枠に張り，その上に描いた絵（pictura in linteo）．プリニウス『博物誌』35.51によると，ネロ帝は自らの肖像を120ペース（約36m）という途方もない長さの亜麻布に描くように命じ，完成したが，雷に撃たれ燃えてしまったという．⇒ PICTOR 図A

pila -ae, f

球戯，まり遊び．図はティトゥス浴場のフレスコ画より．左から2人目のひげの生えた審判 (pilicrepus) が，trigon という3人でする球戯の練習を3人の若者にさせている．ただし，その詳細なルールは知られていない．

pilārius -ī, m

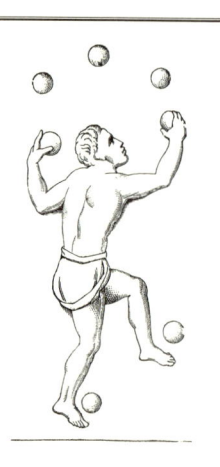

いくつかの球を操る曲芸師，ジャグラー．図は，イタリア北部ロンバルディア州のマントヴァにあるドゥカーレ宮内の国立考古学

博物館所蔵の石棺(SARCOPHAGUS)のレリーフより．このジャグラーは，足も使って7個の球を操っている．

pilleus, pīleus -ī, m

解放された奴隷がかぶるフェルト帽．図は，カエサルの暗殺(前44年3月15日)後，暗殺の主謀者の1人ブルトゥスが鋳造させたデナリウス銀貨(前43年頃)．表面(左)にブルトゥスの横顔．銘は，上から右に BRVT(VS) IMP(ERATOR)「ブルトゥス，最高司令官」，左に L(VCIVS) PLAET(ORIVS) CEST(IANVS) で，たぶん前43年の財務官(QUAESTOR)の名前．裏面(右)に，2本の短剣(PUGIO)にはさまれて「自由の帽子(pilleus)」が描かれている．銘：EID(IBVS)(=idibus) MAR(TIIS)「3月15日」．⇒ MANU-MISSIO

piscātor -ōris, m

pistor

漁夫，釣り人．図はポンペイのフレスコ画より．手前の男は投網（jaculum）を投げているが，かなり目が粗いように見える．後方の男は左腕に魚籠(びく)（sporta）を提げている．⇒ CALAMUS 図C, FUSCINA, NASSA 図B

pistor -ōris, *m*

パン屋．⇒ PANIS 図B

plānipēs -pedis, *m*

裸足(はだし)の道化役者．喜劇役者の靴（soccus）あるいは悲劇役者の厚底靴（COTHURNUS）を履かずに演じた．⇒ MIMUS 図B

plaustrum -ī, *n*

荷車．スポークもない2個の木製の車輪（TYMPANUM）に車軸（axis）を通し，その上に荷台となる板を置いただけのもの．これを牛に引かせれば，当然，耳ざわりな音をたてた．ウェルギリウス『農耕詩』3.536 には「キーキーきしる荷車（stridentia plaustra）」とある．図は古代のレリーフより．畑の収穫物を満載した大きな籠（scirpea）が荷台にある．

pōmārius -ī, m

果物売り．図はバチカン美術館蔵のレリーフより．露天の果物売りを描いている．⇒ MERCATOR 図**C**

pondus -deris, n

秤(はかり)の分銅．図はヘルクラネウムの出土品．もちろん，これより軽いさまざまの重さの分銅も見つかっている．

pons

pons pontis, *m*

図A

図B

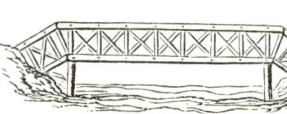

図C

1) 橋.

図A 南フランスのエクサン・プロバンス西方の町サン・シャマに残る前1世紀の橋(現地名 Pont Flavien). アウグストゥス帝のもとで建造されたが,その後,何度も修復の手が加わっている. 小さな川に架けた小規模の石造アーチ橋とはいえ,両側に堂々たるアーチ門(fornix)が立っている.

図B トラヤヌス帝の記念柱のレリーフより. ダキアのドロベタ(Drobeta;現ルーマニアのトゥルヌ・セベリン)近くのダヌビウス川(Danubius;現ドナウ川)に架けられた橋を描いたもの. こ

れはトラヤヌス帝が建築技師アポロドロスに命じて建造させたローマ帝国史上でも最大の橋(105 年完成).レリーフからも分かるように,橋脚上部のアーチと欄干(らんかん)は木造で,全長 1km 以上におよぶ巨大橋に使用するために,近隣の 200 ヘクタールの森のオークが伐採されたという.

図C マルクス・アウレリウス帝の記念柱のレリーフより.遠征先で川に出くわしたとき,軍勢を渡すために一時的に架けられる杭橋(pons sublicius).ちなみに,杭橋で有名なのはローマ第 4 代の王アンクス・マルキウスが初めてティベリス川に架けたと伝えられる橋で,これには 1 本の釘も使われていない,とプリニウス『博物誌』36.100 が記している.

2) 投票橋. マルスの野にあった民会の投票所へ行く通路.
⇒ OVILE

pontifex -ficis, *m*

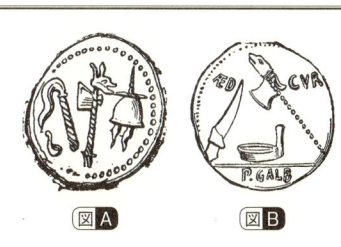

図A　　　図B

神祇官(じんぎ).国家的祭儀全般の監督に当たった.古くは 3 名であったが次第に増員され,スラが 15 名に,カエサルが最終的に 16 名にした.犠牲式の監督も神祇官の職掌の一環をなしていたから,彼らのコインや大理石像には犠牲式に用いられる道具類が表現されることがある.

図A 前 63 年から暗殺される前 44 年まで神祇官団(collegium pontificium)の長「大神祇官」(pontifex maximus; 終身職)であったカエサルのデナリウス銀貨(前 49 年頃)の裏面.左下に神酒を注ぐひしゃく(SIMPULUM),左上に水を振りかける道具(古代名

不詳), 中央にいけにえを屠る斧 (SECURIS), 右に神官の帽子 (apex) が描かれている. ⇒ ASPERSIO, APEX

図B 前69年頃に神祇官であったプブリウス・スルピキウス・ガルバ (P. Sulpicius Galba) のデナリウス銀貨の裏面. 左はいけにえののどをかき切るナイフ (CULTER), 中央はひしゃく, 右は斧. 銘は, 上に AED(ILIS) CVR(VLIS)「貴族造営官」, 下に P(VBLIVS) GALB(A).

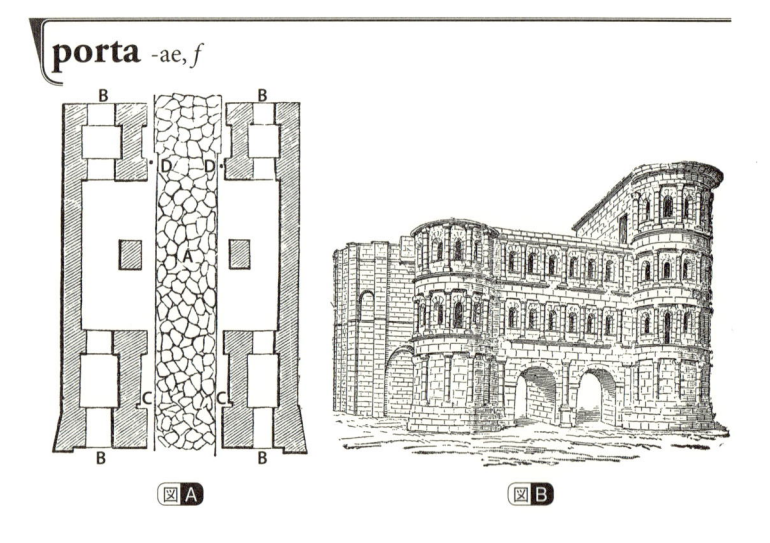

porta -ae, f

図A 　　　　　図B

都市・城塞などの門.

図A ポンペイの周壁の西北隅にあったヘルクラネウム門の平面図. 上が市内, 下が市外方向. Aの石畳の道路が車道. その両端にアーチ門が, その両脇 B に歩行者用の小アーチ門があった. D-D に両開きの門扉 (fores) (D は軸受け (cardo) の位置), C-C には門扉はなく, 代わりに落とし格子 (CATARACTA) があった. 車道の上部は, 両端を除きおおうものがない. 万一の敵襲に備えて, 上から反撃する余地を残しておくためである. 一方, 歩道はずっとか

まぼこ型天井のトンネルになっていた. ⇒ CATARACTA

図B ガリア・ベルギカの町アウグスタ・トレウェロルム（現ドイツ西部の都市トリーア）の東西南北の市門のうち，唯一残った北の大門．2世紀後半に建設に着手されたが，未完成のまま残された．通称のポルタ・ニグラ（Porta Nigra「黒い門」）は，時とともに砂岩の表面が黒ずんできたため中世に付いた名．古代名は伝わらない．現在，世界遺産に指定されている．

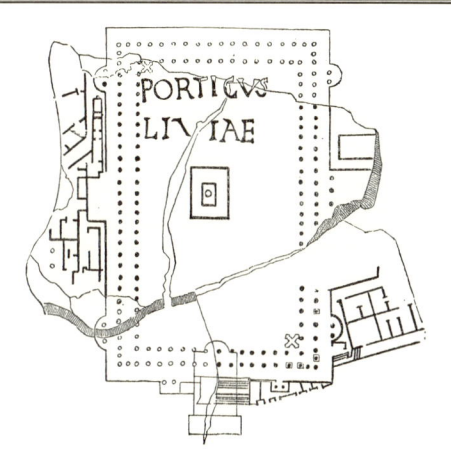

porticus -ūs, f

柱廊，回廊．図は，3世紀初頭に大理石に刻まれた「ローマ市街図（Forma Urbis Romae）」の断片．アウグストゥスが妻リウィアのために建てた柱廊（Porticus Liviae）を記している．この柱廊はローマ市の歓楽街スブラ（Subura）の南側にあったので，格好の待ち合わせ場所であった．長さ約115m，幅約75mと推定されるが，現在は何も残っていない．

portisculus -ī, *m*

漕ぎ手の指揮者が手に持つ棒．指揮者（pausarius）はこの棒を上下させて拍子をとり，漕ぎ手（remex）にオールを漕ぐ速度を指示した．図はバチカンのウェルギリウス写本の挿絵．左の船尾（puppis）に座る指揮者の右手に指揮棒が見える．

Portūnus -ī, *m*

[神話] **ポルトゥヌス**．港（portus）の守護神．図は，イタリア南部の町ベネヴェントに残るトラヤヌス帝の凱旋門のレリーフに描かれた Portunus．髭(ひげ)のない若者姿の彼は，右腕に蛇（serpens）をからませている．背後には錨（ANCORA）が見える．彼の神殿は，ローマ市のフォルム・ボウァリウム（「牛市場」）の西端，かつてティベリス川の荷揚げ港（portus Tiberinus）があったと考えられる地点近くに現存する．彼には固有の神官（flamen Portunalis）が存在し，毎年 8 月 17 日に祭礼（Portunalia）が行われた．

praecō -ōnis, *m*

触れ役，告知人．彼らは公僕として，民会では案件の布告，投票人の呼び込み，当選者の発表など，法廷では原告と被告の呼び出し，判決の布告など，競売会では物件の紹介，入札金額の発表などを行った．古代のレリーフを写したこの図は，葬列の先頭で長いらっぱを吹き鳴らしつつ市中を廻る触れ役を描いている．

praefica -ae, *f*

葬儀で雇われた泣き女．図は石棺(SARCOPHAGUS)のレリーフより．メレアゲル(Meleager)の死に一層の涙を誘うべく，3人の泣き女が髪も衣服も乱してさかんに嘆き悲しむ様を描いている．メレアゲルはカリュドンの王子で，その命がかかった木の燃えさしを母アルタイア(Althaea)が火中に投じたため，急死したという．

prōrēta -ae, *m*

船首(prora)に立って舵手に指示を与える見張り役．見張り役は，舵手(GUBERNATOR)，漕ぎ手の監督(hortator)などと並んで，ローマ海軍の正規の役職であった．図はローマの三段櫂船(triremis)を描いたレリーフ(ナポリ国立考古学博物館蔵)より．

proscaenium, -scēn- -ī, *n*

劇場の舞台．図は，客席の周回通路(praecinctio)の中央あたりから見下ろしたポンペイの大劇場．正面奥の芝居の背景ともなる壁(scaena)の前(pro-)が proscaenium．その手前の一段低い半円形の場所がオルケストラ(orchestra)と呼ばれる空間で，ギリシアの演劇ではここが合唱歌舞団(chorus)の定位置であったが，ローマの劇場では元老院議員(senator)たちの指定席である，とウィ

トルウィウス『建築十書』5.6.2 が記している.

Prōvidentia -ae, *f*

プロウィデンティア.「先見」の女神. ただし, 特別の神話はない. 「先見」は帝王の欠くべからざる資質と考えられたため, 女神 Providentia は, ウェスパシアヌス帝以降の皇帝のコインに姿を現す. 図はトラヤヌス帝のドゥポンディウス真鍮貨 (2 アスに相当 ; 116 年頃) の裏面. 女神は王笏(おうしゃく)(SCEPTRUM)を持った左手の肘を柱 (COLUMNA) にもたせかけ, 右手で足下の地球 (globus) を指している. 銘: PROVIDENTIA AVGVSTI「皇帝の『先見』」, S(ENATVS) P(OPVLVS)Q(VE) R(OMANVS)「ローマの元老院と国民」, S(ENATVS) C(ONSVLTO)「元老院の決議により」.

Pudīcitia -ae, *f*

図A 図B

プディキティア.「貞淑」の女神. ただし, 特別の神話はない.

pugillares

古く，ローマ市内のフォルム・ボウァリウム(「牛市場」)に貴族の既婚女性が詣でる Pudicitia の祠(ほこら)(sacellum Pudicitiae patriciae)があったが，前296年，ウィルギニアなる貴族の娘が平民の執政官(consul)のルキウス・ウォルムニウスに嫁いだとき，この祠への参詣を拒まれた．そこで彼女は自邸内に別の祠(sacellum Pudicitiae plebeiae)を建て，平民の既婚女性の参拝を促したという．その後，Pudicitia の崇拝はすたれたが，帝政期になると，皇后を賛美してこの女神の祭壇(ARA)が築かれるようになり，皇后のコインに Pudicitia の座像・立像がしばしば描かれた．

図**A** トラヤヌス帝のもとで鋳造された后プロティナのデナリウス銀貨(112年頃)の裏面．祭壇の表側に高官椅子(sella curulis)に立つ女神 Pudicitia が描かれている．銘：CAES(AR) AVG(VSTVS) GERMA(NICVS) DAC(ICVS) CO(N)S(VL) VI P(ATER) P(ATRIAE)「カエサル・アウグストゥス，ゲルマニアの征服者，ダキアの征服者，執政官6度，国父」，ARA PVDIC(ITIAE)「プディキティアの祭壇」．

図**B** アントニヌス・ピウス帝のもとで鋳造された小ファウスティナのドゥポンディウス真鍮貨(2アスに相当；147年頃)の裏面．玉座に座す Pudicitia が，右手で顔をおおうベール(rica, velamen)をはずし，左手を膝に置いている．銘は，PVDICITEA，下に S(ENATVS) C(ONSVLTO)「元老院の決議により」．

pugillārēs -ium, *m pl*

書字板，筆記帳．手で持つことができるほど(pugillaris)小さいもの．図はポンペイの絵画より．恋の神クピド(Cupido)が手にし

ているのが pugillares. そこには，一つ目の巨人ポリュフェモス (Polyphemus) が片思いの相手で海のニンフのガラテア (Galatea) に宛てた恋文が書きなぐってあるらしい．

pūgiō -ōnis, *m*

短剣．もろ刃で，先が尖っている．カエサルの暗殺者たちがこの短剣を使ったように，もちろん武器として用いるのが本来であるが，その他にも，高級将校や高官，ときには皇帝までもが，生殺与奪の権限を示す目的で，人目につくような形で身に帯びることがあった．ネロ帝が殺され，自らが皇帝に推されたことを知ったガルバは，pugio を首から胸にぶら下げて首都ローマに向かった，とスエトニウス「ガルバ伝」11 は伝えている．図はナポリ国立考古学博物館蔵の pugio．柄（capulus）の穴は飾り鋲を取り付けるためのもの．

puteal -ālis, *n*

図A　図B

1) 井筒，井戸の縁石．中に落ちる危険を防ぐため井戸（puteus）の地上の部分を囲んだもの．ちなみに，キケロはトゥスクルム（Tusculum）の別荘から親友のアッティクスに宛てた書簡で「浮き彫りを施した井戸の縁石2つ（putealia sigillata duo）」を所望している（『アッティクス宛書簡集』1.10.3）．

図A　ポンペイ出土のテラコッタ製の井筒（ナポリ国立考古学博物館蔵）．

2) フォルム・ロマヌムの民会場近くにあった井筒状の構造物．正式には puteal Scribonianum または puteal Libonis といい，この近辺は金貸し連中のたむろする場所としても知られていた．ローマ人は雷の落ちた地面を神聖視し，そこを囲う習慣があったが，ここもかつての落雷地点らしく，前204年の法務官（praetor）か，前149年の護民官（tribunus plebis）であったルキウス・スクリボニウス・リボが元老院の要請に応じて囲ったもの．なお，この puteal は1950年に凝灰岩の土台部分が発掘されている．⇒ BIDENTAL

図B　ルキウス・スクリボニウス・リボ（L. Scribonius Libo；前記のリボとは別人）のデナリウス銀貨（前62年）の裏面．2台の竪琴

（CITHARA）とオリーブの枝（oliva），基部にハンマー（MALLEUS）のレリーフで飾られた puteal が描かれている．銘：PVTEAL SCRIBON(IANVM).

pyxis -idis, f

薬箱．もともとツゲ（buxus）材の製品であったが，のちにさまざまの素材で作られるようになり，女性の化粧道具入れなどにも用いられた．スエトニウス「ネロ伝」12.4 によれば，ネロは剃り落とした初めてのあごひげを黄金の pyxis に入れ，それを真珠（margarita）で飾り立ててカピトリウム（のユピテル神殿）に奉納したという．図は陶画を写したもので，左の女性が持っているのが pyxis．右で女奴隷がパラソル（UMBELLA）を差しかけている．

Q

quadrans -antis, *m*

クアドランス．1/4 アスの青銅貨．図は，開いた手を刻した quadrans．3つの丸印は3ウンキアの重量を示すためのもの．図柄としては他にも，垢すり器（STRIGILIS），麦の穂（arista, spica），イルカ（delphinus），星（stella），船（NAVIS），ヘルクレス（Hercules）または穀物の女神ケレス（Ceres）の頭部などがある．ちなみに，ホラティウスの頃，一番安い風呂銭が 1 quadrans であった．

quadrīga -ae, *f*

4 頭立て戦車． ⇒ ARCUS

quadrīgātus -ī, *m*（もとは「4頭立て戦車の」の意の形容詞）

クアドリガトゥス．4頭立て戦車（QUADRIGA）の刻印のある銀貨．この銀貨は前 235 年頃から鋳造され始め，前 3 世紀末頃，デナリウス銀貨に取って代わられた．図の quadrigatus は，表面に月

桂冠(laurea)をいただいた双面神ヤヌス(JANUS)の頭を，裏面に勝利の女神ウィクトリア(VICTORIA)が御す4頭立て戦車に，右手に雷電(fulmen)，左手に王笏(SCEPTRUM)を持って乗るユピテル(JUPPITER)を描いている． ⇒ JANUS, JUPPITER

quaestor -ōris, *m*

財務官．古くは執政官(consul)の選任する2名の検察官であったが，前5世紀の中頃，毎年，選挙で選ばれて主に財務を担当する官職となった．その数は前267年には8名にまで増員されていたが，ローマの属州(provincia)経営が本格化するにつれ，財務官の需要も増大し，スラが20名，カエサルが40名とした．しかし，アウグストゥスは20名に戻した．図は，属州マケドニアで鋳造された4ドラクマ銀貨(tetrachmum；前90年頃)の裏面．オリーブの枝(oliva)に囲まれて，財務官名 AESILLAS と Q(VAESTOR)の銘と，金箱(fiscus)，棍棒(clava)，財務官の椅子(SELLA)が描かれている．

quīnārius -ī, *m*（もとは「5の」の意の形容詞）

Quirinus

クイナリウス. 5アス銅貨に相当する銀貨. $1/2$ デナリウスに当たる. 前211年頃, デナリウス銀貨と時を同じくして鋳造され始めた. その後, 前140年頃には1クイナリウスは8アス相当と定められたが,「5の」を意味する quinarius の呼称は変更されなかった. 図は, デナリウス同様, 表面に有翼の兜 (GALEA) をかぶった女神ローマ (ROMA) の横顔と数字のV, 裏面に騎乗の双子神ディオスクロイ (Dioscuri) を描いた quinarius. ⇒ DENARIUS

Quirīnus -ī, m

[神話] **クイリヌス**. 戦争の神. もともとは, 古くクイリナリス丘に定住していたサビニ族の神であったが, 彼らが建国後のローマに併合されたとき, クイリヌスもローマ人の神界に迎え入れられ, ユピテル (JUPPITER), マルス (MARS) とともに3柱の国家神の一員となった. 彼は独自の神官 (flamen Quirinalis) を持ち, 2月17日に祭 (Quirinalia) が行われた. 図は, ガイウス・メンミウス (C. Memmius) が鋳造したデナリウス銀貨 (前56年) の表面. 月桂冠 (laurea) をいただき, あごひげを生やしたクイリヌスが描かれている. 右の銘は C(AIVS) MEMMI(VS) C(AII) F(ILIVS)「ガイウスの息子ガイウス・メンミウス」. 左の銘は QVIRINVS.

R

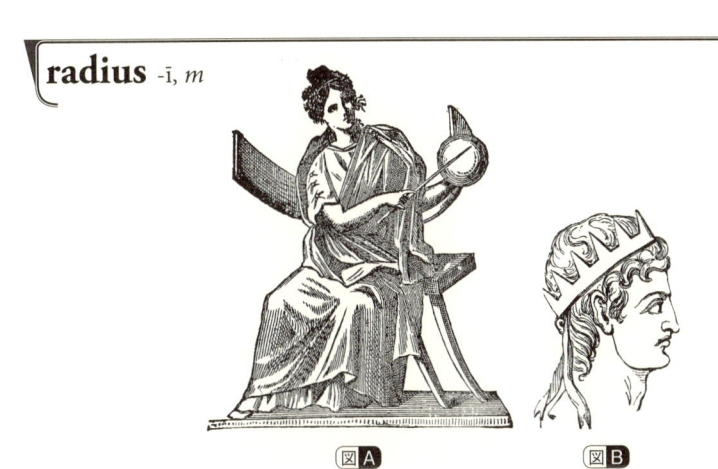

radius -ī, *m*

図A　　　　　図B

1) 先の尖った細い棒，教鞭. 天文学・幾何・数学の教師は，教鞭で砂上に図形や数字を書いて教えた．図A ムーサたちの1人で天文を司るウラニア(Urania)が，教鞭で天体の運行を教示している．ポンペイの絵画より．

2) 車輪の輻. ⇒ ROTA

3) 太陽光. 図B 宝石に刻まれたアウグストゥスの頭部．その王冠は太陽光を模した連続する尖った波形で飾られている．

raeda, rēda -ae, f

旅行用の四輪馬車. 図は, フランス中東部の町ラングル (古代名 Andematunnum; リンゴネス族の町) 近くで発見されたレリーフ. 2頭の馬が引く二輪馬車 (cisium, essedum) と異なり, 4頭立てで, 家族やグループの旅行に備えてかなりの量の荷物を積めそうである.

rastrum -ī, n (通例 rastrī -ōrum, m pl)

熊手形の農器具. 土を起こすためのもの. 図はナポリ国立考古学博物館蔵の鉄製の股(また). 上部の穴に木の柄を通して使う.

ratis -is, f

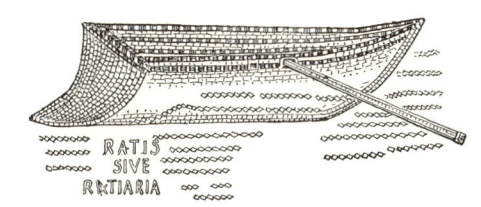

1) いかだ. ⇒ FUSCINA

2) 船. 図は，チュニジアのメデイナ（Medeina；古代名 Althiburus）で発見されたモザイク画．オールで操る渡し船が描かれている．上に書かれた天地がひっくり返った文字はギリシア語で，CXEΔIA = schedia「いかだ，小船」．下にはラテン語で RATIS SIVE RATIARIA「船 あるいは いかだ」．

repositōrium -ī, n

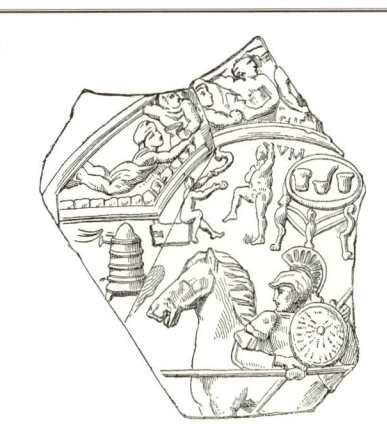

料理の運搬台．図はテラコッタ製の大型メダルの意匠．10年の籠城から解放されたと信じて祝宴を張るトロイア人に，撤退したはずのギリシア勢が不意をついて襲いかかるというトロイア落城

の夜の情景を描いている．図の左端中央の5段重ねの円盤状の物体が repositorium．給仕の奴隷（structor）がこの上から順々に料理を取り出して食卓に供した．むろん，ギリシア人ではなく，ローマ人の宴席での風習．

rēte -is, *n*

漁獲・狩猟・野鳥捕獲用の網．図はローマ市近郊のナソ（Naso）家の墓所のフレスコ画より．ここでは，隠れ場所から追い出された獲物の退路を絶つために，広い範囲にわたって網が張りめぐらしてある．

rēticulum -ī, n

小さな網. 特に，網製の手提げ袋，ヘアネットなど．図はポンペイの絵画より．ヘアネットをかぶり，右手に尖筆(STILUS)，左手に書字板(TABULA)を持った若い女性が，なにやら詩想を練っている風情．この女性は，かつてはギリシアの女流詩人サッフォーと想定されていた．

rogus -ī, m

火葬用の薪の山．図は，ギリシアの英雄アキレウス(Achilles)の親友パトロクロス(Patroclus)の遺骸を荼毘に付している薪の山．これは，ローマ市の南東約 20km の町ボウィラエ(Bovillae)で発見された大理石のレリーフ(Tabula Iliaca；前 15 年頃作製)に刻まれたもの．この大理石にはトロイア戦争のさまざまの場面が描かれ，それぞれにギリシア語の説明が添えられている．

Rōma -ae, *f*

ローマ．国家ローマの名祖の女神．図は，66年に鋳造されたネロ帝のセステルティウス真鍮貨の裏面．兜（GALEA）をかぶり，軍装の女神 Roma が胴鎧（LORICA）の上に座り，右手で勝利の女神ウィクトリア（VICTORIA）を保持し，左手は parazonium と呼ばれる短剣の柄を握っている．背後には盾（SCUTUM, PARMA）などの武具があり，右足も兜らしきものを踏みつけている．左右の銘：S(ENATVS) C(ONSVLTO)「元老院の決議により」．⇒ DENARIUS

Rōmulus -ī, *m*

ロムルス．ローマの伝説上の建設者で初代の王．軍隊の査察中に突然の雷鳴とともに姿を消した彼を，人々は昇天して神になったと信じた．図は，アントニヌス・ピウス帝のセステルティウス真鍮貨（140年頃）の裏面．軍装のロムルスが右手に槍（hasta）を持ち，左肩に戦勝記念品（TROPAEUM）をかついで歩を運んでいる．

銘：ROMVLO AVGVSTO「尊（たっと）きロムルスに」，S(ENATVS) C(ONSVLTO)「元老院の決議により」．なお，先代ハドリアヌス帝の時代に，同じ意匠で ROMVLO CONDITORI「創建者ロムルスに」の銘のあるデナリウス銀貨が鋳造されている．

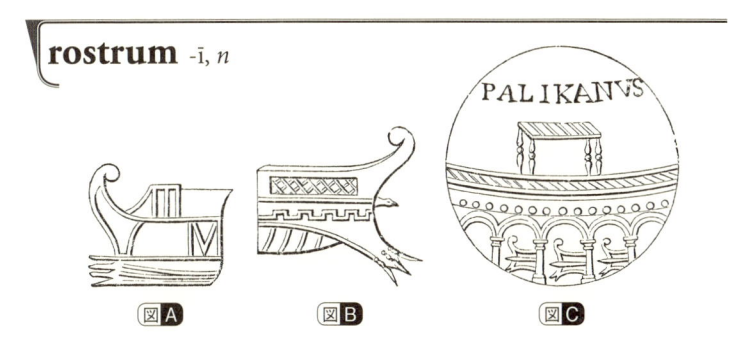

rostrum -ī, *n*

図A　図B　図C

1) 船嘴（せんし）．軍艦のへさきからくちばし状に突き出たもので，これで敵艦を突き破った．

図A メダルの意匠．ポエニ戦争当時のもので，船嘴は竜骨（carina）と同じ高さにある．

図B メダルの意匠．アウグストゥス帝時代のもので，船嘴は船底より低い位置にあり，斜め下向きの構造になっている．上にくちばし（rostrum）を突き出した鳥の頭の模造品が前方をにらんでいる．

2) （複数形 rostra で）フォルム・ロマヌムの民会場の南にあった演壇．ここをアンティウム（Antium；現アンツィオ）の海戦（前 338 年）で捕獲した敵艦の船嘴で飾ったことから生じた呼称．のち帝政期になって，この演壇はフォルム・ロマヌムの西端に移された．

図C 前 45 年に鋳造されたマルクス・ロリウス・パリカヌス（M. Lollius Palicanus）のデナリウス銀貨の裏面．演壇上に腰掛け（SELLA, SUBSELLIUM）が置いてある．銘は PALIKANVS．

rota -ae, f

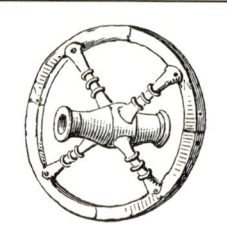

車輪. 図はウィーン美術史美術館蔵の古代の車輪. 中央の轂(こしき)(modiolus)から4本の輻(や)(RADIUS)が出て, 輪金(canthus)に固定されている.

rudicula -ae, f

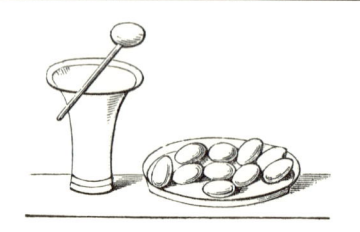

へら. 液体をかき回したり, 異なった成分のものをかき混ぜたりするのに用いた. 図はポンペイの絵画より. 右の皿の卵を割って左の容器に入れ, 上のへら状の道具でかき混ぜたのであろう.

rudis -is, f

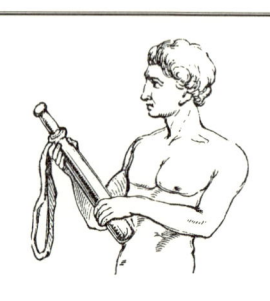

木刀．剣闘士（GLADIATOR）が模擬戦や練習試合で使用した．この木刀はまた，剣闘士の年齢，勝利の回数，民衆の間における人気などを考慮して引退が許可されたとき，その証(あかし)として与えられた．図は宝石に刻まれた意匠．引退の証の木刀を手にした剣闘士を描いたものと考えられている．

runcina -ae, *f*

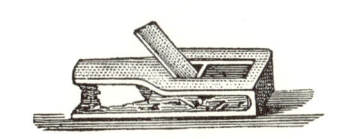

鉋(かんな)．図はポンペイの遺物．中央の鉋身(かんなみ)（刃の部分）に沿って鉋屑（ramenta）が出てくる．この鉋も，現在の欧米の鉋がそうであるように，前に押して木を削ったのであろう．

S

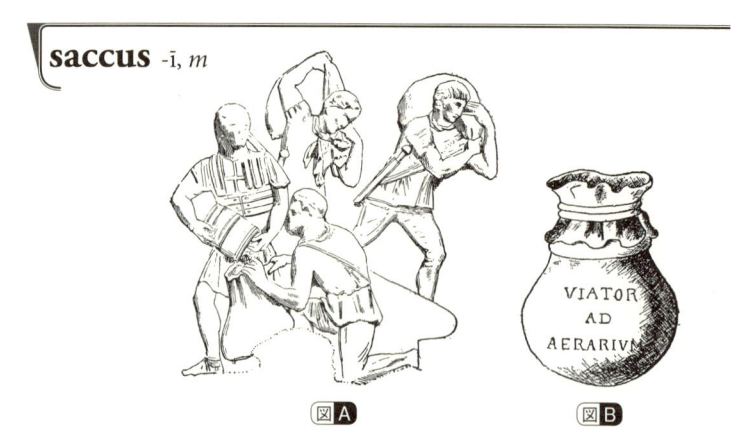

saccus -ī, *m*

図A　　　　　図B

大きな袋.

図A 穀物袋. 図はトラヤヌス帝の記念柱のレリーフより. 手前のローマ兵は, 袋が小麦で満たされるのを待ちかまえている. 後ろの2人は, 重たくなった袋を肩にかついで運んでいる.

図B 金袋. 図はバチカン美術館蔵のレリーフより. このレリーフは, かつては財務官（QUAESTOR）の下役人（viator）の墓を飾っていたものと考えられる. 彼の仕事は, 国庫（aerarium）の金庫（ARCA）の番をし, 金勘定をすることだったのであろう.

sacrificium -ī, *n*

供犠. 神にいけにえを捧げること．図は，前16年に鋳造されたアウグストゥス帝のデナリウス銀貨の裏面．供犠に用いられる道具が描かれている．上左は神酒を注ぐひしゃく (SIMPULUM)，右は卜占官の先の曲がった杖 (LITUUS)．下左は三脚の祭壇 (tripus)，右は献酒用の皿 (PATERA)．銘は，中央とその上下に IMP(ERATOR) CAESAR AVGV(STVS) CO(N)S(VL) XI「インペラトル・カエサル・アウグストゥス，執政官11度」．⇒ CULTRARIUS, VICTIMARIUS, SUOVETAURILIA

sāga -ae, *f*

魔女．図はポンペイの絵画より．奇妙な帽子，魔法の杖，毒を作る大釜，犬，と魔女の道具立てに不足はない．

sagum -ī, *n*

兵隊用の外套. 粗織りウールの四角い布で, 肩に羽織って留め金 (FIBULA) で留めた. 将軍や高級将校用の外套 (PALUDAMENTUM) よりは小さい. 図はトラヤヌス帝の記念柱のレリーフより. 右の sagum をまとったローマ兵が敵の捕虜を前へ押しやっている.
⇒ CENTURIO, PALUDAMENTUM

Saliī -ōrum, *m pl* (単数形 **Salius** で「マルスの神官の1人」)

マルスの神官団. マルスの神官は, 貴族の出で両親が健在である

者の中から選ばれ，神官団はその 12 名の結社（sodalitas）2 組から構成されていた．彼らは縫い取りのあるトゥニカ（tunica picta）を着用し，その上に青銅の胸当て（pectorale），さらにその上に式服のマント（TRABEA）を羽織った．頭には APEX と呼ばれるオリーブの小枝が付いた帽子（galerum）をかぶり，左腕に聖なる盾（ANCILE）を提げ，右手にその盾を打つ棒を持っていた．図は古代のレリーフより．この神官は供犠に立ち会っているところらしく，左手には月桂樹の枝（laurea）を持っている． ⇒ APEX, ANCILE

saltātrix -īcis, f

踊り子．図はポンペイの絵画より．薄衣(うすぎぬ)をさまざまの程度にまとって踊る舞い姫の姿がポンペイの絵画に数多く残されている．

Salus

Salūs -ūtis, *f*

[神話] **サルス**．国家安泰の女神．クイリナリス丘に神殿があった（前302年奉献）．前2世紀以降，彼女はギリシア神話のヒュギエイア（Hygieia）と同一視され，健康の女神ともなった．健康の女神としてのSalusへの奉納品は，なぜかスペインから数多く発見されている．図はそのうちの1つで，北岸の町サンタンデル近くで発見された銀製の皿（2世紀の作）．銘にあるUmeritanaは他に伝承がないが，おそらくUmeriなる土地あるいは泉の水のおかげで病から快復した人物の報謝の品と考えられる．図の最上部で横臥する若い女性姿の女神Salusは，左手に持つ壺から真下の大甕（がめ）に霊水を流し込んでいる．その甕の右横では男が水を別の壺に注ぎ，下では壺の水を四輪馬車の荷台の大樽に移している．どこかへ運んで売りさばこうというのであろうか．右では少年が背もたれの高い椅子に座った老人に水飲みを手渡ししている．左横のTOGAを着た男性は火の燃える祭壇に献酒し，右上の粗末な身なりの老人は何かを祭壇に振りかけている．

sarcina -ae, *f*

兵隊の荷物. ⇒ LEGIONARIUS

sarcophagus -ī, *m*
sarcophagum -ī, *n*

図A

図B

sarcophagus

図C

石棺．原義はギリシア語で「肉(sarco-)を食(は)む(phag-)もの」．遺体を火葬しないで葬るときに用いた．

図A 前298年に執政官(consul)を勤め，前280年頃に没したルキウス・コルネリウス・スキピオ・バルバトゥス(L. Cornelius Scipio Barbatus)の石棺(バチカン美術館蔵)．ローマ市のほぼ南端にあった一族の墓所(sepulchrum Scipionum)内でも最古の石棺で，凝灰岩製．蓋に [L] CORNELIO CN(AEI) F(ILIVS) SCIPIO「グナエウスの息子[ルキウス・]コルネリウス・スキピオ」と棺の主の名前が，棺の下部に古い韻律の詩文(Saturnius versus)で墓碑銘が刻まれている．なお，現在，この石棺は修復された状態で公開されている．

図B ローマ人とゲルマン人の戦闘を高浮き彫りで表した大理石製の石棺(2世紀；カピトリーニ美術館蔵)．この頃の石棺には，ヘルクレス(Hercules)の12功業，ギリシア人とアマゾネス(Amazones)の戦い，カリュドンの猪退治などの神話伝説をテーマにして装飾を施したものが多い．

図C 故人の円額肖像彫刻を中央に配置した石棺(ヴェローナのマッフェイアーノ石碑博物館蔵)．右は死期の迫った夫と見守る妻と家人，左は葬列の一部であろう．

sartāgō -ginis, *f*

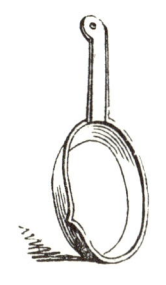

フライパン．図はポンペイの絵画より．現在のそれとほとんど変わらないように見受けられる．

scabellum, -billum -ī, *n*

図A

図B

1) 足台，足載せ台．図A ポンペイの絵画より．この女性は，夫ウリクセス(Ulixes)の帰国を 20 年待ち続けたペネロペ(Penelope)．腰掛けに足台を踏み台にして座り，座ってからはそこに足を載せた．⇒ LECTUS 図A

2) 足踏みカスタネット．分厚い木靴の爪先の下に隙間が空けてあり，そこにはめ込まれた金属の仕掛けが，足の動きに合わせて音をたてた．図B バチカン図書館蔵のモザイク画．左の笛吹き

（TIBICEN）が右足でカスタネットを鳴らし，右の踊り子（SALTA-TRIX）のために拍子を取ってやっている．

scālae -ārum, f pl

図A　図B

はしご．

図A　トラヤヌス帝の記念柱のレリーフより．ローマ軍の兵士がダキアの城塞を攻略するために，攻城ばしごを運んでいる．

図B　ローマ市内で発見された古代のフレスコ画より．三段櫂船（triremis）の乗船・下船ばしごが描かれている．

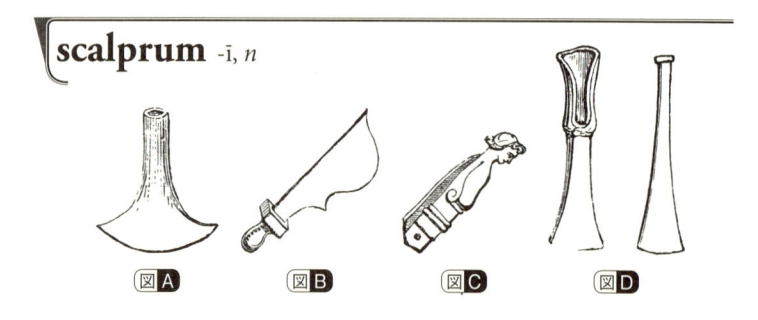

scalprum -ī, n

図A　図B　図C　図D

1) カッター，ナイフ．
図A ポンペイの遺物．靴屋などが革を切るのに使った．
図B ポンペイの遺物．外科医の家で発見された．傷口を切開したり患部を切除するためのもの．
図C ローマ市内で発掘された古代の遺物．葦ペン(あし)（CALAMUS）の先を尖らせるためのもの．このペンナイフは骨製で，刃は現在の折りたたみナイフのように閉じる仕組み．
2) 鑿(のみ)． 図D 大英博物館の収蔵品．左は，上部に木の柄(え)を付けて大工が使った．右は，全体が金属製で石工の道具．

scalptor -ōris, *m*

彫刻家，宝石の彫り師． 対象の大小を問わず鑿(のみ)（SCALPRUM）を使って仕事をする職人を指す．図はポンペイ出土の宝石に刻まれた意匠．左手に鑿，右手に金槌（MALLEUS）を持った職人が，大理石の壺の仕上げに精を出している．

scapha -ae, *f*

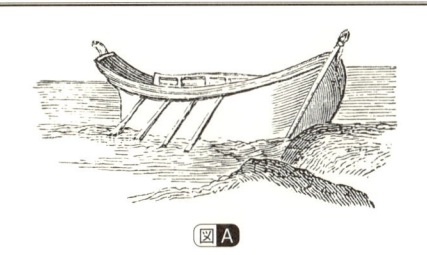

図A

sceptrum

図B

ボート，小舟．大型の軍船・商船が舶載するか，船尾からロープで曳航した．軍船のボートは必要に応じて海面に下ろされ，兵を乗せて作戦に従事した．商船の小舟は，本船の吃水が深くて接岸できないときに，港との間を往き来した．難船の危機に見舞われたときには，これに乗り移って生命を託すこともあった．

図A ポンペイの絵画より．形状やオールの数などからして，軍船のボートであろう．

図B ヘルクラネウムの絵画より．AMPHORA を積んだ商船の小舟が曳航されている．

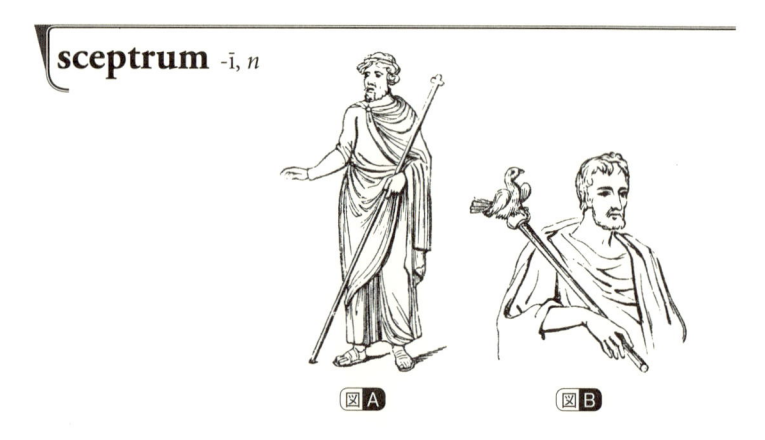

sceptrum -ī, n

図A 　　　図B

王笏(おうしゃく).

図A バチカンのウェルギリウス写本の挿絵．ラウレンテス族の王ラティヌス（Latinus）が，長い棒の先端に飾りの付いた王笏を持っている．彼は遠来のアエネアス（Aeneas）に娘ラウィニア（Lavinia）を与えた人物．

図B アントニヌス・ピウス帝の記念柱台座の皇帝と皇后の神格化を描いたレリーフより．神となって天上に運ばれる皇帝の手に，天辺が鷲で飾られた象牙の笏が握られている．

scutica -ae, *f*

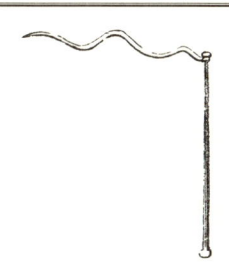

懲罰用の革紐の鞭(むち)．人に与える苦痛の度合いは，学校教師が生徒のお仕置きなどにふるう植物製の鞭（ferula）よりはきついが，奴隷の折檻用の金属の爪や球を付けた鞭（FLAGELLUM, FLAGRUM）ほど激烈ではない．図は大理石に刻まれたレリーフより．⇒ FLAGELLUM, FLAGRUM

scūtum -ī, *n*

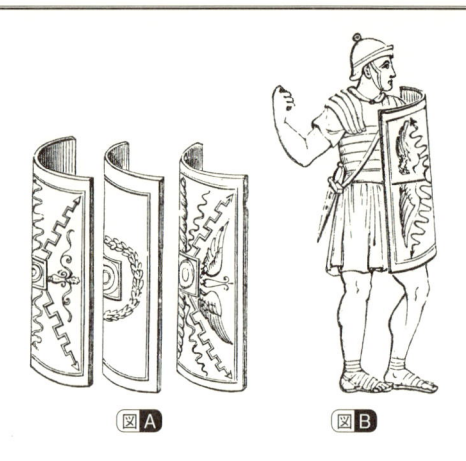

図Ⓐ　　　　図Ⓑ

長方形の盾．ローマ軍の歩兵の防具．張り合わせた板の上に丈夫な布，さらにその上に生皮を貼ったあと，金属の縁(へり)を付けた．

図Ⓐ　トラヤヌス帝の記念柱のレリーフより．3枚の盾が地面に立っていて，左の盾には雷電（fulmen），中央は葉冠（CORONA），右は雷電と翼（penna）が描かれている．

図Ⓑ　同じ円柱のレリーフより．この盾を構えた軍団兵（LEGIONARIUS）が描かれている．

secūris -is, *f*

斧，まさかり．図はトラヤヌス帝の記念柱のレリーフより．ローマ軍の兵士が斧をふるって立ち木を切り倒そうとしている．堡塁(ほうるい)（AGGER）の構築，架橋などの軍事目的で樹木を伐採するだけでなく，戦地や駐屯地での日常生活でも，斧を使う機会はきわめて多く，それはローマ軍兵士の必携の道具であった．

sella -ae, *f*

図A 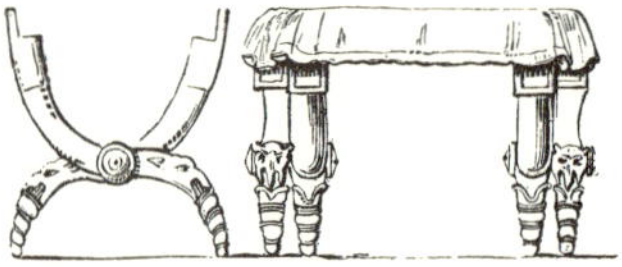 　　　　　　　　　　　図B

図C

腰掛け，椅子．⇒ SCABELLUM 図A

図A デナリウス銀貨に描かれた高官椅子(sella curulis)．この銀貨は，前84年，貴族造営官(aedilis curulis)のププリウス・フリウス・クラッシペス(P. Furius Crassipes)によって鋳造されたもの．表面に城壁冠(corona muralis)をいただく女神キュベレ(Cybele)と，銘AED(ILIS) CVR(VLIS)の下にずんぐりした足(crassus pes)が，裏面に折り畳み式の高官椅子が描かれ，その座部にP FOVRIVS，椅子の下にCRASSIPESと銘がある．

図B ポンペイから出土したブロンズ製の高官椅子．左は脚を開いたところ，右は閉じたところ．エトルリア起源のこの腰掛けは，ローマでも古くは王の専有物であったが，共和政期には執政官(consul)，法務官(praetor)，貴族造営官などの特権となった．この持ち運び自在の便利な床几(しょうぎ)は，かつては象牙で象眼されてい

たが，次第に華美になり，後には金で飾り立てたものも現れた．
図C レリーフに描かれた陣営の指揮官椅子（sella castrensis）．このレリーフは，マルクス・アウレリウス帝時代のレリーフをコンスタンティヌス帝の凱旋門に転用したもので，皇帝が壇（tribunal）上の床几に座って，捕虜となったゲルマン人の王を尋問している．上記の高官椅子と似ているが，全体に簡素で，折り畳みの脚も真っ直ぐである．

sēmis -issis, m

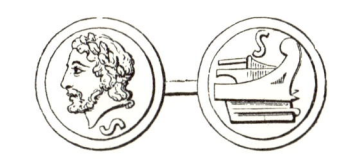

半アス青銅貨．前280年頃，アス青銅貨の鋳造が始まると，同時にその補助貨幣として，TRIENS（＝$1/3$ アス），QUADRANS（＝$1/4$ アス），SEXTANS（＝$1/6$ アス），UNCIA（＝$1/12$ アス）の青銅貨とともに発行された．図は，前215年頃に鋳造されたsemisで，表面に月桂冠（laurea）をいただいたサトゥルヌス（Saturnus）の横顔，裏面に船首（prora）が描かれ，両面にsemisを意味するSが刻字されている．

sepulcrum, -chrum -ī, n

図A　　図B

墓，墓所．

図A ポンペイの「墓地通り」で発掘された家族の墓所（sepulcrum familiare）の内部．壁龕(へきがん)（COLUMBARIUM, ollarium）内や低い張り出し壁の上に，主(あるじ)，妻，子，男女の解放奴隷などの骨壺（OLLA）が安置されていた．

図B ローマ市北東部のノメンターナ門近くで発見された共有墓所（sepulcrum commune）．100以上の番号の付された壁龕があり，その所有・利用権を遺贈したり売買することが行われていた．

serra -ae, f

図A　　　　　　　　図B

鋸(のこぎり)．

図A カピトリーニ美術館蔵のレリーフより．供犠(くぎ)（SACRIFICIUM）の道具などと並んで，2種の鋸が描かれている．⇒ APEX, CULTER, LITUUS, DOLABRA, SECURIS

図B ヘルクラネウムの絵画より．2人のクピド（Cupido）が力を合わせて1丁の鋸を使い，台上の板（tabula）を挽(ひ)いている．

serrātī -ōrum, *m pl* (もとは「ぎざぎざのある」の意の形容詞)

周縁を鋸歯状に削ったデナリウス銀貨．図の銀貨(前209年頃)は，表面に翼のある兜をかぶった女神ローマ(Roma)，裏面に槍を構えて騎乗するカストル(Castor)とポルクス(Pollux)の双子神ディオスクロイ(Dioscuri)を描いている．女神の後ろのXは10アス相当を表す数字，双子神の馬の下の車輪は貨幣鋳造時のマーク．
⇒ DENARIUS

servus -ī, *m*

図A

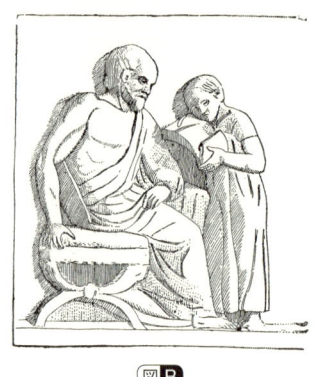

奴隷.

図A パラティヌス丘南斜面で発掘された貴族の壮麗な邸宅の壁を飾っていた3面のフレスコ画. 描かれているのはすべて家僕. 左画の, 左手に杖を持ち右手を前に差しのべているのは, 玄関ホール(vestibulum)で饗宴への招待客を迎える係. 中央画面の左の家僕はナプキン(MAPPA)を, その右は花綱(serta)を, 右は小箱(PYXIS)を持っている. 右画面の左の家僕は, 客の履き物を室内用のサンダル(soleae)に履き替えさせる係かもしれない.

図B ルーヴル美術館蔵の石棺(SARCOPHAGUS)のレリーフより. 右の朗読係(lector)の家僕が, 床几(SELLA)に座す主(あるじ)のために, 書巻(VOLUMEN)を繰り広げて読み聞かせている.

sestertius -ī, m (もとは「2½の」の意の形容詞)

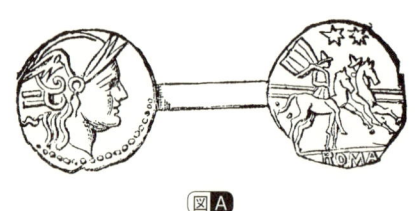

sestertius

図B

セステルティウス. $2^1/_2$ アス ＝ $^1/_4$ デナリウス相当の小さな銀貨. 前140年頃, 1デナリウスが10アスから16アス相当と定められてからは, セステルティウス銀貨も4アス相当となった. その後, アウグストゥス帝のもとで通貨改革が行われ, セステルティウスは大きな真鍮 (orichalcum) 貨となり, 金貨1アウレウスの $^1/_{100}$ 相当と定められた. デナリウス, アスに対する比率は従来通り. なお, sestertius はしばしば HS と略記される. ⇒ DENARIUS

図A 前140年以前のセステルティウス銀貨. 表面に有翼の兜をかぶった女神ローマ (ROMA), 裏面に騎乗の双子神ディオスクロイ (Dioscuri) を描いている. 女神の頭の後ろの銘 II S は 2+semis (＝$2^1/_2$ アス) の意.

図B ティトゥス帝がアウグストゥス帝を讃えて鋳造したセステルティウス真鍮貨 (80年). 表面に, 火の燃えている祭壇を前にして, 光を放つ王冠 (corona radiata) をいただき, 王笏(おうしゃく) (SCEPTRUM) と月桂樹の枝 (laurea) を持って座すアウグストゥスを描いている. 銘: DIVVS AVGVSTVS PATER「父なる神君アウグストゥス」. 裏面の銘: IMP(ERATOR) T(ITVS) CAES(AR) DIVI VESP(A-SIANI) F(ILIVS) AVG(VSTVS) P(ONTIFEX) M(AXIMVS) TR(IBVNICIA) P(OTESTATE) P(ATER) P(ATRIAE) CO(N)-S(VL) VIII「神君ウェスパシアヌスの子なる皇帝ティトゥス・カエサル・アウグストゥス, 大神祇官, 護民官職権を持つ者, 国父, 執政官8度」, S(ENATVS) C(ONSVLTO)「元老院の決議により」.

sextans -antis, *m*

セクスタンス. 1/6 アス＝2 ウンキア相当の青銅貨. 図は，表面に有翼の帽子 (petasus) をかぶったメルクリウス (Mercurius) の胸像，裏面に船首 (prora) を描いた sextans (前 280 年頃). 両面に 2 個の球形の浮き彫りがあって，2 ウンキア相当であることを告げている. ⇒ SEMIS

Sibylla -ae, *f*

シビュラ. 女予言者の総称. ローマ人の間ではネアポリス (Neapolis; 現ナポリ) に近いクマエ (Cumae) のシビュラが有名. 彼女はローマ建国の祖アエネアス (Aeneas) を冥府に案内したという. カピトリヌス丘のユピテル神殿 (前 12 年からはパラティヌス丘のアポロ神殿) には彼女の予言書 (libri Sibyllini) が保管されていて，非常時に国家の採るべき方策を示唆した.

図は，前 65 年頃，造幣委員 (triumvir monetalis) であったルキウス・マンリウス・トルクアトゥス (L. Manlius Torquatus) によって鋳造されたデナリウス銀貨. 表面には，ツタ (hedera) の葉冠 (CORONA) をかぶったシビュラの胸像を描き，首の下に SIBYLLA と銘がある. 裏面には，三脚の祭壇 (tripus)，アンフォラ (AM-

PHORA），星2つ，金属をねじった首飾り（torques）を描いている．
銘：L(VCIVS) TORQVAT(VS) III VIR「ルキウス・トルクアトゥス，三人委員」．

sigillum -ī, *n*

小立像，人形．図はバチカン美術館蔵のレリーフより．火の燃えている祭壇をはさんで，左右から男女が家の守護神 LARES の小立像を載せた手を差し伸べている．両脇の石柱には花綱（serta）が掛け渡してある．その上に描かれているのは，左から卜占官（AUGUR）の先の曲がった杖（LITUUS），献酒用の皿（PATERA），ぶどう酒を注ぐ容器（EPICHYSIS）． ⇒ LARES

signifer -ferī, *m*

軍旗手. 図はトラヤヌス帝の記念柱のレリーフより. 描かれているのは大隊(cohors)旗とその旗手.

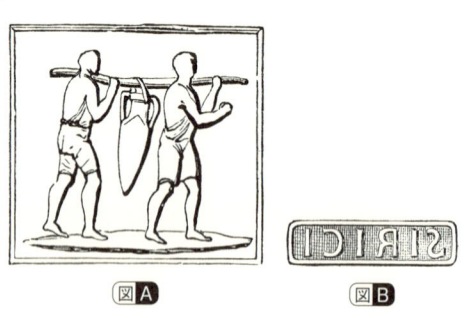

signum -ī, *n*

図A   図B

signum

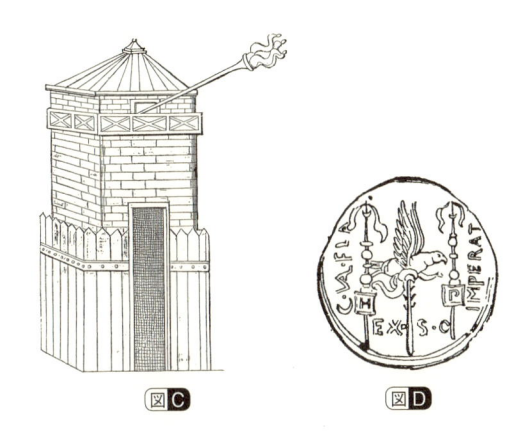

図C　　　図D

1) 目印．図A ポンペイで発見されたテラコッタ製の酒屋の看板．2人の男がぶどう酒の入ったアンフォラ（AMPHORA）を運んでいる．

2) 印章．図B ポンペイの「ウェディウス・シリクスの家」で発見されたブロンズ製の印章．Siricus の属格形 SIRICI が浮き彫りにされている．印章付き指輪については ⇒ ANULUS.

3) 合図，信号．図C トラヤヌス帝の記念柱のレリーフより．描かれているのは防柵（VALLUM）に囲まれた物見櫓（SPECULA）．2階の見張り台から火のついた巨大な松明（fax）が突き出て，味方に警報を発している．

4) 軍旗．図D ガイウス・ウァレリウス・フラックス（C. Valerius Flaccus）のデナリウス銀貨（前82年）の裏面．中央が翼を広げた鷲をいただく軍団旗（AQUILA）．その両側が大隊（cohors）旗．左の旗には H(ASTATI)「第1戦列」，右には P(RINCIPES)「第2戦列」の文字が見える．銘：C(AIVS) VAL(ERIVS) FLA(CCVS) IMPERAT(OR)「ガイウス・ウァレリウス・フラックス，最高司令官」，EX S(ENATVS) C(ONSVLTO)「元老院の決議により」．

simpulum -ī, *n*

柄の長い陶製のひしゃく．犠牲を捧げるとき，ぶどう酒を甕から汲んで献酒(libatio)するための道具．図の陶画では，巫女がこのひしゃくで神酒を汲んでいる．

sīstrum -ī, *n*

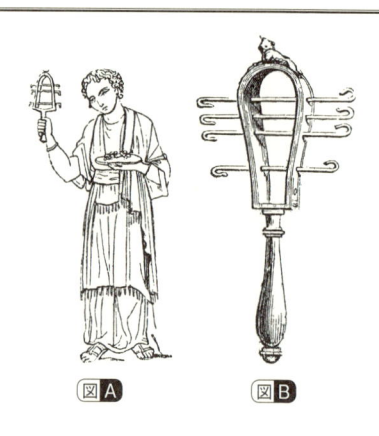

図A　　図B

がらがらに似た祭器．イシス崇拝に用いられた．金属製の長円形の枠に同じ金属の細棒を差し込み，その両端をねじ曲げて留めたもの．下部の把手を握って素早く左右に振ると，鋭くやかましい音を立てる．

図A ポンペイの絵画より．エジプト人の神官が sistrum を振っ

ている.

図B ブロンズ製の sistrum.

sitella -ae, *f*

くじ引き用の口の小さな壺. URNA ともいう. 中に水を入れておき, そこへ各グループがくじの木札を投げ入れてから壺をゆすると, 1 枚ずつ木札が浮かび上がる仕組み. 民会(comitia)で, 部族(tribus)または百人組(centuria)の投票順はこうして決められた. 図は, 前 55 年頃, クイントゥス・カッシウス・ロンギヌス(Q. Cassius Longinus)が鋳造したデナリウス銀貨に描かれた sitella. この壺はまた, 法廷で有罪・無罪を票決する際の投票壺としても使われた.

situla -ae, *f*

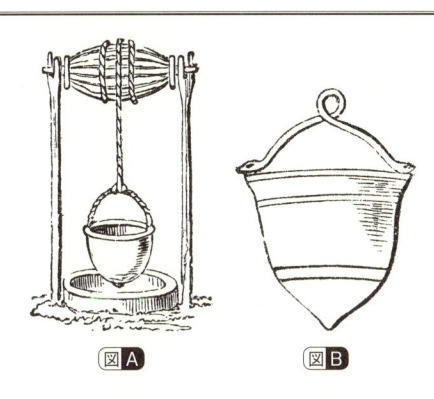

図A　図B

バケツ. 井戸(puteus)から水を汲むためのもの. 陶製またはブロンズ製で, 巻き上げ機(sucula)を使ってバケツを下ろしたとき,

solarium

水に浸かりやすいように，底が尖っていた．

図A 石棺（SARCOPHAGUS）のレリーフより．巻き上げ機のロープにバケツが吊るされている．

図B ブロンズ製のバケツ．

sōlārium -ī, *n*

図A 　　　　　　　図B

露台，バルコニー．図はいずれもポンペイの絵画より．

図A 人の立っている部分が「日光にさらされる場所」という本来の意味どおりの solarium.

図B 屋根の付いた solarium.

solium -ī, *n*

図A

図B

玉座，王座．

図A バチカンのウェルギリウス写本の挿絵．描かれているのは，娘ラウィニア（Lavinia）をアエネアス（Aeneas）に嫁がせたラウレンテス族の王ラティヌス（Latinus）の王座．この椅子の背板がひどく高いのは，王が背後から襲われるのを防ぐという目的があってのことらしい．

図B ポンペイの絵画より．左が愛と美の女神ウェヌス（Venus）の玉座．分厚いクッション（pulvinus）の上に，女神の聖鳥のハト（columba）が止まっている．右が軍神マルス（Mars）の玉座．こちらはクッションに兜（GALEA）が鎮座し，左のクピド（Cupido）が大きな丸楯（clipeus）を持っている．どちらの図でも，金属製らしい椅子本体の下に足台（SCABELLUM）が置かれているのは，

玉座の座部が高いことを示している．

specillum -ī, n

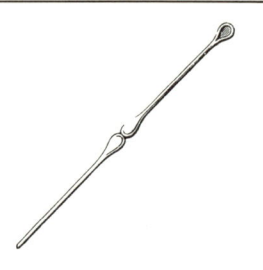

医療用の探り針．図はポンペイの遺物．外科医の家で発見された．鉄製で長さ約 10cm．

specula -ae, f

物見櫓（やぐら）．図はポンペイの絵画より．海岸沿いの 5 地点に築かれた物見櫓が見える．1 つの櫓で不審な船を発見したりすれば，直ちに隣り合う櫓に警報を送ったのであろう．⇒ SIGNUM 図C

speculum -ī, *n*

図A　　　図B

鏡，姿見．

図A ポンペイの遺物．ともに銀製の鏡．これらの鏡の枠には，たいてい軽石の粉をまぶした海綿が紐でくくりつけてあって，それで表面を磨いて映りの良さを保った．右の円い鏡には柄があり，手鏡として用いられた．左の長方形の鏡は，女主人の化粧時に女奴隷が掲げ持つ姿見で，女主人はそこに映った自分の姿を見つめながら，化粧係の他の女奴隷どもにあれこれ指し図をした．鏡台や壁かけの姿見などはなかったらしい．なお，ガラス製の鏡は帝政期の末頃に現れる．

図B ポンペイの絵画より．手鏡を見て髪を整える若い女性が描かれている．

spīra -ae, *f*

円柱の柱礎．⇒ COLUMNA

sponda -ae, *f*

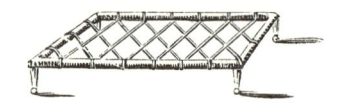

寝台あるいは寝椅子のフレーム. 図はテラコッタ製のランプの意匠. 四角のフレームに紐 (restis, funis) を張りめぐらし, その上に, 寝台には敷きぶとん (CULCITA), 寝椅子には敷物 (torus) を置いた.
⇒ LECTUS

stabulum -ī, *n*

家畜小屋. 図は古代のモザイク画より. 日が西に傾く頃, 草地から戻ってきた羊や山羊を, 家畜番の男が小屋に呼び入れようとしている.

stāmen -minis, *n*

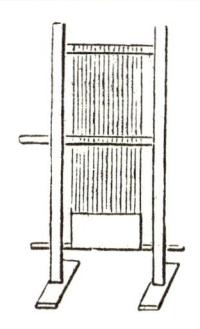

1) 縦糸．図はバチカンのウェルギリウス写本の挿絵．描かれているのは魔女キルケ(Circe)の機(tela)．上部の巻棒(jugum)から下りた縦糸に，横糸(subtemen)を通して布を織った．
2) 糸巻棒から引き出される繊維．⇒ COLUS

statēra -ae, *f*

さおばかり
竿秤．図はいずれもポンペイの遺物．竿(scapus)の一端に鎖に付けた皿(lanx)あるいは鉤(hamus, uncus)があり，ここに物品を載せるか吊るす．取っ手(ANSA)の反対側には分銅(PONDUS)が垂れているので，これを左右に動かし，竿が水平になったときのその目盛りで重量を知る．竿秤は前5世紀の中頃，カンパニア地方

に現れた．それ以降，天秤よりもはるかに簡便に計量できるところから，ローマ人の広く愛用する秤となった．

stilus, stylus -ī, *m*

尖筆(せんぴつ)．鉄または骨製．蠟引きした書字板（TABELLA, TABULA）に文字を書くための用具．GRAPHIUM と異なり，尖っていないほうの端はへら状になっている．これで蠟面をこすって書き間違いを消し，新しい文字を書くことができた．図はポンペイのフレスコ画より．若い女性（かつてはギリシアの女流詩人サッフォーと想定された）が尖筆の先端を唇に当て，左手に持つ書字板にどんな詩句をつづろうかと想を練っている．⇒ IMAGO 図B

stīva -ae, *f*

犂(すき)の柄．⇒ ARATRUM 図A 図B

stola -ae, *f*

ストラ．ローマの良家の既婚女性が着た丈の長い上着．肌着 TUNICA の上に着て，外出時には stola の上に外衣 PALLA を羽織った．PALLA 図A を参照．同図で，肩のところでブローチ（FIBULA）で

留めているのが stola. 足許の palla の下に見えている裾も stola. 右上腕の袖は tunica のもの. stola はたいてい袖なしであった.

strēna -ae, *f*

新年の贈り物. ローマでは1月1日に, 友人同士が, また庇護民 (cliens) が庇護者 (patronus) に, さらにアウグストゥス帝以降は市民が皇帝に幸運を祈る贈り物をする風習があった. それは神聖な月桂樹 (laurea) やシュロ (PALMA) の小枝, お菓子, 金箔をきせた果物, ヤヌス (JANUS) を描いたアス青銅貨, お祝いの文句を記して贈り物の品々を描いた小型のランプ (LUCERNA) などであった.

図は陶製のランプで, 勝利の女神ウィクトリア (VICTORIA) が右手に持つ盾またはメダルに, ANNO NOVO FAVSTVM FELIX TIBI SIT 「新しい年に幸運と幸せがあなたにありますように」と祈りの文句が刻まれている. 左腕には聖なる小枝. その横には財布 (marsupium), 左上は, たぶん, お菓子と果物.

ちなみに, スエトニウス「ティベリウス伝」34によれば, この皇帝は1月2日以後の贈り物の交換を禁じた. 彼はもらった

strigilis

贈り物の4倍のお返しを自ら相手に手渡すのを決まりにしていたが,元日に拝謁の機会を逸した人々が,1月いっぱい,だらだらとやってくるのに閉口したからだという.また同じ作者の「カリグラ伝」42には,日頃,手元不如意を愚痴っていたカリグラ帝は,あるとき,「予は来たるべき新年には贈り物を頂戴するつもりである」と公告した.そして1月1日になると彼は宮殿の玄関に立ち,あらゆる階層の人々が差し出した両手やトガの懐いっぱいの小額コインを,ひったくらんばかりに受け取った,とある.お返しは期待すべくもなかったに違いない.

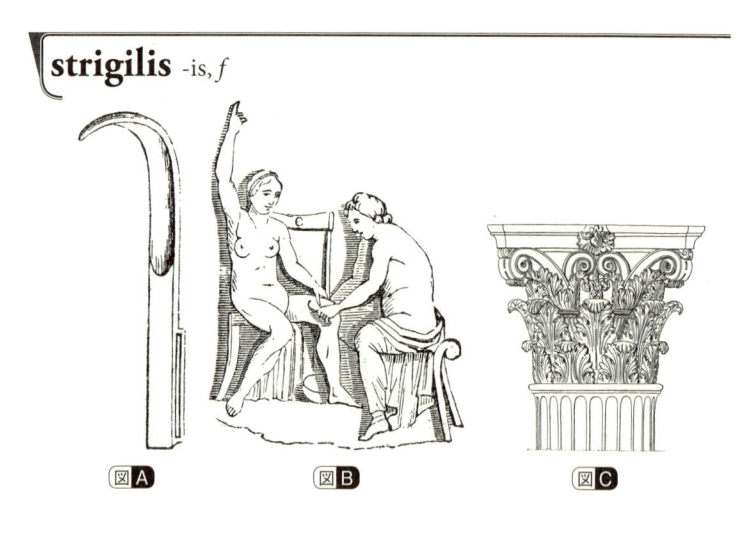

strigilis -is, *f*

図A　　　図B　　　図C

1) 垢すり器.浴場(BALNEUM, THERMAE)の熱気や格闘技訓練場(palaestra)での激しいトレーニングのあとで体表面に浮き出た汗や垢などを,係の奴隷(unctor)が垢すり器でこすり落とし,そのあとに香油(unguentum)を塗った.

図A ポンペイの遺物.ブロンズ製で,上半分の刃は先端が曲がり,内側にくぼみがある.使うときはこの刃に数滴の油を垂らす.下部の柄には指を入れる穴が空いている.

図B アッピア街道沿いの墓所で発見されたフレスコ画より．女奴隷(unctrix)が女性の太腿のあたりを垢すり器でこすっている．

2) 建築 円柱の縦溝装飾．フルーティング．**図C** アウグストゥス帝のフォルムに廃墟が残る復讐神マルスの神殿(Aedes Martis Ultoris)のコリント式柱頭．円柱に縦溝装飾が施されている．⇒ CAPITULUM

subsellium -ī, *n*

図A　　　　図B

背もたれのないベンチ．一度に数人が掛けられ，元老院の議場，法廷，競売場などで使われた．

図A マルクス・ファンニウス(M. Fannius)とルキウス・クリトニウス(L. Critonius)のデナリウス銀貨(前86年)．表面は穀物・豊穣の女神ケレス(Ceres)の横顔．髪に麦の穂を2本差している．銘：AED(ILES) PL(EBEII)「平民造営官」．裏面にはベンチに並んで腰掛けている2人の平民造営官と麦の穂1本が描かれている．銘：M(ARCVS) FAN(NIVS), L(VCIVS) CR(I)T(ONIVS), P(VBLICO) A(RGENTO)「公の銀で」．

図B ポンペイの浴場(BALNEUM)の温浴室(tepidarium)で発見されたブロンズ製のベンチ．左右の脚の上部に小さな雌牛の頭の飾りが付いている．これにより，浴客はこのベンチがニギディウス・ウァックラ(Nigidius Vaccula；vacculaは「若い雌牛」の意)の寄贈品であることを了解した．

sūbula -ae, *f*

靴屋の突き錐(きり). 図は，ローマ市から北に向かうカッシア街道（Via Cassia）で発見された靴屋（sutor）の墓石に刻まれた突き錐.

sūdātōrium -ī, *n*

発汗場. ⇒ CALDARIUM

sufflāmen -minis, *n*

車輪の輪止め，ブレーキ. 図は，スイスのレマン湖とヌーシャテル湖の間にある町オルブ（Orbe; 古代名 Urba）で発見されたモザイク画より. 荷車の荷台に鉄製の輪止めが付けられている. 下部の湾曲した部分が車輪の輪金に当たって回転を制御する仕組み.

suovetaurīlia -ium, *n pl*

豚・羊・雄牛の供犠. 農地，町，軍隊など，その清めが必要と判断されたほとんどの場合に，清めの儀式 (lustratio) の締めくくりとしてこの3種の犠牲獣が，軍神でもあり農業の神でもあるマルス (MARS) に捧げられた．

　図はトラヤヌス帝の記念柱のレリーフより．遠征地での軍隊の清めの儀式を描いている．犠牲獣はいけにえに供される前に，供犠の助手 (VICTIMARIUS) に引かれて，清められる場所の周りを3度廻る習慣であった．牛と豚の背に飾り帯が掛けられている．牛の左横の，神官姿で祭壇の代わりの炉に皿 (PATERA) から献酒 (libatio) しているのが皇帝．その向かいに補佐役の少年 (CAMILLUS) が立っている．壁の向こう側には，清めの気に与かろうと軍旗 (SIGNUM) が林立している．右側には，管の真っ直ぐならっぱ (TUBA) の奏者 (TUBICEN) と，円形のらっぱ (cornu) の奏者 (CORNICEN) の姿が見える．

supplex -plicis, *m*

嘆願者，哀願者． 図はトラヤヌス帝の記念柱のレリーフより．ゲルマン人の捕虜（captivus）が，二重に膝を折り曲げ，両手を高く挙げて慈悲を乞うている．

syrma -atis, *n*
syrma -ae, *f*

悲劇役者の着る長衣． ⇒ HISTRIO 図A

T

tabella -ae, *f*

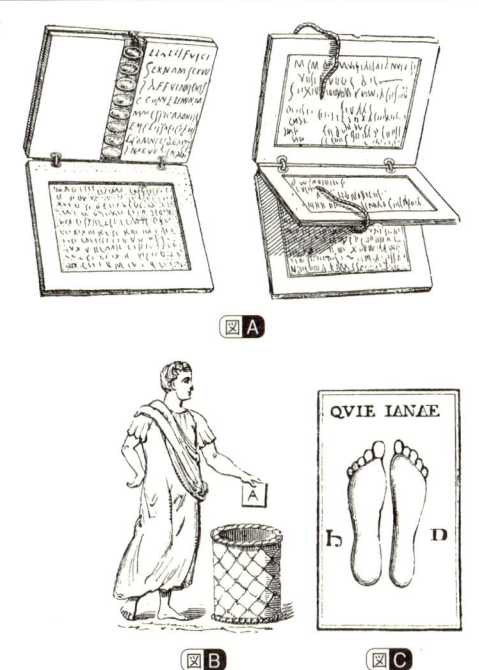

図A

図B　図C

1) 蠟引きした書字板. 図A ポンペイの遺物．いずれも尖筆（STI-LUS）で書き込まれた文字が残っているが，左は2枚重ねの書字板（diptycha），右は3枚重ねの書字板（triptycha）．⇒ CERA

2) 投票札．図B ルキウス・カッシウス・ロンギヌス（L. Cassius Longinus）のデナリウス銀貨（前60年）の裏面の意匠に基づいて描かれたもの．これは民会（comitia）の投票風景で，トガ（TOGA）を着た男性が A と記入された投票札を投票箱（CISTA）に投じている．民会では，A（= antiquo「（提案に）反対」）と UR（= uti rogas「提案のように（= 賛成）」）の2種の札が用意されていた．一方，

法廷用には，A（= absolvo「無罪」），C（= condemno「有罪」），NL（= non liquet「明らかならず（= 証拠不十分）」）の3種の札があった．

3) 神への感謝を表す奉納額． 図C ローマ市内で発見された大理石板．刻文の意味は明らかではないが，長旅から無事に帰国した旅行者，あるいは足の故障か病気かが癒えた人物が，健康の女神ヒュギア（Hygia）に奉納したものと考えられる．

taberna -ae, *f*

図A

図B

売店，露店，屋台．

図A ポンペイの6軒の売店の前面の復元図．大きな邸宅の公道に面した部分を区切って売店が設けられている．中央がこの邸宅の戸口（ostium）．

図B バチカン美術館蔵のレリーフより．カウンターに男が座っ

ており，その右にインク壺とその壺に突き立てた葦ペン（CALAMUS）らしきものが見える．頭上には屋根があるところから，この店は露店かもしれない．とすれば，10以上のアンフォラ（AMPHORA）は路上に並べられていることになろう．

tabula -ae, *f*

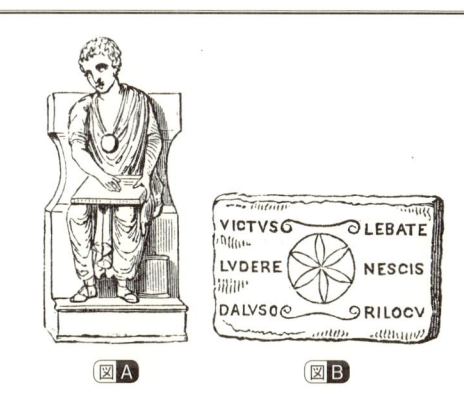

図A　　　　　図B

1) 蠟引きした書字板．図A テラコッタ製のレリーフより．男子生徒の膝に載せているのが学習用の書字板．彼は魔よけ入りの首飾りをかけている．足もとには本を入れた箱（CAPSA）が見える．
⇒ TABELLA 図A

2) 遊技盤．図B 旧イエズス会ローマ学寮蔵の大理石の遊技盤．この盤がどのようなゲームに使われたかは不明であるが，VICTVS LEB(=V)ATE LVDERE NESCIS DA LVSORI LOCV(M)「負けたら手を引きたまえ，君は遊び方を知らない，（遊び方を知っている）プレーヤーに場を譲りたまえ」との刻文から推して，さいころ（TALUS, TESSERA）遊びのような運まかせのゲームではなかったに違いない．

tabulārium -ī, *n*

文書館, 記録庫. ローマ市内にはいくつかの記録庫があり, それぞれが法文と元老院決議, 監察官(censor)による処罰と市民名簿, 土地台帳などの公文書(tabulae)を保管していた. 図はフォルム・ロマヌムで発見されたレリーフ. 右端奥に見えるのが, 前78年にフォルム・ロマヌムの西端, サトゥルヌス神殿(Aedes Saturni)の横に建設された文書館. 右端の頭部が欠けている人物はトラヤヌス帝で, 帝の命令で男たちが文書館から相続税の滞納者とその税額を記載した文書を持ち出し, 火にくべようとしている場面を描いている.

tab(u)līnum -ī, *n*

タブリヌム. ローマ人の家屋で, 広間(atrium)と列柱廊で囲まれた中庭(PERISTYLIUM)の間にある部屋. 一族に関する文書(tabulae)が収蔵され，絵画や彫像で飾られていた．図はポンペイの「ディオスクロイの家」の内部の様子．前半分が雨水だめ(IM-PLUVIUM)のある広間．その奥の左半分がタブリヌム．さらにその奥に中庭がある．タブリヌムの右横に見えるのは，fauces と呼ばれる狭い出入り口で，ここを通っても中庭に出られる．

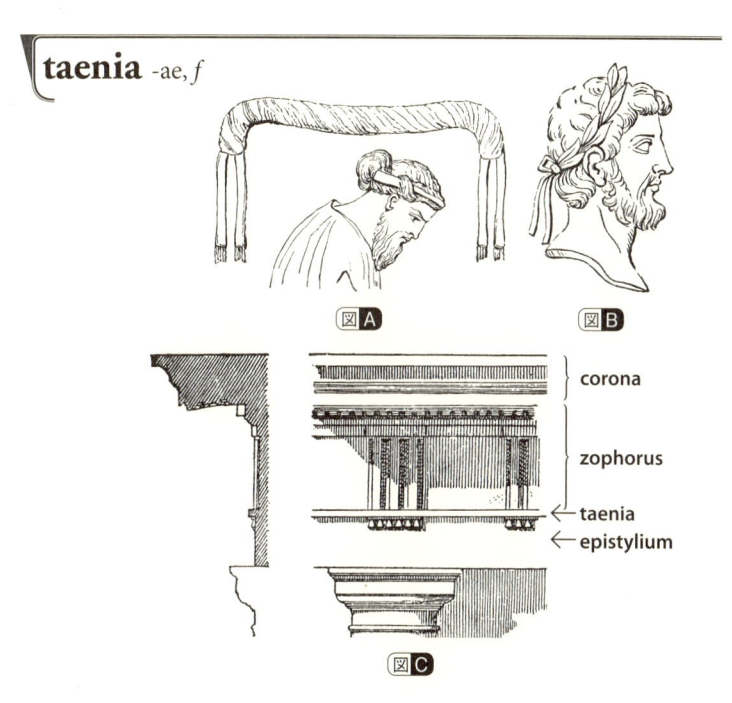

taenia -ae, *f*

図A
図B
図C

corona
zophorus
← taenia
← epistylium

1) 髪紐・リボンの端． この語は VITTA「髪紐，リボン」とほとんど同義で用いられるが，狭義では vittae extremitas「髪紐・リボンの端」を指すとの古人の説明がある．

図A 上は，神官や巫女が巻く聖なる羊毛製の頭飾り(INFULA)を描いた陶画．左右の垂れ下がった部分が taenia. 下は，その頭飾りを巻いた神官で，大理石のレリーフから．

図B 140 年頃のデナリウス銀貨に描かれたアントニヌス・ピウ

ス帝の胸像．葉冠（CORONA）の端をリボンで結んで留めている．なお，このリボンには別に LEMNISCUS の名称がある．

2) 建築 平縁(ひらぶち)．ドリス式円柱で，フリーズ（ZOPHORUS）とアーキトレーブ（EPISTYLIUM）の間にある水平帯状部分．図C ローマ市のマルケルス劇場のドリス式円柱に支えられるエンタブラチュア．
⇒ EPISTYLIUM

talāria -ium, n pl

翼の付いたサンダル．メルクリウス（MERCURIUS），ペルセウス（Perseus）などの神話伝説中の神や英雄が履いたという．図はポンペイの絵画より．紐で翼をしっかりと結わえ付けたメルクリウスの左足が描かれている．

tālus -ī, m

羊の趾骨(しこつ)で作った骰子(さい)．その形状に似せて石や金属から作ることもあった．TESSERA が6面の骰子なのに対して，talus は4面．図はブロンズ製の talus．左右は丸っこいのでここを下にして立つことはない．したがって，目は上と下に1と6，前と後ろのあまり丸くない側面に3と4を刻した．遊ぶときはこれを4個同時に用い，骰子筒(さいづつ)（FRITILLUS）から振り出すか，直接，手で転がした．全部異なる目が出たら Venus「ウェヌス」で最高，全部同じ目（通例，1）が出たら canis「犬」で最低．その他，それぞれの

目の組み合わせで得点が決まっていた. ⇒ FRITILLUS

tēgula -ae, *f*

屋根瓦. 図はローマ市の外港オスティアに残る古代の家屋の屋根. 瓦が上から下に葺かれていて, その左右のつなぎ目を半円筒形の瓦(IMBREX)がおおっている. この瓦のうち, 一番下に置かれる瓦の先端には, 人面, 動物の頭, 花, 葉などのさまざまの意匠の端飾り(ANTEFIXA)が付いている.

Tellūs -ūris, *f*

temo

[神話] **テルス**．大地の生産力を擬人化した女神．「母なる大地（terra mater）」として崇拝された．ただし，特別の神話はない．図は，ローマ市のマルスの野に建造された「アウグストゥスの平和の祭壇」の壁面を飾るレリーフ．腰掛けに座った女神が両腕に1人ずつ子どもを抱えており，膝には果物が載っている．足もとには若い牝牛が憩(はこ)い，羊が草を食んでいる．

tēmō -ōnis, *m*

1) 牛馬の引く荷車や戦車などの轅(ながえ)．図はバチカン美術館蔵の軽二輪馬車（CURRUS）．木製の操縦席がブロンズの板でおおわれていた．車軸（axis）の中央のくぼみ（cohum）から前方に突き出ているのが轅で，その先端に軛(くびき)（JUGUM）をつないだ．⇒ CURRUS 図A

2) 犂(すき)の長柄(ながえ)．⇒ ARATRUM

tensa -ae, *f*

神像を乗せて競技場へ運ぶ車．図は，いずれも前87年にルキウス・ルブリウス・ドッセヌス（L. Rubrius Dossenus）が鋳造したデ

ナリウス銀貨の裏面．4頭立ての二輪馬車が，右から順にユピテル(JUPPITER)の武器である稲妻(fulmen)，ユノ(JUNO)の聖鳥クジャク(pavo)，ミネルウァ(Minerva)の聖鳥フクロウ(noctua)を側面に描いた小神殿らしきものを運んでいる様子が刻されている．上に見えるのは勝利の女神ウィクトリア(VICTORIA)．稲妻，クジャク，フクロウはそれぞれの神の持物(exuviae)であるが，それらも神像(signum)と同じ扱いを受けたのであろうか．なお，この3枚の銀貨の表面には，右から順にユピテル，ユノ，ミネルウァの横顔が描かれている．彼らはカピトリウム(CAPITOLIUM)の3神として，ともにユピテル神殿に祭られていた神々である．

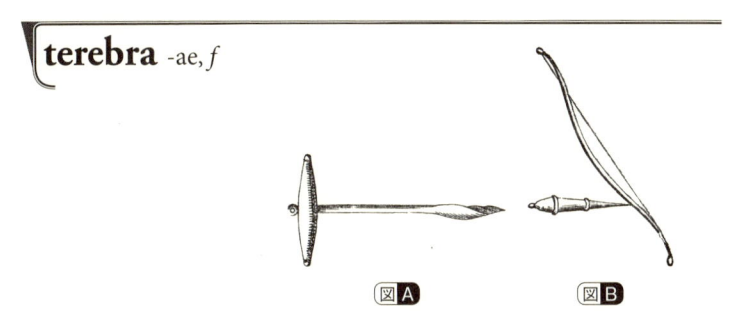

terebra -ae, f

図A　図B

穴あけ道具，錐(きり)．

図A 古代の手錐．コルメラ『農業論』4.29.15–16 には，かつて農民はこの錐でブドウの幹に穴をあけ接ぎ木をしていたが，穴をあけるときに出る木くず(scobis)が熱で燃えるので具合が悪い，そこで今は「ガリア風の錐(terebra Gallica)」を使っている，とある．

図B ポンペイの絵画に描かれた弓錐(ゆみきり)．もとの画面では，名工匠ダイダロス(Daedalus)がクレタ王妃パシファエ(Pasiphae)のために作製中のブロンズ製の牝牛の脇に，この弓錐が置かれている．

tessera -ae, f

図Ⓐ　図Ⓑ　図Ⓒ

1) 骰子（さい）. 象牙，骨，木などで作った．TALUS が 4 面の骰子なのに対して，tessera は 6 面．通例，3 個の骰子を骰子筒（FRITILLUS）から振り出し，全部異なる目が出たら最高，全部 1 のように，同じ目がそろったら最低の得点であった．⇒ TALUS

図Ⓐ ヘルクラネウム出土の象牙製品．

図Ⓑ ポンペイの絵画より．2 人の男がさいころ遊びをしていて，左の骰子筒を振った男が 'exsi(＝exi)'「出て行きたまえ（＝君の負けだ）」と叫ぶと，右の男が 'non tria, duas est'「3（の目）じゃないよ，2（の目）だよ」と応じている．

2) 穀物の配給切符（tessera frumentalia）．図Ⓒ 皇帝や有力者が平民の人気取りに穀物，ぶどう酒，油などを施すことがあった．図は鉛製の穀物配給切符．刻字 N(VMERO) MOD(IVS) Ⅰ（＝unus）は「1 モディウス（modius）の小麦（の支給）」の意．⇒ CONGIARIUM

testūdō -dinis, *f*

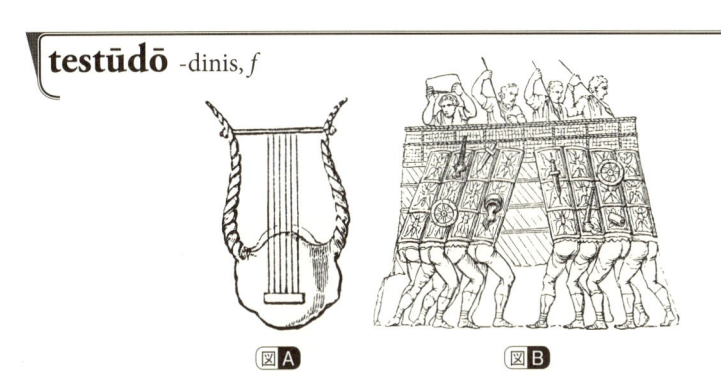

図A　　　　図B

1) カメの甲羅．(転じて)撥弦楽器(LYRA や CITHARA など)．神話ではメルクリウス(MERCURIUS)がカメの甲羅に弦を張って竪琴を発明したことになっているので，詩人たちはその作品の中で，しばしば，testudo を「弦楽器」の意味で用いた(代喩法(synecdoche))．図A ポンペイの絵画より．もとの画面では，この竪琴は発明者メルクリウスとともに描かれている．

2) 軍事 亀甲状隊形．攻城の際，数人の兵士がかたまって盾を亀甲状に連ねて突進した．図B マルクス・アウレリウス帝の記念柱のレリーフより．一群のローマ兵が亀甲状隊形でゲルマン人の城塞に肉迫している．

3) 軍事 亀甲車．⇒ ARIES 図B

theātrum -ī, *n*

図A

図B

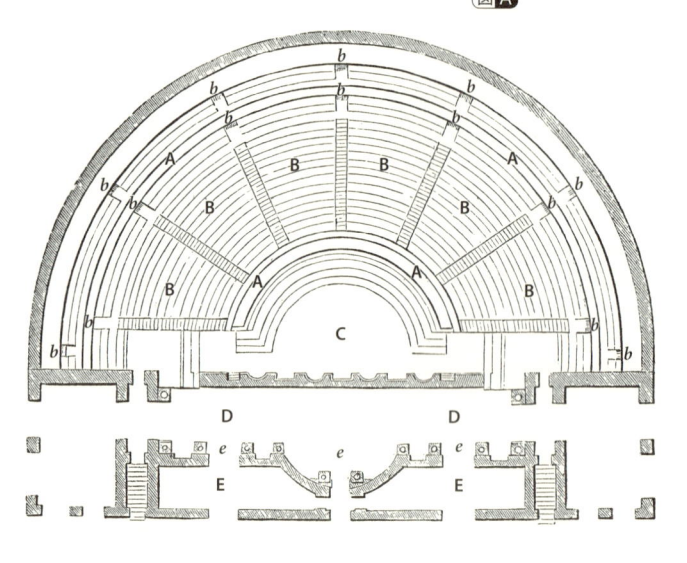

theatrum

図C

劇場.

図A ローマ市のマルケルス劇場の約 13,000 人を収容した観客席の外壁の一部. 1 階のアーチの両脇はドリス式円柱, 2 階はイオニア式円柱で飾られている. かつてコリント式円柱で飾られた 3 階部分は今はなく, 代わって集合住宅になっている.

図B ヘルクラネウムの劇場の平面図. 観客席 (cavea) は, B で示す 6 区画のくさび形座席列 (cuneus) から成る. b が出入り口 (vomitoria). AA, AA は上部席と下部席を分ける周回通路 (praecinctio). C はオルケストラ (orchestra) であるが, ギリシアの劇場のそれが合唱隊の歌舞の場所であったのに対して, ローマのそれは元老院議員・高官用の貴賓席であった. DD は舞台 (PROSCAENIUM). その後ろに煉瓦または石造りの壁があり, 背景 (scaena) の役目を果たしている. e は役者の出入り口. E は舞台裏または楽屋 (postscaenium).

図C 図B の右上方からオルケストラを見下ろした場景.

thermae -ārum, *f pl*

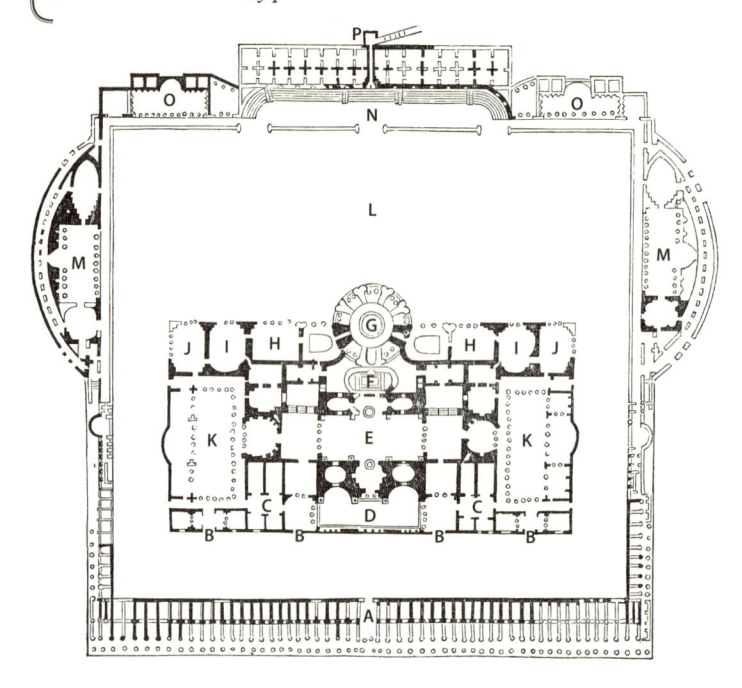

- **A** 正面入り口
- **B** 建物入り口
- **C** 脱衣室 (APODYTERIUM)
- **D** プール (natatio)
- **E** バシリカ(?)
- **F** 温浴室 (tepidarium)
- **G** 高温浴室 (CALDARIUM)
- **H** 塗油室 (elaeothesium)
- **I** 発汗場 (SUDATORIUM)
- **J** 冷浴室 (frigidarium)
- **K** 運動場 (gymnasium)
- **L** 庭園
- **M** 談話室 (EXEDRA)
- **N** 競走場 (stadium)
- **O** 図書室 (BIBLIOTHECA)
- **P** 貯水槽

公共大浴場. ローマ市内に建造された公共大浴場は，前20年頃のアグリッパのそれを嚆矢とし，1世紀半ば頃にネロ帝が，80年頃にティトゥス帝が大浴場を建造した．その後，110年に完成

したトラヤヌス帝の大浴場は，浴場施設に加えて体育・文化関係のさまざまの施設を備えており，以後の大浴場のお手本となった．大浴場の最後の建造者はコンスタンティヌス帝で，ネロ帝に始まる約 10 名の皇帝が，一大レクリエーションの場としての大浴場をローマ市民への贈り物としたことが知られている．

　図はアントニヌス浴場（通称カラカラ浴場）の平面図．中央の主要部は横 214m，縦 110m．

thermopōlium -ī, n

温めた酒を売る店．図はポンペイで発掘された店．間口は 2m もない．かまどに穴が 5 つ開けてあり，手前のそれには蓋つきの鍋がかかっている．かまどと壁ぎわには，ブロンズや陶製のアンフォラ（AMPHORA）が見える．⇒ CAUPONA

Thrax -ācis, m (Thraex, Threx ともつづる)

トラキア闘士．トラキア人のように，小型の盾と湾曲刀で武装した剣闘士．⇒ GLADIATOR 図B 図C

thyrsus -ī, *m*

図A 　　　　　図B

酒神バックスの信徒の携える杖．先端に松かさ（nux pinea）を付けたり，キヅタ（hedera）やブドウの葉（pampinus）を巻きつけてある．

図A いずれもポンペイの絵画より．左がキヅタ，右がブドウの葉を巻いたもの．中は松かさを付けたもの．

図B 信徒がこの杖を肩にかついでいる（thyrsiger）様子．同じくポンペイの絵画より．

Tiberis -is, *m*

ティベリス．ティベリス川の河神．図は，アントニヌス・ピウス帝のセステルティウス真鍮貨（140年頃）の裏面．葦（CALAMUS, HARUNDO）の冠（CORONA）をかぶり，左腕でも葦を抱える河神は，

右手を船のへさき(prora)に置いている．右下の壺(URNA)からは水が流れ出している．銘：TIBERIS, S(ENATVS) C(ONSVLTO)「元老院の決議により」．

tībia -ae, *f*

葦笛．管に音の高さを変えるいくつかの穴が開いており，リードのあるマウスピースを口にくわえて吹奏する縦笛．葦(CALAMUS, HARUNDO)の他，ツゲ材(buxus)，動物の角(cornu)や脛骨(tibia)などでも作った．吹奏するとき，1本の笛で吹くこともあったが，たいていは2本を同時に口にくわえ，両手を使って吹いた．この縦笛はローマ人の生活と密接な関わりを持ち，神殿，祝祭，葬儀など，さまざまの場面で吹奏された．

　図はヘルクラネウムの絵画より．右手の長い管の笛(tibia dextra)は低音，左手の短い管のそれ(tibia sinistra)は高音用．この場合は「(長短)異なる(管の2本の)笛で(tibiis imparibus)」といい，どちらか一方のみの2本を使う場合は「長い(または，短い)管の2本の笛で(tibiis duabus dextris(または sinistris))」といった．

tībīcen -cinis, *m*

葦笛奏者. 図はポンペイの絵画より. 劇場のオルケストラ(orchestra)の一段高い席で, 左足で拍子を取りながら吹いているところ. 口の周りに2管での吹奏を容易にするための革紐(capistrum)を巻きつけている.

tībīcina -ae, *f*

女性の葦笛奏者. 図はヘルクラネウムの絵画より. 彼女たちは, たいてい, 宴会や祭りの余興に雇われて笛を吹く旅芸人であった.

toga

図A

図B 図C 図D

toga

toga -ae, *f*

トガ.ローマ市民が着用したゆるやかな外衣.

図**A**(前頁)着用の仕方.(1)直径約 5m のほぼ半円形のウールの布地を背中に広げる.(2)左側を左の肩から腕にかけて,前に垂らす.(3)右側は右の脇の下を通して身体の右側に垂らしたあと,左の肩と腕に上げ,残った部分を左肩の後ろに垂らす.本図は,J. L. Sebesta & L. Bonfante (eds.), *The World of Roman Costume* を基に作画したもの.

図**B**(前頁)エトルリアの弁論家のブロンズ像(前 100–75 年;フィレンツェ国立考古学博物館蔵).トゥニカ(TUNICA)の上に,図**A** で説明されたとおりのもっともシンプルな仕方でトガを着用している.このトガは紫の縁飾りのついた toga praetexta.

図**C**(前頁)通称「セネカ」の大理石像(1 世紀;ルーヴル美術館蔵).トガが右肩をもおおっている点が図**B** と異なる.

図**D**(前頁)皇帝のトガを着用したティベリウス帝の大理石像(ルーヴル美術館蔵).これほどひだが多くゆったりしたトガには,図**A** で示されたよりはるかに大きな布地が必要だったはずで,奴隷も 2, 3 人がかりで着付けに当たったに違いない.

topia -ōrum, *n pl*

風景画.ポンペイには,神殿,門,川,橋,漁夫,家畜などを配

した想像上の田舎の風景画で壁面を飾った家が多数発見されている．図はそうした壁画の1つ．⇒ COMPITUM 図A

topiārius -ī, m

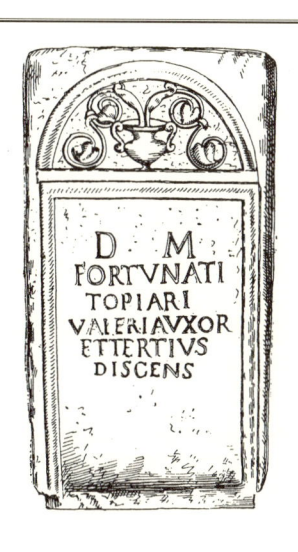

庭師．荘園（VILLA）の植え木の栽培や剪定，あずまや（PERGULA）にツタをはわせる方法，常緑樹を動物や鳥の形に刈り込むテクニック，こうした専門的な技能を身につけていた彼らは，自らを他の奴隷たちよりもランクが一段上の存在と見なしていたらしい．図は，イタリア北部の町コモ（古代名 Comum；小プリニウスの生地）で発見された庭師の墓碑．銘：D(IS) M(ANIBVS) FORTVNATI TOPIARI VALERIA VXOR ET TERTIVS DISCENS「庭師フォルトゥナトゥスの霊位に　妻ウァレリアと弟子テルティウス（これを建つ）」．庭師が弟子を取っていたことが注目されよう．

toral -ālis, *n*

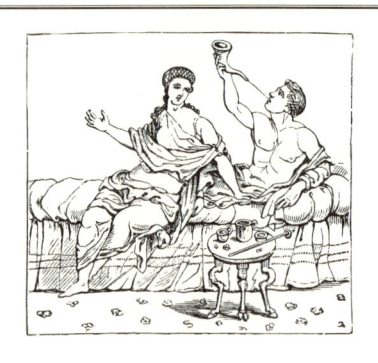

装飾的なひだを付けた長椅子または寝台の掛け布．図はヘルクラネウムで発見された絵画より．左の女性の膝から下に見える垂れ幕状の部分が toral．

trabea -ae, *f*

白地に紫の縞の入ったマント．卜占官（AUGUR）と騎兵（eques, *pl* equites）が儀式のときなどに着用した．図はアントニヌス・ピウス帝の記念柱台座のレリーフの一部で，騎兵隊による帝の葬送行進の場面を描いている．彼らの背に，留め具（FIBULA）を使って右肩で留めた trabea が見える．

trichila, triclia -ae, f

あずまや．夏場などに涼しい木陰で食事をするために別荘や邸宅の一画に造られた．図はポンペイの「サルスティウスの家」のあずまや（1820年代の素描）．中央に円形の食卓，その両側にクッション（torus）を敷いて横になる食事用臥台（TRICLINIUM），手前には噴水盤（fons），これらはすべて石造りである．背後に，素描には写されていないが，絵画の描かれた壁がある．ブドウの木とつるや葉をはわせた天井の木組みは，むろん，発掘後に植えたり設けたりしたもの．しかし現状は，円卓を例外として臥台と壁の損傷ははなはだしく，噴水盤に至っては影も形もない．このため，この場に立って往古のポンペイ市民のあずまやでの優雅な食事風景をしのぶことは難しい．

trīclīnium -ī, *n*

図A

食事用臥台. LECTUS ともいう. 食卓(mensa)の3方に据え, 1台に3人ずつ横臥した. ⇒ ACCUBITIO

図A ポンペイのグナエウス・ウィブリウス・サトゥルニヌス(Cn. Vibrius Saturninus)の墓に付設された食事用臥台(1820年代の素描). 中央に四角の大きな食卓, その周りの3方に臥台があり, この上にクッション(torus)を敷いて横臥した. いずれも石造り. 死者も食事の必要があると考えられたから, 墓所の一部にこのような場が設けられたのであろう. なお, 現状は, 前項の TRICHILA と同様, 図の面影はほとんど残っていない.

図B (次頁)3台の臥台の名称. 主人の席は7, その隣の6が主賓の席で, locus consularis と呼ばれた.

triclinium

lectus medius

6 5 4

lectus imus

7
8
9

lectus summus

3
2
1

mensa

図B

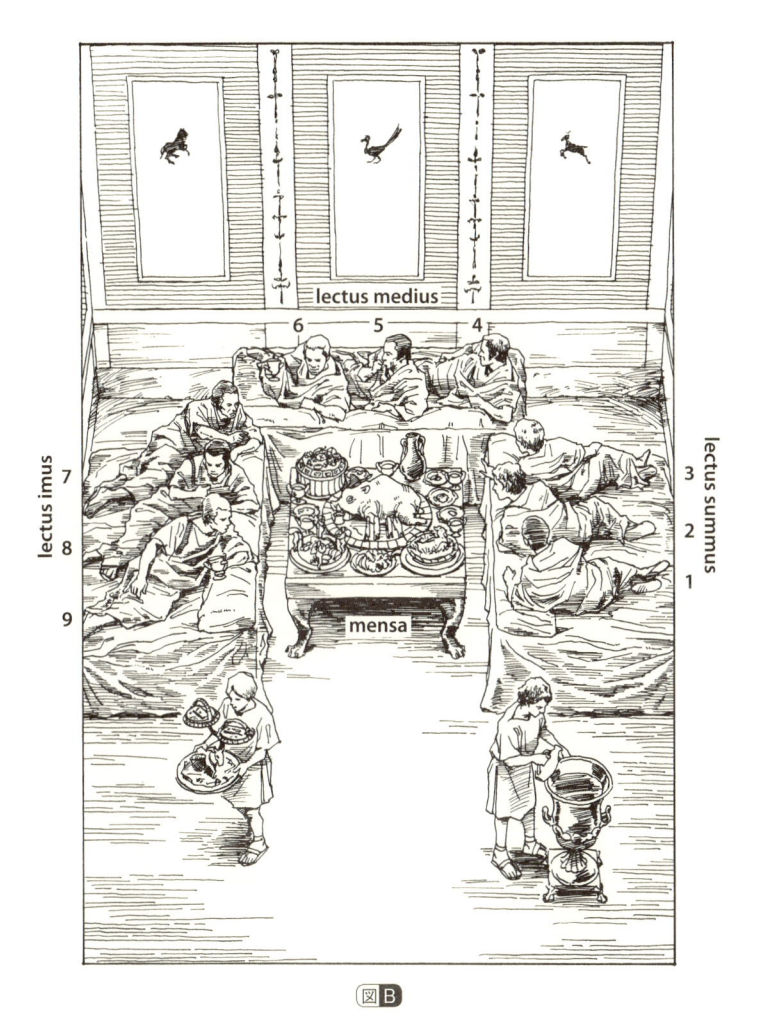

この図はペトロニウス『サテュリコン』などの資料を基にローマ人の饗宴の場面を再現した想像図.

T

tridens -entis, *m*

1) 漁獲用の三叉のやす. ⇒ FUSCINA
2) 網闘士の持つ三叉の槍. ⇒ GLADIATOR 図**D**

triens -entis, *m*

トリエンス. $1/3$ アス青銅貨. 図は馬の首を描いた triens(前 3 世紀). 下の 4 つの球形の浮き彫りは, この青銅貨の重さが 4 ウンキア(約 108g)であることを示す.

tripūs -podis, *m*

三脚の鍋. 図はヘルクラネウムの絵画より. 市場(forum)の情景を描いたものの一部. 男は三脚の鍋で煮込んだ料理を手鍋に取り出したのであろうか.

triumphus -ī, m

凱旋式，凱旋行進．図はティトゥス帝の凱旋門のレリーフより．この凱旋門は，ティトゥスのヒエロソリュマ（Hierosolyma；現エルサレム）の占領（70年）を記念して帝の死後に建造されたもので，図のレリーフには，ローマ軍がソロモン神殿から奪った黄金の七枝の燭台，銀のらっぱ，供えのパン台などの宝物を，兵士たちがかついで凱旋行進している情景が描かれている．⇒ FERCULUM, ARCUS

trochus -ī, m

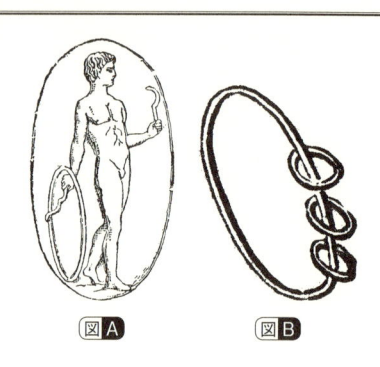

図A　　　　　図B

輪回し遊び用の鉄の輪.

図A 宝石に刻まれた意匠. clavis「鍵」と呼ばれる上部の曲がった棒で輪を回した.

図B ローマ市の東 30km の町ティボリ（古代名 Tibur）近くに残る古代の墓のレリーフより. 本体に小さな輪（anulus）が 3 つ付けてある. 子どもたちは，じゃらじゃらという音を耳にしながら輪回しを楽しんだのであろう.

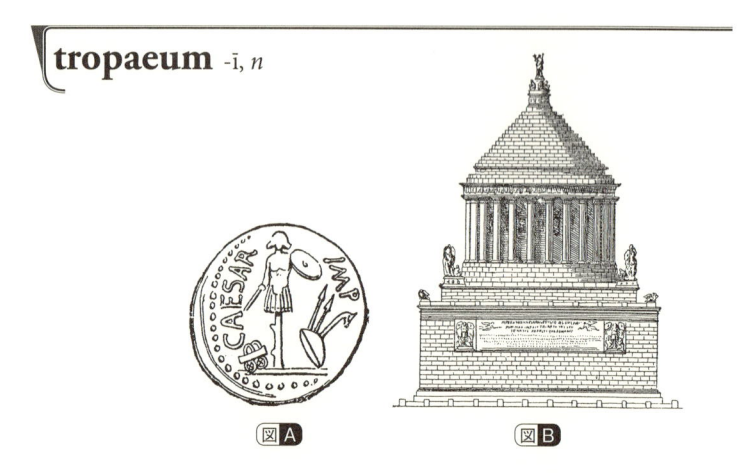

tropaeum -ī, n

図A　　　　　図B

戦勝記念柱，戦勝記念碑． もともとは敗走させた敵の武具などを戦場の立木や棒杭などに吊るしただけの一時的なもの．のちに，手の込んだ石造りの恒久的な記念碑が建てられるようになった．

図A カエサルのデナリウス銀貨（前44年）の裏面．中央にガリア人の武具を木に吊るした記念柱，左下に戦車（essedum），右下に盾と2本の槍とcarnyxと呼ばれるらっぱが描かれている．銘：CAESAR IMP(ERATOR)「最高司令官カエサル」．

図B Tropaeum Alpium「アルプスの戦勝記念塔」またはTropaea Augusti「アウグストゥスの戦勝記念塔」と呼ばれる高さ約50mの壮大な戦勝記念碑（復元図）．前16年から前7年にかけて，アウグストゥスの指揮のもとにアルプス地方の約45の部族の平定戦が遂行され，その勝利を記念して，前6年頃，ガリアとイタリアの境の標高454mの地点（現フランス南東部の村ラ・チュルビ）に建造された．基壇の大きな長方形の枠の中に，平定されたアルプス地方の部族名を列挙した碑文（プリニウス『博物誌』3.136-137に全文が伝わる）が刻まれ，左右に勝利の女神ウィクトリア（Victoria）が舞っている．枠の両外側の小さな長方形の部分に，ガリア人の武具を吊るした図Aのような記念柱と，柱の両側にひざまずいた2人のガリア人の捕虜が描かれている．碑の天辺にそびえ立つのは，むろん，アウグストゥスの彫像．この記念碑は中世には要塞として使われたが，現在はかなりの部分が修復されている．

tuba -ae, f

管の真っ直ぐならっぱ． ⇒ SUOVETAURILIA

tubicen -cinis, *m*

らっぱ手. ⇒ SUOVETAURILIA

Tulliānum -ī, *n*

トゥリアヌム. ローマ市の牢獄の地下にあった処刑場. ⇒ CARCER

tunica -ae, *f*

トゥニカ. ローマ人の男女が用いた頭からかぶるウールの肌着. 男性用は半袖で丈は膝まで，女性用は長袖で丈は足もとまで．正装時には，その上に男性は TOGA，女性は PALLA などを着用した．図はトラヤヌス帝の記念柱のレリーフより．男は腰紐でトゥニカを締めている．このように屋外で何らかの作業に従事する男性は，たとえ奴隷でなくても，たいていトゥニカだけで働いた．⇒ TOGA, PALLA

tūribulum -ī, *n*

香炉．1か所に据えておくのではなく，持ち運ぶためのもの．図はポンペイから出土したブロンズ製の香炉．蓋に付いた鎖で蓋を少し持ち上げながら，街路や神殿内を歩いて芳香をまき散らせた．

turris -is, *f*

図A

図B

図C

tus

軍事 櫓(やぐら).

図A ローマ市の南東のアシナリア門の両側に築かれた櫓．右側の円形と方形の櫓は相接して立っている．縦長の小窓は飛び道具を放つための狭間(はざま)(fenestra)．中央の低い建造物は今はなく，丸天井の通路が造られている．

図B 櫓のある軍船を描いた大理石のレリーフより．この櫓から敵艦あるいは陸の敵勢めがけて，投石器(CATAPULTA)で石や槍を発射して混乱させた．

図C 背に櫓を載せた象を刻んだ宝石の意匠．リウィウス『ローマ建国史』37.39–40 によれば，前 190 年のシリア王アンティオコスの軍勢には 54 頭の象がいて，1 頭につき，象使いの他に 4 人の武装兵が櫓に配置されていたという．

tūs tūris, *n*

乳香．アフリカや西アジアのニュウコウジュから採れるゴム樹脂．宗教儀式でさかんに用いられた．図は古代のフレスコ画より．左の女性は火のついた祭壇(ARA)に香を振りかけている．右の女性は皿(CATINUS)に入れた錠剤状の香を炉(focus)にくべている．
⇒ TURIBULUM, ACERRA

tympanum

tūtēla -ae, f

個人・場所・船などの守護神. 図は大理石のレリーフより. 軍船の船首(prora)の櫓(やぐら)の下に四角の箱状のものが突出するように据えられており, その前面にこの船の守護神が描かれている.

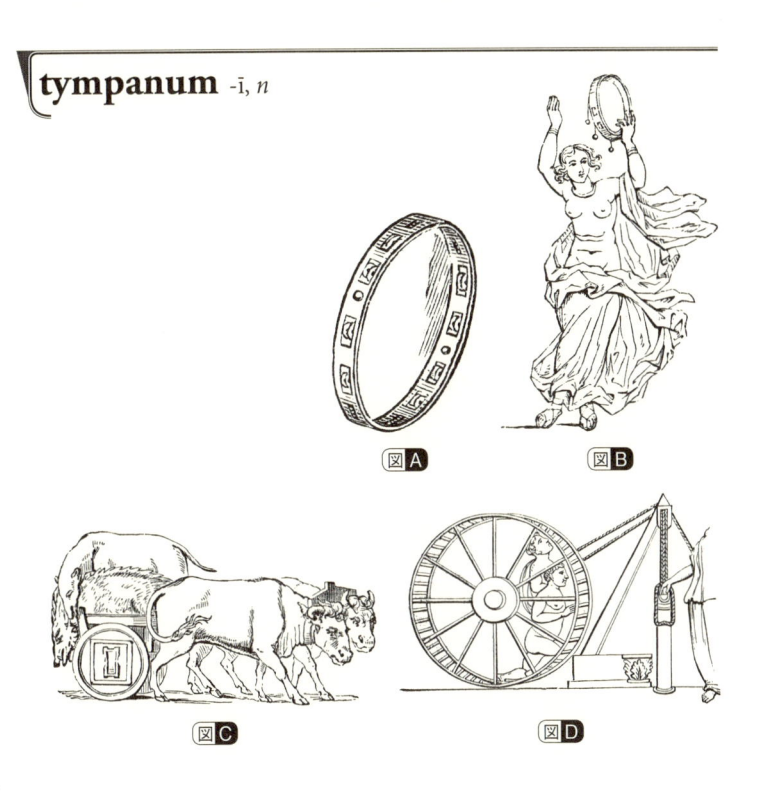

tympanum -ī, n

図A　　　図B

図C　　　図D

tympanum

1) 小太鼓，タンバリン． ふるい（CRIBRUM）のような木製の輪の片側に獣皮（pellis）を貼り，輪にいくつかの鈴（tintinnabulum）を付けたもの．キュベレ（Cybele）の神官やバックス（Bacchus）の信徒たちは，これを振ったり指で叩いたりしてにぎやかな音を立て，祭礼を盛り上げた．

図Ⓐ 宝石に刻まれた意匠．

図Ⓑ ポンペイの絵画より．タンバリンを叩く女性は tympanistria と呼ばれた．⇒ MUSIVUM

2) 荷車の鼓形の車輪． 材木を輪切りにしただけで，輻(や)（RADIUS）がない．図Ⓒ 古代のレリーフより．

3) 起重機の踏み車． 図Ⓓ イタリア南部の町カプアの円形劇場（AMPHITHEATRUM）の廃墟から発見されたレリーフより．2人の男が大きな踏み車を踏んで綱を引っ張ると，その綱は右の柱の滑車（troclea）を通り，地面に置かれた柱の石材を引き上げ，最後に柱頭（CAPITULUM）を引き上げて最上部に据える仕組み．この図のみでは詳しい作業手順を知ることはできないが，ルクレティウス『物の本質について』4.905–6「機械は滑車や踏み車によって，わずかの労力で大きな重量のものを動かし持ち上げる」の具体例と見られよう．

4) 建築 **ペディメントの三角小間．** ⇒ FASTIGIUM

U

umbella -ae, f

日傘, パラソル. ⇒ PYXIS

umbilīcus -ī, m

パピルス書巻の軸の先端. パピルス紙を巻きつけた軸の端を横から見ると, あたかも人間の臍(umbilicus の本義)のように見えるところからこう言う. INDEX(書物の標題)の項の図を参照.

umbō -ōnis, m

図A　　図B

1) 盾の中央の突起部, 盾心. 接近戦では攻撃の武器となることもあった. 図A バチカンのウェルギリウス写本の挿絵.
2) トガの襞(sinus)の胸の前で折り重なった部分. 図B ローマ市のカピトリーニ美術館蔵の彫像. a が umbo, b は「ふところ」(これも sinus と呼ばれた).

uncia -ae, *f*

ウンキア. 1/12 アス青銅貨. 図はガイウス・アブリウス・ゲミヌス（C. Aburius Geminus）のウンキア青銅貨（前 134 年頃；パリのフランス国立図書館コイン・メダル室蔵）. 表面に兜（GALEA）をかぶった女神ローマ（ROMA），裏面に船首（prora）を描き，両面にこの青銅貨の重さが 1 ウンキア（約 27g）であることを示す 1 個の小球体の浮き彫りがある. 銘：C(AIVS) ABVRI(VS) GEM(INVS)，船の下に ROMA.

unguentārium -ī, *n*

上等の軟膏・香水などを入れておく小壜（びん）. アラバスター（雪花石膏），陶土，ガラスなどで作った. ⇒ ALABASTER

図A ナポリ国立考古学博物館蔵のガラス製品.

図B 2 つの小壜が入る容器で，中央に取っ手が付いている. 同じくナポリ国立考古学博物館蔵のガラス製品.

urna -ae, f

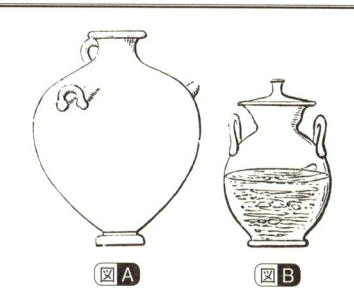

図A　　図B

1) 水壺，水差し． 泉や川から水を汲んでくるための容器．口が狭く，胴が丸く大きい．図A 陶製の水壺．この壺は頭上や肩に載せて運んだから，持ち上げるための両横の取っ手の他，壺の首近くにもう1つの取っ手がある．これは，肩で運ぶときと壺を傾けて水を注ぐときの便宜のためのもの．

2) くじ引き用の壺，（または）投票壺． ⇒ SITELLA

3) 骨壺． 陶土，アラバスター（雪花石膏），大理石，ガラスなどで作った．図B ポンペイで発見されたガラス製品．液体の中に砕けた遺骨や灰が認められる．⇒ SEPULCRUM 図A

ustor -ōris, m

葬儀屋の一員で死体を焼くことを受け持つ奴隷． 図は大理石に刻まれたレリーフより．火葬用の薪の山（ROGUS）に置かれた死者の

uter -tris, *m*

ぶどう酒を入れる革袋. 1人で持ち運びできるぐらいの量のぶどう酒を入れるのに用いられた. 昔はこの革袋が食事の場に持ち込まれ酒杯を満たしたものだ, との古人の証言がある. 図はポンペイの絵画より. 女性が革袋から大杯 (cantharus) に酒を注いでいる. ここには表されていないが, 大杯を差し出しているのは酒神バックス (Bacchus) の従者シレヌス (Silenus).

V

vāgīna -ae, *f*

剣の鞘(さや). 図はポンペイ出土の鞘に収まったままの剣(GLADIUS). 木製の鞘は薄い金属板でおおわれ，そこにブロンズの飾り鋲(びょう)が打ってある．右端の動物の頭を模した飾りの左が柄(capulus)．

vallum -ī, *n*

防柵(ぼうさく)．先を尖らせた木の杭(くい)を並べて作った．図はトラヤヌス帝の記念柱のレリーフより．ここには堡塁(ほうるい)(AGGER)は築かれていないように見受けられる．⇒ AGGER

vannus -ī, *f*

唐箕(とうみ). 穀物から籾(もみ)などを風で吹き分ける柳細工の農具. 図はマインツのローマ・ゲルマン中央博物館蔵の古代のレリーフより. 右側の男がふるっているのが唐箕.

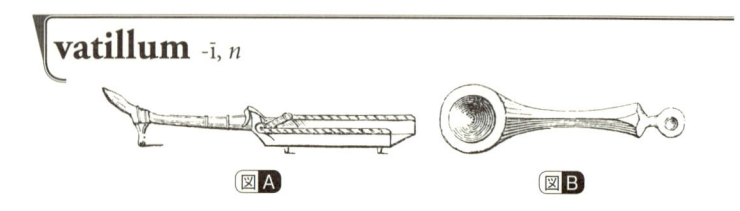

vatillum -ī, *n*

図A　　　　　図B

1) 十能(じゅうのう). 図A ポンペイで発見されたブロンズ製品. 右側の平らな部分に炭火を置き, 香草や乳香(TUS)をくべて持ち運んだ.
2) 金属の純度を調べる器具. プリニウス『博物誌』33.127 は, 白熱させた鉄製のこの器具に銀の削り屑(ramentum)を載せたとき, それが白いままであれば良質の銀と認められる, と記している. 図B アッピア街道で発見されたレリーフより. その脇に金袋が表現されていたことは, この器具の用途を明らかにするものと考えられている.

vēles -litis, *m* (通例 複数形 **vēlitēs** で)

軽装歩兵，**散兵**．軍団 (legio) に属さず，戦闘隊形においても一定の位置に配備されることなく，戦況に即して騎兵隊，歩兵隊の間に散開して戦った．防具としては，頭に革帽子をかぶり，丸盾 (PARMA) を持つ他は胴鎧 (LORICA) を着用せず，武器には短い剣 (gladius Hispaniensis) を帯び，小競り合い用の槍 (hasta velitaris) を手にしていた．図はセプティミウス・セウェルス帝の凱旋門のレリーフより．この軽装歩兵の右手にあるべき槍は，レリーフ製作上の技術的困難のゆえに，表現されていない．

vēlum -ī, *n*

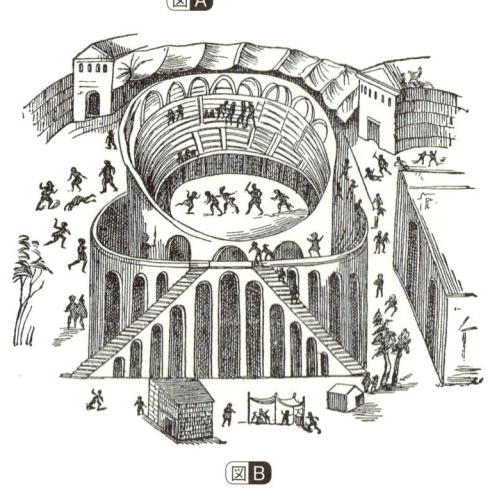

図A

図B

日除け，天幕．

図A ローマ市の東 37km の町パレストリーナ（古代名 Praeneste）で発見された「ナイル・モザイク」の下部中央．神殿の天幕の下に一群のローマ兵がいる．右端の女性はシュロの枝（PALMA）を

持っている．そのすぐ左横にいるのがこの兵士たちの隊長らしく，この図からは読みとれないが赤いマントをはおり，角製の酒杯（cornu）から酒を飲んでいる．左の天幕の下には大きな酒甕(がめ)があり，いくつかの角の杯が用意されている．

図B ポンペイの絵画より．同地の円形競技場（AMPHITHEATRUM）で 59 年に起きた，ポンペイ市民とヌケリア（Nuceria；ポンペイの東約 30km の町）住民の大乱闘事件を描いている．タキトゥス『年代記』14.18 によれば，剣闘士の見世物の最中に両者はののしり合いを始め，その喧嘩口論が高じて，ついには多数の死傷者を出す大事(おおごと)になってしまったという．図上方の観客席の日除けの下でも，男どもが戦っている．

vēnātiō -ōnis, *f*

図A

図B

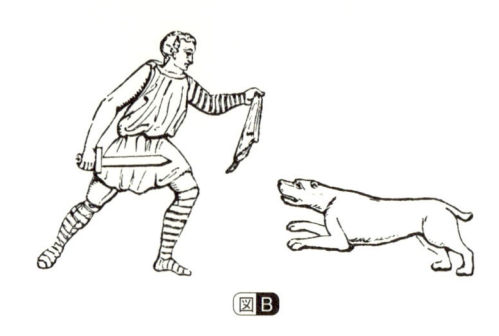

1) 狩猟. 図A ローマ市近郊のナソ(Naso)家の墓室から発見されたフレスコ画より. 狩猟用の槍(venabulum), 弓(arcus)を持った2人の狩人(venator)がイノシシ(aper)に立ち向かっている. 猟犬(canis venaticus)も横と後ろから加勢している. 猟馬(equus venator)に乗った男性がこの一団の指揮者であろうか.

2) 競技場で行われた野獣狩り. この競技で野獣と戦う闘士はvenatorまたはBESTIARIUSという. 図B ポンペイの「墓地通り」の墓のレリーフより.

verbēna -ae, f

オリーブ・ギンバイカ・月桂樹などの芳香のある樹木または低木の葉の茂った若枝. 宗教儀式, 医療に用いられた. 図はポンペイ

の絵画より．浄めの水を入れた甕(かめ)の中に若枝が挿してある．

Vesta -ae, f

神話 ウェスタ．炉・家庭生活を司る女神．図はクイントゥス・カッシウス・ロンギヌス（Q. Cassius Longinus）のデナリウス銀貨（前55年頃）．表面にベール（suffibulum）をかぶった女神の横顔とQ(VINTVS) CASSIVS VEST(A)の銘．裏面には，フォルム・ロマヌムにあったウェスタ神殿（Aedes Vestae）が描かれている．内部には高官椅子（sella curulis）が置かれ，円錐形の屋根の天辺に（ウェスタ以外の）神像がそびえ，軒(のき)の両端に怪獣めいた形の端(はし)飾り（ANTEFIXA）が置かれている．右にA(BSOLVO)「無罪」C(ONDEMNO)「有罪」と記された投票札（TABELLA），左に投票壺（SITELLA）が見える．⇒ LARES

Vestālis -is, f

図A　図B

女神ウェスタの巫女. virgo Vestalis ともいう．大神祇官（pontifex maximus）に選抜された6人の巫女たちの最大の任務は，ウェスタ神殿内の「不滅の火」（ignis inextinctus）を見守り，決して絶やさぬことであった．万一，火が消えたときは，当番の巫女が大神祇官に鞭で打たれた．彼女たちの住居（「ウェスタの巫女の家」）はフォルム・ロマヌムのウェスタ神殿（Aedes Vestae）の東にあり，生活のすべては公費でまかなわれた．彼女たちは少なくとも30年間は処女のまま女神に仕えた．その間にもし純潔を失うようなことがあれば，生き埋めにされる定めであった．

図A　ローマ市内で発見されたウェスタの巫女の彫像（1世紀）．右腕は肘から先が，左腕も一部が欠けている．髪に巻きつけた頭飾り（INFULA）の上からベール（suffibulum）をかぶっている．この図は全体が黒っぽいが，ウェスタの巫女の衣装は，ウールの頭飾り以外は，すべて白であった．

図B　前230年頃のウェスタの巫女トゥッキア（Tuccia）を描いた宝石の意匠．ウァレリウス・マクシムス『記憶さるべき行為と発言』8.1.5によれば，男と通じたとの嫌疑をかけられたトゥッキ

アは，ふるい（CRIBRUM）でティベリス川の水を汲み，ウェスタ神殿まで運ぶことで身の潔白を明かす，と声高に祈り上げた．彼女のこの必死の訴えに，自然の理(ことわり)も譲歩した（＝ふるいで水を運ばせた）という．ただし，断罪されたとの伝もある．彼女は外衣（STOLA）の上に膝までの白い亜麻布（carbasus）をまとい，両手でふるいを持っている．左手から垂れているのはベールの一部で，背中にもそれが垂れている．

vexillum -ī, *n*

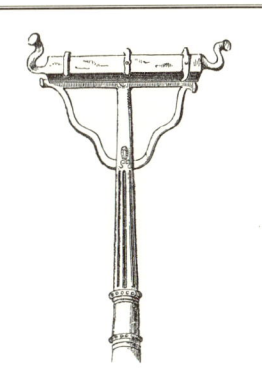

騎兵隊旗．竿の先端の横棒に，通例，赤い四角の布を吊り下げたもの．騎兵小隊（turma）ごとにこの旗を掲げた他，同盟軍の歩兵部隊，特別編制の歩兵の分遣隊などでも用いられた．図は，ブロンズ製の骨組みだけが残った騎兵隊旗．なお，騎兵隊旗を持つ旗手は vexillarius という．⇒ DECURSIO, SIGNUM **4)**

via -ae, f

図A

図B

街路, 街道.

図A ポンペイの市壁のすぐ西にある「墓地通り」. 中央が舗装された車道 (agger). 舗装道路は, 一般に, 上から順に nucleus (砕いた陶片など), rudus (砕石など), statumen (丸石など) の3層を入念に搗き固めた上に, 敷石を敷きつめて造られた. 車道の両側に少し高くなった歩道 (CREPIDO) が見える. この歩道は舗装されていないが, 富裕な市民の家の前などでは舗装されることが多い. 車道と歩道の間には縁石 (umbo) があり, その所々にくさび形をした石 (gomphus) が配置されて, 縁石を固定する役目を果たしている.

via

図C

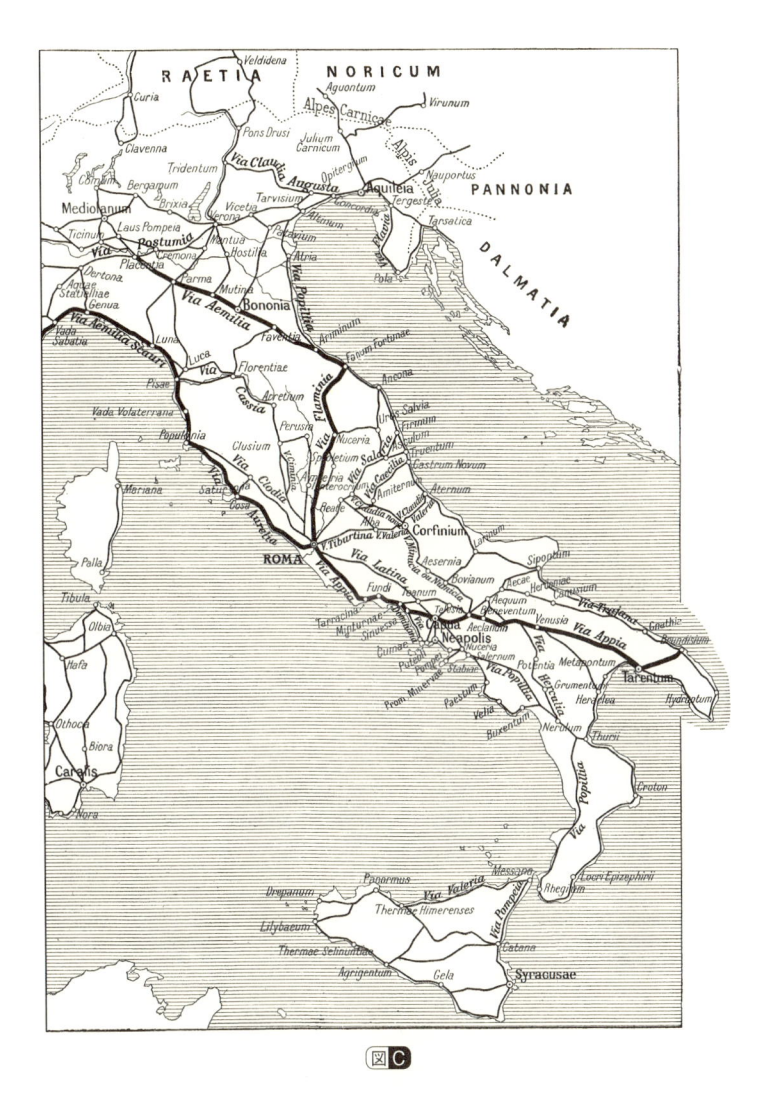

図B トラヤヌス帝のデナリウス銀貨(112年頃). 帝はアッピア街道のベネウェントゥム(Beneventum;現ベネヴェント)以遠に,内陸部の高地を避け,アドリア海寄りの比較的低地を進んでブル

ンディシウム（Brundisium：現ブリンディジ）に至るトラヤナ街道（Via Trajana）を建設した．この銀貨はそれを記念したもの（図C参照）．表面に月桂冠（laurea）をいただいた帝の横顔．銘：IMP(ERATORI) TRAIANO AV(GVSTO) GER(MANICO) DAC(ICO) P(ONTIFICI) M(AXIMO) TR(IBVNICIA) P(OTESTATE) CO(N)S(VLI) VI P(ATRI) P(ATRIAE)「皇帝トラヤヌス・アウグストゥス，ゲルマニアの征服者，ダキアの征服者，大神祇官，護民官職権を持つ者，執政官6度，国父に」．裏面には，右手に車輪（ROTA），左手に葦（CALAMUS）を持って横たわる女性．彼女はトラヤナ街道を人格化したもの．銘：S(ENATVS) P(OPVLVS)Q(VE) R(OMANVS) OPTIMO PRINCIPI「ローマの元老院と人民が最善の元首に」，下に VIA TRAIANA．

図C（前頁）イタリア半島とその周辺の道路図．

viātor -ōris, *m*

旅人，旅行者．図はベルギーのアルロン（Arlon）にある考古学博物館所蔵の古代のレリーフより．頭巾（CUCULLUS）の付いた外套（PAENULA）に身を包み，手に杖（baculum）を持った貧しげな旅人が，道すがら出会った井戸（puteus）で喉をうるおしている．

victimārius -ī, m

犠牲式を行うときの助手．図は古代のレリーフより．屠殺人(popa)が斧(SECURIS)を振りかざしている手前で，2人の助手がいけにえ(victima)の首を押さえつけている．祭壇の火をおこすこと，式に必要な道具類をそろえることも，彼らの役目であった．

Victōria -ae, f

victoriatus

ウィクトリア，勝利の女神． 図は，ローマ市内で発見された邸宅遺構内のストゥッコ浮き彫り（前35–25年；ローマ国立博物館蔵）．羽根を高く上げ，トゥニカ（TUNICA）をまとった女神が，手にした兜（GALEA）に見入っている．

victōriātus -ī, *m*

ウィクトリアトゥス． 表面にユピテル（JUPPITER），裏面に勝利の女神ウィクトリア（VICTORIA）を刻した銀貨．前211年頃，最初に鋳造されたときは³/₄デナリウス銀貨に相当する値であったが，前100年頃には¹/₂デナリウスの値に低下した．図の銀貨（前200年頃）で女神は，戦勝記念柱（TROPAEUM）に冠（CORONA）を置こうとしている．銘：ROMA．ウィクトリアトゥス銀貨の裏面は，女神と戦勝記念柱の組み合わせが基本的な意匠で，両者の間に何もないパターンと，何か物が刻されているパターンとがある．
⇒ TROPAEUM 図A

vigil -ilis, *m*

夜警，不寝番．図はバチカンのウェルギリウス写本の挿絵．7人の夜警の兵士が要塞の壁の前で露営している．前景のたき火，空に輝く月と星々が夜間であることを示している．なお，夜警の時間はvigilia「夜警時」といい，日没から夜明けまでを4等分して，prima, secunda, tertia, quarta と序数詞を付し，「第1夜警時」「第2夜警時」...と呼ばれた．

villa -ae, *f*

図A

villa

図B

図C

図D

1) 別荘. 図A ポンペイのマルクス・ルクレティウス・フロント(M. Lucretius Fronto)邸内で発見されたフレスコ画より．海辺か湖畔に建てられた別荘を描いている．ヘルメス柱像(Hermes)と彫像の立つ船着き場に上がると，長い有蓋歩廊(PORTICUS)がある．その背後にいくつかの建物．建物の間に見えるのは松(pinus)，糸杉(cupressus)，月桂樹(laurea)．遠景に2つの丘．

2) 農園，農場. 図B 図C 図D チュニジアの海沿いの町タバルカ(Tabarka；古代名 Thabraca)で発見された3点1組の農園のモザイク画．図B は園主の館，図C は農園経営と農作業に必要な各種の建物およびブドウの木と果樹，図D は馬小屋(equile)と穀物倉，羊の番をしながら糸を紡ぐ女を描いている．⇒ CRYPTA 図C

vindēmia -ae, f

図A

図B

収穫(特にブドウの).

図A ブドウの収穫を描いたバチカン美術館蔵の石棺(SARCOPHAGUS)のレリーフより．クピド(Cupido)たちがブドウを摘んでいる．左から2人目の先の曲がった杖(VIRGA)を持っているのが監督．この株の房は摘み頃，こちらはまだ早い，などと指示する．

図B オリーブの実の収穫を描いた宝石の意匠．はしご(SCALAE)をかけて先んじて木に登ったクピドが，枝をゆすって実を落としている．仲間を見上げている地上のクピドは，むろん，拾い集めて容器に入れる係であろう．

vindicta -ae, f

解放の儀式で奴隷の頭に触れる杖. ⇒ MANUMISSIO

virga -ae, f

図A　図B

鞭. 杖.
1) 馬を御す鞭. 図A 古代の陶画より.
2) 教師が用いる体罰用の鞭. ⇒ LUDUS 図E
3) 剣闘士の訓練者(lanista)が持つ職杖. ⇒ GLADIATOR 図D
4) 先導警吏が持つ官杖. ⇒ LICTOR 図B
5) メルクリウス(MERCURIUS)の杖. 本来の名称 caduceus の代わりに用いられることもある. ⇒ CADUCEUS
6) 魔女キルケ(Circe)の持つ魔法の杖. 図B 大理石に刻まれたレリーフより. キルケがウリクセス(Ulixes)の部下を魔法の杖で豚に変身させている.

Virtūs -ūtis, *f*

ウィルトゥス. 「勇武」を人格化した女神. 図は, マニウス・アクイリウス(M'. Aquilius)のデナリウス銀貨(前 70 年頃). 表面に兜 (GALEA) をかぶった女神の横顔. 銘: III VIR「三人委員」, VIRTVS. 裏面に, 左手に盾 (SCUTUM) を持った戦士が右手で半裸の女性 (Sicilia?) を立たせようとしている意匠 (この戦士は, シチリア島の奴隷の反乱を平定した前 101 年の執政官 (consul) マニウス・アクイリウスかもしれない). 銘は, 左に M(A)N(IVS) F(ILIVS) M(A)N(IVS) N(EPOS)「マニウスの息子, マニウスの孫」, 右に M(A)N(IVS) AQVIL(IVS), 下に SICIL(IA). ⇒ HONOS

vītis -is, *f*

ブドウの木で作った百人隊長の職杖. 命令に従わない兵士をこれで罰した. ⇒ CENTURIO

vitta -ae, *f*

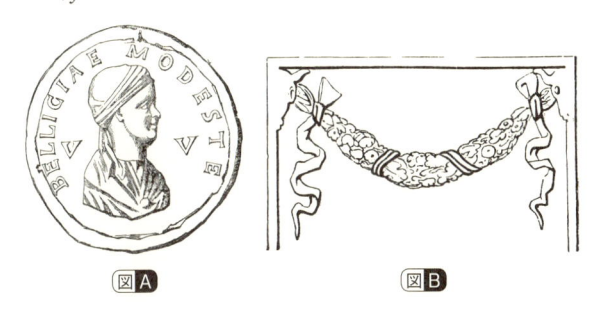

図A 図B

1) 神官・巫女(みこ)・犠牲獣の頭飾り． vitta は，厳密には，紐状の頭飾り(INFULA)の素材の羊毛の房を包んでまとめる長いリボンを指すが，しばしば，infula と紐の両端の垂れ下がった部分(TAENIA)をも含めて全体を vitta と呼ぶ．

図A ウェスタの巫女ベリキア(Bellicia)の横顔を刻したメダル(パリのフランス国立図書館コイン・メダル室蔵)．彼女は髪を capital と呼ばれるかぶりものですっぽりとおおった上に，infula を巻きつけている．その端の taenia が垂れ下がっているのも見える．銘：BELLICIAE MODEST(A)E V(IRGINI) V(ESTALI) 「ウェスタの巫女 慎しみ深きベリキアに」． ⇒ VESTALIS

2) 注連(しめ)飾り． なにかの儀式が執り行われるとき，聖所・祭壇・聖木などが花綱(serta)で飾られたが，その花綱に飾り紐が巻きつけられることもあり，これを vitta といった． 図B 祭壇(ARA)に刻まれたレリーフより．

Volcanus

Volcānus, Vulc- -ī, *m*

神話 **ウルカヌス**．火と鍛冶の神．図はポンペイのフレスコ画より．この神のひげ(barba)の生えていない若者姿の図像はきわめて珍しい．働きやすそうな短いトゥニカ(TUNICA)を着て，右手に金槌(MALLEUS)，左手にやっとこ(FORCEPS)を持っている．

volsella, vuls- -ae, *f*

図A　図B

1) 小さな鉗子(かんし)，ピンセット．図A ポンペイの遺物．虫歯を抜いたり，歯の破片を取り除くのに用いられた．他の医療器具に混じっ

2) 毛抜き. 図B ローマ市の近郊で発掘されたもの.

volūmen -minis, *n*

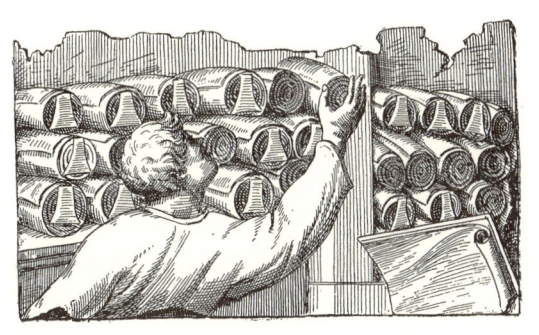

パピルス紙の巻き物，書巻，書物. 図は，ドイツのトリーア（古代名 Augusta Treverorum）北東のノイマーゲン（古代名 Noviomagus Treviorum）の墓所で発見された2世紀のレリーフより（17世紀に発見されたが，その後，失われた）. 図書室（BIBLIOTHECA）の左の書棚（foruli）には，6巻の書物が3段，計18巻の書物が並んでいる. その多くに付いているほぼ3角形の紙片は，著者名・標題を記した羊皮紙の付箋(ふせん)（sittybus, INDEX）. 一書を手にしている男は，それを書棚に戻そうとしているのであろうか.

Z

zōdiacus -ī, *m*

天文 黄道帯，獣帯．ギリシア語の ὁ ζῳδιακὸς κύκλος 「(黄道帯に位置する)生き物たちの輪」を借用したもの．orbis (または circulus) signifer と意訳されることもある．図は石棺 (SARCO-PHAGUS)のレリーフより(3–4世紀；ワシントン D.C. のダンバートン・オークス (Dumbarton Oaks) 研究所・博物館蔵)．故人夫婦の胸像を黄道帯が取り巻いている．下はブドウの収穫 (VINDE-MIA) に励むクピド (Cupido) たち．その左右に有翼で男性の四季が，東方の宗教の影響を反映した姿で刻まれている．⇒ BALTEUS 3)

zō(o)phorus, -os -ī, *m*
zō(o)phorum -ī, *n*

[建築] **フリーズ**．アーキトレーブ(EPISTYLIUM)とコーニス(corona)の間に位置する部分．図は，アントニヌスとファウスティナの神殿のフリーズの一部．2頭のグリュプス(gryps；ライオンの胴体に鷲の頭と翼を持つ怪獣)が向かい合っている．その間にあるのは，ぶどう酒と水を混ぜる甕(かめ)(CRATER)と上にアカンサス(ACANTHUS)の葉．両脇に花綱(serta)で飾られた燭台(candelabrum)．このように，フリーズは，ギリシア語 ζῳφόρος の原義「動物を担うもの」が示すように，しばしば動植物などのレリーフで飾られたが，人と動物，人物，神々を描いたレリーフも，フリーズの装飾として多用された．⇒ EPISTYLIUM

zōthēca -ae, *f*

図A　図B

1) 小部屋, 次の間. 図A ポンペイの「ケンタウロスの家」の寝室(cubiculum). 上部に窓が2つある. 左側の床が一段高くなった小空間が zotheca. ここにも寝台(LECTUS)が置かれた. ちなみに, 小プリニウスのラウレントゥム(Laurentum)の別荘(VILLA)にも zotheca が造られていたが, そこには1台の寝台と2脚の安楽椅子(CATHEDRA)があった, と『書簡集』2.17.21が伝えている.
2) 壁龕(へきがん). 図B ポンペイの「アポロの家」の台所の壁にうがたれた壁龕. ここに家の守護神(LARES)の像を安置して拝んだ. その下の壁に蛇(serpens)が描かれている. 手前は祭壇(ARA).

索　引

ラテン語索引で，索引項目に付された * 印は，その語が本辞典に見出し語として採録されていることを示す．

ラテン語索引

abacus* 　アバクス……capitulum, epistylium
acanthus* 　アカンサス……capitulum
acta 　官報……album
acus 　ヘヤーピン……ornatrix
aequipondium 　釣り合い重り……libra
ala 　小室……domus
alveus 　高温浴槽……caldarium
amphitheatrum* 　円形競技場……velum
amphora* 　アンフォラ……culleus, dolium
ancile* 　聖なる盾……Salii
ansa* 　取っ手……examen, libra, statera
antefixa* 　瓦の端飾り……tegula
anulus 　アニュレット，輪状平縁(へいえん)……capitulum
apex* 　オリーブの小枝……flamen, Salii
apodyterium* 　脱衣室……balneum, thermae
aquarius 　水汲み奴隷……labrum
aquila* 　軍団旗……signum
ara* 　祭壇……patera, tus, zotheca
arator 　耕作者……aratrum
arca 　金庫……saccus
arcus 　弓……venatio
arena 　闘技場……amphitheatrum
as* 　アス……denarius
astragalus 　アストラガルス，玉縁(たまぶち)……capitulum
atrium 　アトリウム，広間……domus, impluvium, tabulinum
augur* 　卜占官……lituus
aurifex* 　金細工師……malleus
axis 　車軸……plaustrum, temo
balneum* 　浴場……strigilis
balteus* 　剣帯……gladius
bestiarius* 　野獣闘士……culter, venatio
bibliotheca* 　図書室……thermae, volumen
bipalium* 　深掘りシャベル……bidens
biremis 　二段櫂船……navis
brattea 　金箔……aurifex
buccula* 　兜の面頬(めんぼお)……galea
bura 　犂(すき)などの長柄(ながえ)……aratrum, jugum
caduceus* 　メルクリウス神の杖……Mercurius
caelum 　鑿(のみ)……marmorarius
caldarium* 　高温浴室……balneum, labrum, thermae
caliga* 　兵隊靴……legionarius
camillus* 　供犠の補佐役の少年……suovetaurilia
cantharus 　大杯……uter
canthus 　車輪の輪金……rota
capital 　巫女の羊毛製のかぶりもの……vitta
capitulum* 　柱頭……columna, epistylium
capsa* 　本箱……tabula
captivus 　捕虜……supplex
capulus 　剣の柄(つか)……pugio, vagi-

na
carina 船の竜骨……rostrum
carnarium* 肉吊り鉤を付けた横棒……caupona, laniarium
catapulta* 投石器……turris
cataracta* 落とし格子……porta
cavea ひな壇式観客席……amphitheatrum, theatrum
cella 神像安置所……adytum, aedicula
centuria 百人隊……centurio; 百人組……ovile, sitella
centurio* 百人隊長……caliga, galea
cervical* 枕……lectica, lectus
chlamys 短い外套……fibula
cinctorium 剣帯……gladius
circus* 長円形競技場……mappa, meta, ovum
cisium 二輪馬車……raeda
cista* 投票箱……ovile, tabella
cliens 庇護民……strena
colum* 濾(こ)し器……culina
columbarium* 墓室内の壁龕(がん)……cinerarium, olla, sepulcrum
comitia 民会……ovile, sitella, tabella
compluvium 天窓……domus, impluvium
consul 執政官……fasces, lictor, sella
cornu 円形のらっぱ……cornicen, hydraulus, liticen
corona コーニス……epistylium, fastigium, zoophorus
cortina* 大鍋……fullonica
cothurnus* 悲劇役者が履く厚底の靴……histrio
crater* ぶどう酒と水を混ぜるための甕(かめ)……acratophorum
crepido* 車道より高くした歩道……via
crista* 兜の羽根飾り……galea
crotalistria カスタネットを持って踊る女性……crotalum

crotalum* カスタネット……crotalia
cubiculum 寝室……domus
cubital 肘当てクッション……lectus
culcita* 敷きぶとん……cervical, lectus, sponda
culina 台所……domus
culter* 包丁……culina, laniarium; いけにえののどをかき切るナイフ……cultrarius, hostia, pontifex; 犂(すき)に取り付けられた刃物……aratrum
cultrarius* いけにえののどを切り裂く従者……culter, hostia
cuneus くさび形座席列……theatrum
currus* 競走用戦車……circus
cyathus ひしゃく……crater
cymbalista シンバル奏者……cymbalum
cymbalistria シンバル奏者の女性……cymbalum
denarius* デナリウス銀貨……bigatus
dictator 独裁官……fasces, lictor
donativum 兵士への賜金……congiarium
echinus* エキヌス，まんじゅう形……capitulum
ellychnium ランプの芯……lucerna
epistylium* アーキトレーブ……taenia, zoophorus
essedum 二輪馬車……raeda
exedra* 談話室……thermae
falx* 鎌……bidens
fasces* 束桿(そっかん)……lictor
fascia* 帯状のもの……epistylium, gladiator
fastigium* ペディメント……acroteria
fenestra* 飛び道具を放つための狭間(はざま)……turris
ferula 植物製の鞭……scutica
fibula* ブローチ，留め金……lacer-

na, legatus, paludamentum, sagum
flabellifera 女主人を扇であおぐ女奴隷……flabellum
flagellum* 奴隷折檻用の鞭……scutica
flagrum* 奴隷折檻用の鞭……scutica
flamen* 神官……apex
flos 花形装飾……capitulum
follis* ふいご……caminus
forceps* やっとこ……caminus, Juno, Volcanus
forfex* はさみ……novacula
forum 公共広場……basilica, exedra, mercator
fossa 壕……agger
frigidarium 冷浴室……apodyterium, balneum, baptisterium, thermae
fritillus* 骰子筒(とう)……talus, tessera
frontalia* 馬の額飾り……frenum
funda 投石器……funditor
fuscina* 三叉の槍……gladiator
fusus 紡錘……colus, glomus
galea* 兜(かぶと)……gladiator, legionarius
galerum 帽子……apex, flamen
gladiator* 剣闘士……bestiarius, rudis
gladius* 剣……gladiator, legionarius, vagina
gubernator* 舵手……clavus, proreta
guttus* 細首の瓶……epichysis
habena 手綱……frenum
hasta 槍……gladiator
helix 小さな渦巻形装飾……capitulum
hypocaustum* 床下の炉……caldarium
imbrex* 半円筒形の瓦……tegula
impluvium* 雨水だめ……domus, tabulinum

incus 鉄床(どこ)……caminus, Juno, monetarius
index* 書物の標題を記した付箋……volumen
infula* 聖なる羊毛製の頭飾り……taenia, Vestalis, vitta
jaculum 投網……piscator
jugum* 軛(くびき)……aratrum, temo；天秤の竿……examen, libra；機(はた)の巻棒……stamen
Juno 女子の守護霊……genius
labrum* 水盤……caldarium
Laconicum 蒸し風呂……caldarium
lanista 剣闘士の訓練者……gladiator
lanius 肉屋……laniarium
lanx 秤の皿……libra, statera
Lares* 家の守護神……ara, genius, sigillum, zotheca
Lares Compitales 交差路の守護神……compitum
laurea 月桂冠……corona
lecticarius 輿をかつぐ奴隷……lectica
lector 朗読係の家僕……servus
lectulus 小寝台……cervical, lectica
lectus* 食事用臥台……lectisternium
legio 軍団……aquila, aquilifer, centurio
legionarius* 軍団兵……lorica, scutum
lemniscus* リボン……taenia
libatio 献酒……guttus, ludi saeculares, simpulum, suovetaurilia
liberalitas 民衆への施し……congiarium
lictor* 先導警吏……fasces
lituus* 卜占(ぼくせん)官の先の曲がった杖……augur, sacrificium；先の曲がったらっぱ……liticen
lorica* 胴鎧……legatus, legionarius
lucerna* ランプ……lanterna

lustratio 清めの儀式……suovetaurilia
lyra* リラ，竪琴……cithara
malleus* 槌，ハンマー……caminus, Juno, marmorarius, monetarius, scalptor, Volcanus
marcus ハンマー……forceps
margarita 真珠……crotalia, inaures
mensa 食卓……lectisternium, triclinium
meta* 折り返し標柱……circus
metopa メトープ……epistylium
modiolus 車輪の轂(こしき)……rota
moneta 貨幣鋳造用の鋳型……Juno, monetarius
monile* 首飾り……balteus
murmillo 魚兜闘士……gladiator
Nonae ノナエ(暦の基準日の1つ)……kalendarium
ocrea* すね当て……centurio, gladiator
olla* 骨壺……cinerarium, columbarium, sepulcrum
ollarium 墓室内の壁龕(へきがん)……olla, sepulcrum
orchestra オルケストラ……proscaenium, theatrum, tibicen
oreae 馬銜(はみ)……frenum
ovum* 卵形の計数装置……circus
paenula* パエヌラ，フード付きの外套……viator
palaestra 格闘技訓練場……strigilis
palla パラ……fibula, stola, tunica
paludamentum* 将軍や高級将校用の軍用外套……sagum
parma* 丸盾……veles
patera* 献酒用の皿……epichysis, guttus, sacrificium
patronus 庇護者……strena
pausarius 漕ぎ手の指揮者……portisculus
pecten 櫛(くし)……novacula, ornatrix

penicillus 絵筆……pictor
peristylium* 列柱廊で囲まれた中庭……domus, exedra, tabulinum
persona* 役者の仮面……histrio
phalerae* 勲章としての胸飾り……centurio
pilicrepus 球戯の審判……pila
pilleus* 解放された奴隷がかぶるフェルト帽……manumissio
pincerna 酌取り……crater
pistor* パン屋……panis
pistrinum パン屋……mola
planipes* 裸足(はだし)の道化役者……mimus
plectrum 弦楽器用のばち……cithara
poculum 杯……crater
pondus* 秤の分銅……statera
pontifex maximus 大神祇官……Vestalis
popa いけにえを屠殺する従者……cultrarius, hostia, limus, malleus, victimarius
porticus* 柱廊……crypta, exedra
postscaenium 舞台裏または楽屋……theatrum
praecinctio 周回通路……proscaenium, theatrum
praetor 法務官……lictor, manumissio, sella
prelum しぼり器……colum
prologus 前口上を述べる役者……comoedia
proscaenium* 舞台……theatrum
pugil 拳闘士……caestus
pugio* 短剣……funditor
pulvinar 皇帝用の貴賓席……circus
pulvinus クッション……lectica, solium
puteus 井戸……puteal, situla
quadrans* クアドランス……semis
quaestor* 財務官……arca
radius* 車輪の輻(や)……rota
ramenta 鉋屑……runcina

regula　定規……norma
remex　漕ぎ手……navis, portisculus
rete*　網……gladiator
retiarius　網闘士……gladiator
rogus　火葬用の薪の山……ustor
rostra　演壇……cancellus, rostrum
rostrum*　船嘴（せん）……columna, corona
sacrificium*　供犠（ぐぎ）……guttus, ludi saeculares
sagum*　軍用外套……centurio, fibula, funditor, legatus, paludamentum
Salii*　マルスの神官団……apex
saltatrix*　踊り子……scabellum
Samnis　サムニウム闘士……gladiator
sarcina*　兵隊の荷物……legionarius
scabellum*　足台……solium
scaena　舞台の背景……theatrum
scalprum*　鑿（のみ）……marmorarius, scalptor
scamnum　足台……lectus
scapha*　小舟……nassa
scapus　柱身……columna；竿秤の竿……statera
scutum*　長方形の盾……gladiator, legionarius
securis　斧……fasces, hostia, lictor, pontifex
secutor　追撃闘士……gladiator
sella　腰掛け……rostrum
servus*　奴隷……manumissio
sextans*　セクスタンス……semis
sica　湾曲刀……gladiator
simpulum*　ひしゃく……pontifex, sacrificium
sittybus　書物の標題を記した付箋……volumen
sodalitas　宗教上の結社……Salii
specula*　物見櫓（やぐら）……signum
speculum*　鏡……novacula
spina　中央分離帯……circus, meta
spira*　柱礎……columna

sponda*　寝台・寝椅子のフレーム……lectus
sporta　魚籠（びく）……piscator
stamen*　糸巻棒から引き出される繊維……colus
statera*　竿秤……ansa
stilus*　尖筆（せんぴつ）……cera, tabella
stiva*　犂（すき）の柄……aratrum
stola*　ストラ……palla
strigilis*　垢（あか）すり器……labrum
structor　給仕の奴隷……repositorium
subsellium*　腰掛け……rostrum
subtemen　横糸……stamen
sucula　井戸の巻き上げ機……situla
sudatorium*　発汗場……caldarium, labrum, thermae
suffibulum　巫女のベール……infula, Vesta, Vestalis
suggestum, suggestus　壇……allocutio
suppedaneum*　足台……bisellium
sutor　靴屋……subula
syrma*　悲劇役者の着る長衣……histrio
tabella*　蠟引きした書字板……graphium, stilus；投票札……ovile
taberna*　店……domus
tabula*　蠟引きした書字板……graphium, stilus
tabulinum*　タブリヌム，つなぎの間……domus
taenia*　髪紐の両端の垂れ下がった部分……vitta
talus*　骰子（さい）……fritillus, tessera
tegula*　瓦……imbrex
tela　機（はた）……glomus, stamen
temo*　荷車や戦車などの轅（ながえ）……aratrum, jugum；犂（すき）の長柄（ながえ）……aratrum
tepidarium　温浴室……apodyterium, balneum, thermae
tessera*　骰子（さい）……fritillus, talus；祝儀の引換券……congiarium

testudo* 亀甲車……aries
thermae* 公共大浴場……exedra, strigilis
Thrax* トラキア闘士……gladiator
thyrsus* バックスの信徒の杖……Baccha
tibia* 笛……comoedia
tibicen* 笛吹き……scabellum
tibicina* 笛吹きの女性……comoedia
toga* トガ……feminalia, lacerna, tunica
tonsor 床屋……novacula
torcular しぼり器……colum
torculum しぼり器……oleum
torus クッション……triclinium; 寝椅子……lectica; 寝椅子の敷物……sponda
trabea* 式服のマント……Salii
trapetum 圧搾器……oleum
tribunal 壇……allocutio
tribus 部族……ovile, sitella
triclinium* 食事用臥台……trichila; 食堂……domus
tridens* 三叉の槍……gladiator
triens* トリエンス……semis
triglyphus トリグリフ……epistylium
tripus 三脚の祭壇……sacrificium
triremis 三段櫂船……navis, proreta, scalae
troclea 滑車……tympanum
tunica* トゥニカ……manicae, palla, stola, toga
tus* 乳香……vatillum
tympanistria タンバリンを叩く女性……tympanum
tympanum* 荷車の鼓形の車輪……plaustrum; ペディメントの三角小間……fastigium
umbo 街路の縁石……via
uncia* ウンキア……semis
unctor 垢(あか)すり係の奴隷……strigilis
unctrix 垢(あか)すり係の女奴隷……strigilis
unguentum 香油……strigilis
vagina* 鞘(さや)……gladius
vallum* 防柵……agger, clavus
veles 軽装歩兵……parma
venabulum 狩猟用の槍……venatio
venator 狩人；円形競技場で野獣と戦う闘士……venatio
Vestalis* ウェスタの巫女……infula
vestibulum 玄関ホール……domus
vexillarius 騎兵隊旗の旗手……vexillum
victima いけにえ……victimarius
victimarius* 供犠の助手……suovetaurilia
vindicta* 解放の儀式で奴隷の頭に触れる杖……manumissio
virga* 鞭，杖……gladiator, lictor, ludus
vitis 百人隊長の職杖……centurio
vitta* 髪紐，リボン……ornatrix, taenia
volumen* パピルス書巻……bibliotheca, index, liber
voluta ボリュート，渦巻形装飾……capitulum
vomer 犂(すき)の刃……aratrum
zodiacus* 黄道帯……kalendarium
zophorus* フリーズ……epistylium, taenia

和羅索引

あ行

アーキトレーブ　epistylium
哀願者　supplex
合図　signum
アウレウス　aureus
アエギス，アイギス　aegis
垢(あか)すり器　strigilis
アカンサス　acanthus
アクロテリオン　acroteria
足かせ　compes
足首飾り〈女性用の〉periscelis
葦製品　harundo
足台，足載せ台　scabellum
葦笛　calamus, tibia
葦笛奏者　tibicen;〈女性の〉tibicina
葦ペン　calamus
アス青銅貨　as
あずまや　pergula, trichila
遊び〈子どもの〉ludus
温めた酒を売る店　thermopolium
頭飾り〈神官・巫女(み)・犠牲獣の〉vitta;〈羊毛で作った紐状の神聖な〉infula
厚底の靴〈悲劇役者が履く〉cothurnus
穴あけ道具　terebra
アバクス　abacus
網〈漁獲・狩猟・野鳥捕獲用の〉rete;〈小さな〉reticulum
洗い張り屋　fullonica
アンテフィクサ　antefixa
アンフォラ　amphora
アンプラ　ampulla
安楽椅子〈女性用の〉cathedra
家　domus
いかだ　ratis
錨　ancora
いけにえ　hostia
いけにえの内臓の観察によって神意をうかがう予言者　extispex
いけにえののどを切り裂く従者〈犠牲式で〉cultrarius
居酒屋　caupona
石臼　mola
椅子　sella
イタリア〈神格化された〉Italia
井筒　puteal
井筒状の構造物〈フォルム・ロマヌムの民会場近くにあった〉puteal
糸玉　glomus
糸巻棒，糸巻竿　colus
糸巻棒から引き出される繊維　stamen
イヤリング　inaures
印章　signum
印章付き指輪　anulus
ウィクトリア　Victoria
ウィクトリアトゥス　victoriatus
ウィルトゥス　Virtus
ウェスタ　Vesta
ウェスタの巫女(み)　Vestalis
雨水だめ〈方形の〉impluvium
腕輪　armilla
ウルカヌス　Volcanus
ウンキア　uncia
運搬台〈料理の〉repositorium
運命の女神　Fortuna
運命の女神たち　Fata
柄　ansa;〈犂(すき)の〉stiva
絵　pictura
栄冠　corona
エキヌス　echinus
円形競技場，円形劇場　amphitheatrum
縁石〈井戸の〉puteal
演説〈将兵への〉allocutio
演壇〈フォルム・ロマヌムの民会場の南にあった〉rostrum
円柱　columna
扇　flabellum
王座　solium
王笏(おうしゃく)　sceptrum
大釜　cortina
大皿　catinus

索 引

大鍋　cortina
桶　labrum
落とし格子〈城門などの〉cataracta
踊り子　saltatrix
斧　dolabra, securis
帯状のもの　fascia
オプス　Ops
オリーブの小枝　apex
オリーブ油　oleum
折り返し標柱　meta

か行

カールごて〈頭髪用の〉calamister
外衣〈女性用の長くてゆったりした〉cyclas
絵画　pictura
凱旋行進，凱旋式　triumphus
凱旋車　currus；〈10頭立ての〉decemjugis
凱旋門　arcus
快速船　celes
街道　via
外套〈小さな〉lacerna；〈将軍および高級将校用の〉paludamentum；〈兵隊用の〉sagum
海馬（かいば）　hippocampus
街路　via
回廊　porticus
画家　pictor
鏡　speculum
花冠　corona
かご　canistrum；〈柳細工の〉calathus, corbis
飾り帯〈馬首の〉balteus
舵　clavus
鍛冶場　caminus
カスタネット　crotalum；〈足踏みの〉scabellum
刀　gladius
家畜小屋　stabulum
学校　ludus
カッター　scalprum
カピトリウム　Capitolium
兜（かぶと）　galea

貨幣鋳造に関わる職人　monetarius
鎌　falx
髪飾り〈白色で帯状の〉diadema
かみそり　novacula
髪紐の端　taenia
甕（かめ）〈生酒を入れておくための〉acratophorum；〈ぶどう酒と水を混ぜるための〉crater
仮面〈役者の〉persona
仮面を着けた登場人物〈アテラ笑劇の〉manducus
貨物船　corbita
がらがら　crepitaculum
がらがらに似た祭器　sistrum
革袋〈きわめて大きな〉culleus；〈ぶどう酒を入れる〉uter
瓦　tegula；〈半円筒形の〉imbrex
鉗子（かんし）〈小さな〉volsella
棺台　lectus
鉋（かんな）　runcina
喜劇　comoedia
犠牲式を行うときの助手　victimarius
犠牲式を執り行う神官を補佐する良家の男子　camillus
犠牲獣　hostia
季節の女神たち　Horae
キタラ　cithara
亀甲車　testudo
亀甲状隊形　testudo
絹織物〈コス島産の薄い〉Coa
貴賓席〈特権としての1人だけの〉bisellium
騎兵隊旗　vexillum
球戯　pila
給水栓（せん）　epitonium
饗宴〈神々のための〉lectisternium
境界標石　cippus
競技開始の合図に投げる布切れ　mappa
競走用戦車　currus；〈10頭立ての〉decemjugis
胸帯　mamillare
教鞭（きょうべん）　radius

曲芸師 〈いくつかの球を操る〉pilarius
玉座 solium
曲馬師 desultor
漁夫 piscator
錐(きり) terebra
切妻壁(きりづまかべ) fastigium
記録庫 tabularium
金庫 arca
金細工師 aurifex
金属の純度を調べる器具 vatillum
クアドランス quadrans
クアドリガトゥス quadrigatus
杭(くい)打ち機 fistuca
クイナリウス quinarius
クイリヌス Quirinus
供犠(くぎ) sacrificium; 〈豚・羊・雄牛の〉suovetaurilia
釘 clavus
鎖 〈装身具としての〉catena
薬箱 narthecium, pyxis
果物売り pomarius
靴 calceus; 〈小さな〉calceolus
靴屋 calceolarius
首飾り monile
軛(くびき) jugum
熊手形の農器具 rastrum
鞍敷き，鞍代わり座ぶとん ephippium
車椅子 chiramaxium
鍬(くわ) 〈二叉の〉bidens
軍旗 signum
軍旗手 signifer
軍事演習 decursio
軍隊の荷物〈荷車で運ばれる〉impedimenta
軍団旗 aquila
軍団旗手 aquilifer
軍団長〈帝政期の〉legatus
軍団兵 legionarius
掲示板〈白色の〉album
計数装置〈卵形の〉ovum
軽装歩兵 veles
劇場 theatrum
化粧や髪結いを手伝う女奴隷 ornatrix
下水道 cloaca
結婚 matrimonium
毛抜き volsella
剣 gladius
舷側の半円形の開口部 columbarium
剣帯 balteus
剣闘士 gladiator
幸運の女神 Felicitas
高温浴室 caldarium
公共大浴場 thermae
格子棚 pergula
格子作りの柵 cancellus
公正 aequitas
格(ごう)天井 lacunar
黄道帯 balteus, zodiacus
香箱 acerra
公平 aequitas
香油入れ narthecium;〈洋ナシ形の〉alabaster
甲羅〈カメの〉testudo
光輪 nimbus
香炉 turibulum
小刀 culter
告示板〈法務官の〉album
告知人 praeco
輿(こし) lectica
腰掛け sella
濾(こ)し器 colum
乞食 mendicus
腰巻き campestre
小太鼓 tympanum
骨壺 olla, urna
籠手(こて)〈拳闘用の〉caestus
小壺(こつぼ)〈上等の軟膏・香水などを入れておく〉unguentarium
小舟 cymba, scapha
小部屋 zotheca
暦 kalendarium
コンギウス congius
コンパス circinus

343

さ 行

骰子(さい) tessera; 〈羊の趾骨(しこつ)で作った〉talus
祭壇 ara
骰子(さい)筒 fritillus
財布 crumena
財務官 quaestor
竿秤(さおばかり) statera
探り針〈医療用の〉specillum
下げ振り糸[線] perpendiculum
さじ ligula
座席〈2人分の〉bisellium
鞘(さや)〈剣の〉vagina
皿〈献酒用の浅い〉patera
サルス Salus
三角小間〈ペディメントの〉tympanum
サンダル〈翼の付いた〉talaria
散兵 veles
敷きぶとん〈寝台の〉culcita
指針〈天秤の〉examen
至聖所 adytum
自動湯沸かし器 authepsa
シビュラ Sibylla
注連(しめ)飾り vitta
蛇口 epitonium
ジャグラー pilarius
車輪 rota; 〈荷車の鼓形の〉tympanum
収穫〈特にブドウの〉vindemia
祝儀 congiarium
住居 domus
十字路 compitum
獣帯 zodiacus
十能(じゅうのう) vatillum
守護神〈個人・場所・船などの〉tutela
守護霊〈男子の〉genius
酒杯 calathus
狩猟 venatio
シュロの枝〈競技の勝利者が手にする〉palma
盾心(じゅんしん) umbo
笑劇役者 mimus
じょうご infundibulum
小神殿 aedicula
肖像 imago
商人 mercator
小立像 sigillum
勝利の女神 Victoria
書巻 volumen
書巻の軸の先端 umbilicus
書巻の上下の端 frons
食事用臥台 lectus, triclinium; 〈2人用の〉biclinium
食事用臥台に身を横たえること accubitio
食料品市場 macellum
書字板〈蠟引きした〉cera, tabella, tabula; 〈小さい〉pugillares
食器棚 abacus
書物 liber, volumen
書物の標題 index
神格化〈ローマ皇帝の〉consecratio
神官〈特定の神に仕える〉flamen
神祇(じんぎ)官 pontifex
信号 signum
真珠〈梨形の大きな〉elenchus
神像を乗せて競技場へ運ぶ車 tensa
寝台 lectus
寝台の掛け布〈装飾的なひだを付けた〉toral
新年の贈り物 strena
シンバル cymbalum
水準器 libella
水道 aquaeductus
水盤 labrum
水浴槽 baptisterium
水力オルガン hydraulus
姿見 speculum
犂(すき) aratrum
頭巾〈マントに付けた〉cucullus
ストラ stola
すね当て ocrea
巣箱〈ミツバチの〉alveare
スプーン cochlear
ズボン〈ゆったりした〉bracae
聖域 adytum

世紀祭　ludi saeculares
青春の女神　Juventas
セクスタンス　sextans
セステルティウス　sestertius
石棺　sarcophagus
舌状のもの　ligula
栓〈瓶や樽の〉obturamentum
船嘴(せんじ)　rostrum
戦車〈4頭立て〉quadriga
戦勝記念柱，戦勝記念碑　tropaeum
洗濯屋　fullonica
先導警吏〈高官の〉lictor
船尾〈飾り付きの湾曲した〉aplustre
尖筆(せんぴつ)　graphium, stilus
像　imago
葬儀屋の一員で死体を焼くことを受け持つ奴隷　ustor
束桿(そっかん)　fasces
そろばん　abacus

た 行

台所　culina
太陽光　radius
大理石工　marmorarius
舵手　gubernator
脱衣室〈浴場の〉apodyterium
盾〈聖なる〉ancile;〈小型で円形の〉parma;〈長方形の〉scutum
縦糸　stamen
竪琴　cithara, lyra
盾の中央の突起部　umbo
縦溝装飾〈円柱の〉strigilis
旅芸人　circulator
旅人　viator
タブリヌム　tabulinum
舵柄(だへい)　clavus
嘆願者　supplex
短剣　pugio
タンバリン　tympanum
談話室，談話スペース〈座席の付いた〉exedra
柱礎〈円柱の〉spira
柱頭　capitulum
柱廊　porticus

長円形競技場　circus
彫刻家　sculptor
貯水槽〈配水のための〉castellum
貯蔵庫〈収穫物の〉crypta
直角定規　norma
通路〈屋根つきの〉crypta
杖　virga;〈解放の儀式で奴隷の頭に触れる〉vindicta;〈卜占(ぼくせん)官の先の曲がった〉lituus
突き錐(きり)〈靴屋の〉subula
次の間　zotheca
辻　compitum
槌　malleus
綱　copula;〈綱渡りの〉catadromus
綱渡り芸人　funambulus
壺〈陶製の〉cadus, dolium, olla, orca;〈くじ引き用の〉sitella, urna
つむ　fusus
釣りざお　calamus
釣り人　piscator
つるはし　dolabra
庭園　hortus
ティベリス　Tiberis
テーブルナプキン　mappa
手押し車　chiramaxium
鉄菱(てつびし)　murex ferreus
デナリウス　denarius
デナリウス銀貨〈周縁を鋸歯(きょし)状に削った〉serrati
テルス　Tellus
天秤　libra
天幕　velum
砥石　cos
投石器　catapulta
投石器で投げる鋳造された鉛の玉　glans
投石兵　funditor
トゥニカ　tunica
投票所　ovile
投票壺　urna
投票箱　cista
投票橋　pons
投票札　tabella
唐箕(とうみ)　vannus

索引

胴鎧(どうろい)　lorica
トゥリアヌム　Tullianum
トガ　toga
トガの襞(ひだ)の胸の前で折り重なった部分　umbo
図書室　bibliotheca
戸棚　armarium
取っ手　ansa
留め金, 留め具　fibula
トラキア闘士　Thrax
トリエンス　triens
奴隷　servus
奴隷の解放　manumissio
トンネル　crypta

な 行

ナイフ　culter, scalprum
長椅子の掛け布〈装飾的なひだを付けた〉toral
長い袖〈手首まである〉manicae
長柄(ながえ)〈犂(すき)の〉bura, temo
轅(ながえ)〈牛馬の引く荷車や戦車などの〉temo
長衣〈悲劇役者の着る〉syrma
泣き女〈葬儀で雇われた〉praefica
鍋〈三脚の〉tripus;〈陶製の〉olla
肉吊り鉤を付けた横棒　carnarium
肉店　laniarium
荷鞍　clitellae
荷車　plaustrum
2頭立て戦車の刻印のあるローマの銀貨　bigatus
乳香　tus
庭師　topiarius
人形　sigillum
農園, 農場　villa
鋸(のこぎり)　serra
鑿(のみ)　scalprum

は 行

配給切符〈穀物の〉tessera
排水溝　cloaca
売店　taberna
俳優　histrio
パエヌラ　paenula
墓　sepulcrum
秤(はかり)　libra
馬具〈頭につける〉frenum
パクス　Pax
バケツ　situla
運び台　ferculum
はさみ　forfex
はさむ道具　forceps
橋　pons
はしご　scalae
馬車〈軽二輪〉currus;〈旅行用の4輪の〉raeda
破城槌　aries
バシリカ　basilica
裸足の道化役者　planipes
発汗場　sudatorium
バックス神の女信徒　Baccha, Maenas
バックス神の信徒の携える杖　thyrsus
撥弦楽器　testudo
ハト小屋　columbarium
羽根飾り〈兜(かぶと)の〉crista
パピルス紙の一葉　pagina
パラ　palla
パラソル　umbella
針　acus
パリウム　pallium
バルコニー　solarium
パン　panis
半アス青銅貨　semis
パン屋　pistor
パン焼きがま　furnus
日傘　umbella
ひしゃく〈柄(え)の長い陶製の〉simpulum
額飾り〈馬の〉frontalia
引っ掛け鉤(かぎ)　harpago
筆記帳　caudex;〈小さい〉pugillares
火鉢　foculus
紐　copula;〈投擲(とうてき)用の〉amentum
百人隊長　centurio

百人隊長の職杖 〈ブドウの木で作った〉vitis
鋲 clavus
日除け velum
平縁(ひらぶち) taenia
瓶 〈細首の〉epichysis, guttus
ピンセット volsella
ふいご follis
風景画 topia
フェリキタス Felicitas
フェルト帽 〈解放された奴隷がかぶる〉pilleus
フォルトゥナ Fortuna
深掘りシャベル bipalium
袋 〈大きな〉saccus
不寝番 vigil
付属建築物 〈建物の〉pergula
舞台 〈劇場の〉proscaenium
縁飾り 〈女性用トゥニカの紫または金色の〉patagium
プディキティア Pudicitia
船 navis, ratis
踏み車 〈起重機の〉tympanum
フライパン sartago
フリーズ zoophorus
振りかけること aspersio
ふるい cribrum
フルーティング strigilis
ブレーキ sufflamen
フレーム 〈寝台あるいは寝椅子の〉sponda
触れ役 praeco
プロウィデンティア Providentia
文書館 tabularium
分銅 〈秤(はかり)の〉pondus
兵隊靴 caliga
兵隊の荷物 sarcina
平和の女神 Pax
ベール 〈花嫁の炎色をした〉flammeum
壁龕(へきがん) zotheca；〈墓室内の〉cinerarium, columbarium
別荘 villa
ペディメント fastigium
ペナテス Penates
ヘヤーピン acus
へら rudicula
便所 latrina
ベンチ 〈背もたれのない〉subsellium
棒 〈先の尖った細い〉radius；〈漕ぎ手の指揮者が手に持つ〉portisculus
芳香のある樹木または低木の茂った若枝 〈オリーブ・ギンバイカ・月桂樹などの〉verbena
防柵(ぼうさく) vallum
豊穣(ほうじょう)の角 cornu copiae
紡錘 fusus
奉納額 〈神への感謝を表す〉tabella
奉納物 donarium
堡塁 agger
ボート scapha
ボール 〈皮製の大きな〉follis
卜占(ぼくせん)官 augur
木刀 rudis
墓所 sepulcrum
墓石 cippus
歩道 〈車道より高くした〉crepido
ホノス Honos
彫り師 〈宝石の〉scalptor
ポルトゥヌス Portunus
本 caudex, liber
本の一区画 pagina
本箱 〈書巻を運ぶための〉capsa

ま行

前掛け limus
薪の山 〈火葬用の〉rogus
巻き物 〈パピルス紙の〉volumen
巻き物の一区画 pagina
まくこと aspersio
枕 cervical
まさかり securis
魔女 saga
まり遊び pila
マルス Mars
マルスの神官団 Salii
マント 〈白地に紫の縞の入った〉trabea

水甕(みずがめ) hydria
水差し hydria, urna
水壺 urna
見張り役〈船首に立って舵手に指示を与える〉proreta
耳かき auriscalpium
耳飾り inaures；〈真珠の〉crotalia, elenchus
ムーサたち Musae
結び(目) nodus
鞭 flagrum, virga；〈懲罰用の革紐の〉scutica；〈奴隷を折檻する〉flagellum
胸飾り〈金属製の〉phalerae
迷宮 labyrinthus
目印 signum
メルクリウス Mercurius
メルクリウス神の杖 caduceus
面頰(めんぽお)〈兜(かぶと)の〉buccula
モザイク画 musivum
物見櫓(やぐら) specula
物貰い mendicus
股引(ももひ)き feminalia
門〈都市・城塞などの〉porta

や 行

輻(や)〈車輪の〉radius
役者 histrio
役畜〈荷車を引く〉impedimenta
櫓(やぐら) turris
夜警 vigil
香具師(やし) circulator
野獣狩り〈競技場で行われた〉venatio
野獣闘士 bestiarius
やす〈三叉の〉fuscina, tridens
屋台 taberna
野鳥捕り auceps
ヤヌス Janus
槍〈三叉の〉fuscina, tridens
ユウェンタス Juventas
遊技盤 tabula

床下暖房設備，床下の炉 hypocaustum
ユノ Juno
ユピテル Juppiter
指輪 anulus
指輪置き dactyliotheca
葉冠 corona
浴場 balneum

ら 行

落雷のあった場所 bidental
らっぱ〈管の真っ直ぐな〉tuba；〈先の曲がった〉lituus
らっぱ手 cornicen, liticen, tubicen
ラバ mulus
ラレス Lares
ランタン lanterna
ランプ lucerna；〈手提げの〉lanterna
里程標 milliarium
リボン〈花冠に付ける〉lemniscus
リボンの端 taenia
旅行者 viator
リラ lyra
塁壁 agger
ルナ Luna
列柱廊で囲まれた中庭 peristylium
炉 foculus
牢獄 carcer
漏斗 infundibulum
ローマ Roma
露台 solarium
露店 taberna
ロムルス Romulus

わ 行

鷲の標章〈軍団旗の〉aquila
輪止め〈車輪の〉sufflamen
わな〈柳細工の魚捕り用の〉nassa
輪回し遊び用の鉄の輪 trochus

注釈付き索引

アウグストゥス Augustus——事実上の初代ローマ皇帝(前63年–後14年;在位 前27年–後14年).本名は,ガイウス・オクタウィウス(Gaius Octavius).前44年,カエサルの養子となってからの名は,ガイウス・ユリウス・カエサル・オクタウィアヌス(Gaius Julius Caesar Octavianus).なお,'Augustus' は前27年に元老院から贈られた尊称. ………aureus, calceus, corona, crypta, feminalia, imago, lacerna, ludi saeculares, Pax, pons, porticus, quaestor, radius, rostrum, sacrificium, sestertius, strena, tropaeum

アウグストゥス帝のフォルム Forum Augusti——フォルム・ロマヌム周辺に造られた皇帝たちのフォルムの1つで,中に復讐神マルスの神殿(Aedes Martis Ultoris)が建てられた. ………strigilis

アウグストゥスの平和の祭壇 Ara Pacis Augustae——アウグストゥスの凱旋を記念して前13年に元老院が建造を決議,前9年に奉献された大理石の祭壇. ⇒ Pax 図B ………Pax, Tellus

アグリッパ Marcus Vipsanius Agrippa——軍人・政治家(前63年頃–前12年).アウグストゥス帝の右腕として活躍.帝の娘ユリア(Julia)の婿. ………corona, thermae

アグリッピナ(大) Vipsania Agrippina (Major)——アグリッパとユリア(Julia)の娘で,アウグストゥス帝の孫.ティベリウス帝の養子ゲルマニクス(Germanicus Julius Caesar)に嫁ぎ,カリグラ(のちの皇帝)を産んだ. ………mulus

アグリッピナ(小) Julia Agrippina (Minor)——大アグリッピナの娘.ネロ帝の母. ………cathedra, lacunar

アシナリア門 Porta Asinaria——ローマ市のアウレリアヌス帝の城壁(Murus Aureliani)に設けられた城門の1つ. ………turris

アッピア街道 Via Appia——ローマから南イタリアに伸びる幹線道路.前312年,監察官(censor)のアッピウス・クラウディウス・カエクス(Appius Claudius Caecus)が建設を始め,最終的にはタレントゥム(Tarentum; 現ターラント)を経てブルンディシウム(Brundisium; 現ブリンディジ)にまで達した. ………cippus, circus, strigilis, vatillum, via

アレクサンデル・セウェルス Marcus Aurelius Severus Alexander——ローマ皇帝(在位222年–235年).エラガバルス帝の養子となり,その死後即位. ………bracae

アンクス・マルキウス Ancus Marcius——ローマ第4代の王(在位(伝)前640年–616年). ………pons

アントニウス Marcus Antonius——軍人・政治家(前83年?–30年).カエサ

ルの腹心として重用された．カエサルの暗殺後，オクタウィアヌス（のちのアウグストゥス帝），レピドゥス（Marcus Aemilius Lepidus）とともに第2回三頭政治を行ったが，のちオクタウィアヌスと対立．前31年，アクティウム（Actium）の海戦で敗北し，翌年自殺．……… diadema

アントニヌスとファウスティナの神殿 Templum Divi Antonini et Divae Faustinae——フォルム・ロマヌムにある神殿．もとはアントニヌス・ピウス帝の后で死後神格化された大ファウスティナに捧げられた神殿だったが，のちに161年に死去した帝もこの神殿に祀られた．……… acanthus, zoophorus

アントニヌス・ピウス Antoninus Pius——ローマ皇帝（在位138年–161年）．五賢帝の4番目．……… aequitas, corona, currus, Felicitas, Italia, Juventas, nimbus, Pudicitia, Romulus, taenia, Tiberis

アントニヌス・ピウス帝の記念柱 Columna Antonini Pii——アントニヌス・ピウス帝の栄誉を讃えて，帝の死後建立された記念円柱．のちに柱身部分は焼失したが，台座は現在，バチカン美術館の絵画館入り口の中庭に展示されている．……… sceptrum, trabea

アントニヌス浴場 Thermae Antoninianae——通称カラカラ浴場．カラカラ帝治世下にローマ市に建設された公共大浴場．運動場や図書室も備えた一大レクリエーション施設だった．⇒ THERMAE……… chiramaxium, thermae

ウァレリウス・フラックス Gaius Valerius Flaccus——叙事詩人（1世紀後半）．『アルゴ船遠征譚（*Argonautica*）』の作者．……… palla

ウァレリウス・マクシムス Valerius Maximus——歴史家・著述家（1世紀前半）．『記憶さるべき行為と発言（*Facta et Dicta Memorabilia*）』の著者．……… apex, Vestalis

ウィテリウス Aulus Vitellius——ローマ皇帝（在位69年）．ネロ帝自殺の後を継いだ3人の短命の皇帝の3番目．……… aedicula

ウィトルウィウス Marcus Vitruvius Pollio——建築家（アウグストゥス帝の頃に活躍）．『建築十書（*De Architectura Libri Decem*）』の著者．……… crypta, proscaenium

ウェスタの巫女の家 Atrium Vestae——フォルム・ロマヌム東南端のウェスタ神殿（Aedes Vestae）に隣接していた巫女たちの住居．⇒ VESTALIS……… infula, Vestalis

ウェスパシアヌス Titus Flavius Vespasianus——ローマ皇帝（在位69年–79年）．ネロ帝自殺後の混乱を収め，即位．フラウィウス朝の創始者．……… congius, fasces, Fortuna

ウェルギリウス Publius Vergilius Maro——詩人（前70年–前19年）．『アエネイス（*Aeneis*）』『牧歌（*Eclogae*）』『農耕詩（*Georgica*）』などの作者．……… cymba, imago, lucerna, plaustrum

エラガバルス Elagabalus——ローマ皇帝(在位 218 年–222 年). 'Elagabalus' は太陽神にちなむあだ名で, 皇帝名はマルクス・アウレリウス・アントニヌス(Marcus Aurelius Antoninus). カラカラ帝の落胤と称して即位. ……… falx

オウィディウス Publius Ovidius Naso——詩人(前 43 年–後 17 年). 『変身物語(*Metamorphoses*)』『愛の技法(*Ars Amatoria*)』『悲しみの歌(*Tristia*)』などの作者. ……… caduceus, cymba, falx

オクタウィア(小) Octavia (Minor)——アウグストゥス帝の姉で, ローマ女性の鑑とされた. その名を冠した回廊(Porticus Octaviae)がマルケルス劇場の北にあった. ……… imbrex

ガイウス・ケスティウスのピラミッド Pyramis Gaii Cestii——アウグストゥス帝時代に法務官・護民官などを務めたガイウス・ケスティウス・エプロ(Gaius Cestius Epulo)の墓. 前 10 年代に建造された. ……… lemniscus

カエサル Gaius Julius Caesar——将軍・政治家(前 100 年–44 年). ガリアを平定後, 内乱を収束させ, 終身独裁官となってさまざまな変革を行ったが, その志半ばで共和政支持者たちに暗殺された. ……… augur, aureus, diadema, graphium, pontifex, pugio, quaestor, tropaeum

カペーナ門 Porta Capena——ローマ市のセルウィウスの城壁(Murus Servii Tullii)に設けられていた城門の 1 つ. アッピア街道の起点. ……… Honos

カラカラ Caracalla——ローマ皇帝(在位 211 年–217 年). caracalla と呼ばれるケルト人の外套を常用していたことによるあだ名で, 皇帝名はマルクス・アウレリウス・セウェルス・アントニヌス(Marcus Aurelius Severus Antoninus). ……… catadromus, consecratio, diadema

カラカラ浴場 ⇒ アントニヌス浴場

カリグラ Caligula——第 3 代ローマ皇帝(在位 37 年–41 年). 'Caligula' とは小さな兵隊靴を愛用していたことによるあだ名で, 皇帝名はガイウス・ユリウス・カエサル・ゲルマニクス(Gaius Julius Caesar Germanicus). ⇒ CALIGA ……… aquaeductus, caliga, graphium, mulus, strena

ガルバ Servius Sulpicius Galba——ローマ皇帝(在位 68 年–69 年). ネロ帝自殺の後を継いで即位. ……… allocutio, Honos, pugio

キケロ Marcus Tullius Cicero——雄弁家・政治家・著述家(前 106 年–43 年). 弁論, 修辞論, 哲学, 書簡集など, 多数の著作を残す. ……… fascia, Juno, lacerna, lectica, Penates, puteal

クインティリアヌス Marcus Fabius Quintilianus——修辞学者(35 年頃–100 年頃).『弁論術教程(*Institutio Oratoria*)』の著者. ……… biclinium, pallium

クラウディウス Tiberius Claudius Nero Germanicus——ローマ皇帝(在位 41 年–54 年). アントニウスの孫で, カリグラ帝の叔父. ……… aquaeductus, ludi saeculares

ゴルディアヌス3世 Marcus Antonius Gordianus (III)——ローマ皇帝(在位238年-244年). ペルシア遠征中, 自軍の兵士により殺害された. ………follis

コルメラ Lucius Junius Moderatus Columella——農学者(1世紀中頃). 『農業論(*De Re Rustica*)』の著者. ………falx, terebra

コンスタンティヌス(大帝) Constantinus (Magnus)——ローマ皇帝(在位306年-337年). 皇帝名はフラウィウス・ウァレリウス・コンスタンティヌス(Flavius Valerius Constantinus). 新都コンスタンティノポリス(Constantinopolis)を建設し, ミラノ勅令によりキリスト教を公認した. ………diadema, thermae

コンスタンティヌス帝の凱旋門 Arcus Constantini——コロッセウム(Colosseum)とパラティヌス丘の間にある凱旋門で, マクセンティウス帝に対するコンスタンティヌス大帝の勝利を記念して建てられた. 315年奉献. ただし, 凱旋門を飾る装飾やレリーフの多くは, トラヤヌス帝, ハドリアヌス帝, マルクス・アウレリウス帝時代に作られたものを転用したものである. ………ara, bracae, cancellus, congiarium, cornicen, crista, galea, lorica, sella

コンモドゥス Lucius Aelius Aurelius Commodus——ローマ皇帝(在位180年-192年). マルクス・アウレリウス帝の長子にして後継者. ………corbita

スエトニウス Gaius Suetonius Tranquillus——伝記作家(69年頃-140年頃). カエサルと, アウグストゥス帝からドミティアヌス帝までの11人の皇帝の伝記『皇帝伝(*De Vita Caesarum*)』などを著した. ………calceus, catadromus, decemjugis, diadema, extispex, feminalia, graphium, hydraulus, lacunar, pugio, pyxis, strena

スキピオ(大) Publius Cornelius Scipio Africanus (Major)——将軍・政治家(前235頃-183年). 前202年, ザマの会戦でハンニバル率いるカルタゴ軍を破り, 第2次ポエニ戦争をローマの勝利に導いた. ………mamillare

スラ Lucius Cornelius Sulla (Felix)——将軍・政治家(前138年-前78年). 独裁官(dictator)としてさまざまな改革を行った. ………augur, aureus, pontifex, quaestor

セクストゥス・ポンペイウス Sextus Pompeius——軍人・政治家(?-前35年). 第1回三頭政治家の1人であった大ポンペイウス(Gnaeus Pompeius Magnus)の次男. ………corona

セネカ Lucius Annaeus Seneca——哲学者・悲劇作家・政治家(前4年頃-後65年). 10代前半のネロの家庭教師となり, ネロの即位後は権勢をふるったが, のちに自殺を強いられた. 10篇余の『道徳論(*Dialogi*)』, 『道徳書簡(*Epistulae Morales*)』, 9篇の悲劇などの著作を残した. ………epitonium

セプティミウス・セウェルス Lucius Septimius Severus——ローマ皇帝(在位193年–211年). カラカラ帝の父で, セウェルス朝の創始者. 遠征先のブリタニアで病没. ………domus, Mars

セプティミウス・セウェルス帝の凱旋門 Arcus Septimii Severi——フォルム・ロマヌムの北西端にある凱旋門で, セプティミウス・セウェルス帝と2人の息子カラカラとゲタのパルティア戦争での勝利を記念して建てられた. 203年奉献. ………aries, veles

セルウィウス・トゥリウス Servius Tullius——ローマ第6代の王(在位(伝)前672年–641年). ………carcer

タキトゥス Cornelius Tacitus——歴史家(55年頃–120年頃).『年代記(*Annales*)』『同時代史(*Histriae*)』などを著した. ………ludi saeculares, velum

タルクイニウス・スペルブス Tarquinius Superbus——ローマ最後(第7代)の王(在位(伝)前534年–510年). ………cloaca

タルクイニウス・プリスクス Tarquinius Priscus——ローマ第5代の王(在位(伝)前616年–579年). ………cloaca

ディオクレティアヌス Gaius Aurelius Valerius Diocletianus——ローマ皇帝(在位284年–305年). 軍人皇帝時代を収拾し, 四分治制(tetrarchia)を導入した. キリスト教徒の迫害でも有名. ………Fata

ティトゥス Titus Flavius Vespasianus——ローマ皇帝(在位79年–81年). ウェスパシアヌス帝の長子で, ドミティアヌス帝の兄. 善政により民衆の人気は高かった. ………arcus, sestertius, thermae, triumphus

ティトゥス帝の凱旋門 Arcus Titi——フォルム・ロマヌムの東端にある凱旋門. ⇒ ARCUS………arcus, consecratio, ferculum, triumphus

ティトゥス浴場 Thermae Titi——ティトゥス帝治世下にコロッセウム(Colosseum)の隣に建設された公共大浴場. ………pila

ティベリウス Tiberius Claudius Nero Caesar——ローマ皇帝(在位14年–37年). アウグストゥスの妻リウィアの連れ子で, のちアウグストゥス帝の養子となり, 帝位を継いだ. ………milliarium, mulus, strena, toga

テオドシウス2世 Theodosius II——東ローマ皇帝(在位408年–450年). 438年, テオドシウス法典を発布. ………manicae

テレンティウス Publius Terentius Afer——喜劇詩人(前190年頃–159年).『アンドロス島の女(*Andria*)』『宦官(*Eunuchus*)』『ポルミオ(*Phormio*)』など6作が伝わる. ………comoedia, histrio, persona

ドミティアヌス Titus Flavius Domitianus——ローマ皇帝(在位81年–96年). ウェスパシアヌス帝の次男で, 兄ティトゥス帝の急死後即位. しかし, あまりの専制政治のゆえに暗殺された. ………ludi saeculares

トラヤヌス Marcus Ulpius Trajanus——ローマ皇帝(在位98年–117年). ヒスパニア出身で, イタリア人以外で帝位についた最初の人物. ネルウァ帝

の後を継いだ五賢帝の2番目．その治世中に帝国の版図が最大になった．
………basilica, decemjugis, pons, Providentia, Pudicitia, tabularium, thermae, via

トラヤヌス帝の凱旋門 Arcus Trajani——イタリア南部の町ベネウェントゥム(Beneventum；現ベネヴェント)のトラヤナ街道(Via Trajana)の起点に114年に建造された凱旋門．………Portunus

トラヤヌス帝の記念柱 Columna Trajani——トラヤヌス帝のフォルム内に建てられた高さ約40 mの記念円柱．⇒ COLUMNA 図**C**………agger, ancora, ansa, aquilifer, aries, balteus, caliga, catapulta, celes, clavus, columna, cribrum, dolabra, ephippium, feminalia, fistuca, funditor, galea, gladius, lacerna, legatus, legionarius, lorica, navis, nodus, paludamentum, pons, saccus, sagum, scalae, scutum, securis, signifer, signum, suovetaurilia, supplex, tunica, vallum

トラヤヌス帝のフォルム Forum Trajani——フォルム・ロマヌム周辺に造られた皇帝たちのフォルムのうち最大規模のもの．トラヤヌス帝のダキア戦争での勝利を記念して造られた広場で，中にはバシリカ・ウルピア(Basilica Ulpia)，2つの図書館，記念柱およびトラヤヌス帝の騎馬像があった．………basilica, columna, crista, galea, lorica

ヌマ Numa Pompilius——ローマ第2代の王(在位(伝)前715年–673年)．………ancile

ネルウァ帝のフォルム Forum Nervae——ドミティアヌス帝の時代に着工し，ネルウァ帝(在位96年–98年)の治世下に完成したフォルム．フォルム・ロマヌム周辺に造られた皇帝たちのフォルムのうち最小のもの．中に女神ミネルウァに捧げられた神殿(Aedes Minervae)があった．………colus, glomus

ネロ Nero Claudius Caesar——ローマ皇帝(在位54年–68年)．治世最初の5年間は善政を施したが，のち暴君として知られるようになる．………catadromus, decemjugis, decursio, extispex, hydraulus, Janus, lacunar, macellum, Pax, pictura, pyxis, Roma, thermae

ノメンターナ門 Porta Nomentana——ローマ市のアウレリアヌス帝の城壁(Murus Aureliani)に設けられた城門の1つ．………sepulcrum

バチカンのウェルギリウス写本 Vergilius Vaticanus——バチカン図書館蔵の5世紀初め頃のウェルギリウスの写本．彩色挿絵が50図含まれている．………calathus, camillus, columbarium, forceps, hostia, lectus, limus, Penates, portisculus, sceptrum, solium, stamen, umbo, vigil

ハドリアヌス Publius Aelius Hadrianus——ローマ皇帝(在位117年–138年)．五賢帝の3番目．先帝トラヤヌスによる領土拡大路線を改め，国境の安定に努めた．………ara, Juppiter, Romulus

パンテオン Pantheon——前27年に，アグリッパがマルスの野に建造した神殿．のち焼失し，2世紀初めにハドリアヌス帝によって再建された．………aedicula, capitulum, clavus

ファウスティナ(大) Annia Galeria Faustina (Major)——アントニヌス・ピウス帝の后で，小ファウスティナの母．140年没．………acroteria

ファウスティナ(小) Annia Galeria Faustina (Minor)——アントニヌス・ピウス帝の娘で，マルクス・アウレリウス帝の后．帝の東方遠征に同行し，175年，カッパドキアで死去．………Pudicitia

フォルム・ボウァリウム(「牛市場」) Forum Bovarium——ティベリス川近くにあった牛の市場．中には，港の神ポルトゥヌス(Portunus)に捧げられたと考えられる神殿などもあった．なお，この神殿は，長い間，フォルトゥナ・ウィリリス(Fortuna Virilis)の神殿として知られていた．………capitulum, cloaca, Portunus, Pudicitia

フォルム・ロマヌム Forum Romanum——ローマ市のパラティヌス丘とカピトリヌス丘の間にあった公共広場．神殿やバシリカ，元老院議場などが建てられ，首都ローマの宗教的・政治的活動の中心地であった．………arcus, cancellus, carcer, cloaca, columna, ferculum, infula, Janus, puteal, rostrum, tabularium, Vesta, Vestalis

プラウトゥス Titus Maccius Plautus——喜劇詩人(前254年頃-184年)．『アンピトルオ(*Amphitruo*)』『捕虜(*Captivi*)』『ほら吹き兵士(*Miles Gloriosus*)』など21作が伝わる．………persona

プリニウス(大) Gaius Plinius Secundus (Major)——『博物誌(*Naturalis Historia*)』の著者(27年-79年)．ベスビオ火山爆発の際に救助と調査のため現地に向かい，有毒ガスに巻かれて窒息死した．………alabaster, aurifex, catena, cribrum, infundibulum, pictura, pons, tropaeum, vatillum

プリニウス(小) Gaius Plinius Caecilius Secundus (Minor)——政治家・著述家(62年頃-113年頃)．大プリニウスの甥で，『書簡集(*Epistulae*)』とトラヤヌス帝への賛美演説『頌詞(*Panegyricus*)』を残した．………topiarius, zotheca

ブルトゥス Marcus Junius Brutus——政治家(前85年-42年)．共和政支持者で，カッシウス(Gaius Cassius Longinus)とともにカエサル暗殺の首謀者．………pilleus

プロティナ Pompeia Plotina——トラヤヌス帝の后．次期皇帝ハドリアヌスの即位を後押ししたといわれる．………Pudicitia

ペトロニウス Gaius Petronius (Arbiter)——諷刺作家(1世紀中頃)．『サテュリコン(*Satyricon*)』の作者とされる．………aedicula

ペルティナクス Publius Helvius Pertinax——ローマ皇帝(在位193年)．コンモドゥス帝が暗殺された後，推挙されて1月1日に皇帝に即位し，3月

索 引

28日に殺された．………Ops
ヘレナ Helena——コンスタンティウス・クロルス（Constantius Chlorus）の妻で，コンスタンティヌス大帝の母．………cathedra
ホラティウス Quintus Horatius Flaccus——抒情詩人（前65年–前8年）．『歌章（*Carmina*）』『書簡詩（*Epistulae*）』『諷刺詩集（*Satirae*）』などの作者．………cos, cymba, ludi saeculares, quadrans
マクセンティウス Marcus Aurelius Valerius Maxentius——ローマの簒奪帝（在位306年–312年）．コンスタンティヌス帝と対立し，ミルウィウス橋の戦いで敗れて溺死した．………circus
マリウス Gaius Marius——将軍・政治家（前156年–前86年）．執政官を7度務め，兵制改革を行った．………aquila
マルクス・アウレリウス Marcus Aurelius Antoninus——ローマ皇帝（在位161年–180年）．五賢帝の最後．ギリシア語で『自省録』を著し，哲人皇帝と呼ばれる．………Juno, Mercurius, sella
マルクス・アウレリウス帝の記念柱 Columna Marci Aurelii Antonini——マルクス・アウレリウス帝の栄誉を讃えてローマ市内に建てられた，高さ約42 m の記念円柱．螺旋状のレリーフにはゲルマン人との戦いの様子が描かれている．………impedimenta, lictor, lorica, pons, testudo
マルケルス劇場 Theatrum Marcelli——アウグストゥス帝が前13年に完成させた，帝の甥マルケルス（Marcus Claudius Marcellus）の名を冠した劇場．⇒ THEATRUM 図A ………adytum, bestiarius, columna, taenia, theatrum
マルスの野 Campus Martius——ティベリス川東岸にあった平地．民会・軍事教練・競技会などがここで行われた．………campestre, consecratio, ovile, Pax, pons, Tellus
マルティアリス Marcus Valerius Martialis——エピグラム詩人（40年頃–104年頃）．『エピグラム集（*Epigrammata*）』を残した．………colum
ユピテル神殿 Aedes Jovis Optimi Maximi——カピトリヌス丘にあった最善最大のユピテルの神殿．ユピテルのほか，ユノ，ミネルウァもともに祀られていた．⇒ Capitolium………aedicula, Capitolium, congius, pyxis, Sibylla, tensa
ユリア Julia Flavia——ティトゥス帝の娘で，その後を継いだドミティアヌス帝の愛妾．堕胎を強いられたことが原因で命を落とした．………imago
ユリア水道 Aqua Julia——アグリッパが前33年に完成させた水道．………castellum
リウィア Livia Drusilla——オクタウィアヌス（のちのアウグストゥス帝）の妻．最初の結婚で得た息子のティベリウス（のちの皇帝）を連れてオクタウィアヌスと再婚した．………hortus, imago, palla, porticus
リウィウス Titus Livius——歴史家（前59年–後17年）．40年の歳月を費や

して全142巻の『ローマ建国史（*Ab Urbe Condita*）』を著した．………ar-milla, turris

ルキラ　Annia Aurelia Galeria Lucilla——マルクス・アウレリウス帝の娘．父帝の共同統治者ウェルス帝（Lucius Verus；在位161年–169年）と結婚．のち，弟コンモドゥス帝への謀反の陰謀に加わったとして処刑された．………aspersio

ルクレティウス　Titus Lucretius Carus——哲学詩人（前94年頃–55年頃）．『物の本質について（*De Rerum Natura*）』を著した．………tympanum

水谷智洋（みずたに　ともひろ）

1940年岐阜県生まれ．東京大学名誉教授．西洋古典学．『研究社羅和辞典　改訂版』編者．単著に『古典ギリシア語初歩』（岩波書店）がある．他に，平凡社の百科事典でギリシア・ローマ神話の項を担当．

KENKYUSHA
〈検印省略〉

ラテン語図解辞典　古代ローマの文化と風俗

2013年7月1日　初版発行　2021年9月17日　3刷発行

編著者	水谷智洋　© Mizutani Tomohiro 2013
発行者	吉田尚志
発行所	株式会社　研究社
	〒102-8152　東京都千代田区富士見2-11-3
	電話　03(3288)7711（編集）
	03(3288)7777（営業）
	振替　00150-9-26710
	https://www.kenkyusha.co.jp/
印刷所	研究社印刷株式会社

ISBN 978-4-7674-9111-0　C1587
Printed in Japan

装丁・本文デザイン　亀井昌彦
イラスト（toga 図A / triclinium 図B）　川島健太郎